ESOTERISCHES
WISSEN

Von Louise L. Hay sind erschienen in der Reihe
HEYNE ESOTERISCHES WISSEN .

Gesundheit für Körper und Seele · Band 08/9542
Das Körper- und Seele-Programm · Band 08/9588
Wahre Kraft kommt von Innen · Band 08/9604
Umkehr zur Liebe, Rückkehr zum Leben · Band 08/9613
Du bist Dein Heiler! · Band 08/9905
Liebe das Leben wie Dich selbst · Band 08/9921

Louise L. Hay

Umkehr zur Liebe, Rückkehr zum Leben

WILHELM HEYNE VERLAG
MÜNCHEN

HEYNE ESOTERISCHES WISSEN
Herausgegeben von
Michael Görden
08 / 9613

Aus dem Amerikanischen übertragen
von Karl Friedrich Hörner

Titel der Originalausgabe:
THE AIDS-BOOK – CREATING A POSITIVE APPROACH
erschienen bei Hay House, Inc., Santa Monica, CA/USA

5. Auflage
Copyright © 1988 by Louise L. Hay
Copyright © 1989 der deutschsprachigen Ausgabe by
Verlag Alf Lüchow, Freiburg
Printed in Germany 1995
Umschlaggestaltung: Atelier Adolf Bachmann, Reischach
Umschlagillustration: ZEFA Photosource, Düsseldorf
Satz: Kort Satz GmbH, München
Druck und Bindung: Presse-Druck Augsburg

ISBN 3-453-05614-0

Inhalt

Widmung

Dieses Buch widme ich in Liebe all jenen unter uns, die den Frieden im Innern suchen, der uns helfen wird, durch diese gewaltige Erfahrung namens AIDS zu gehen — all jenen, die AIDS und ARC haben, ihren Eltern und Familien, den Freunden und Liebhabern von MMAs*, den Ärzten und Pflegern und anderen Angehörigen heilender Berufe, und allen ›Besorgten‹.

Wir wollen alle unsere Ängste und Vorurteile hinter uns lassen und alles unternehmen, was uns auf einer positiven Ebene möglich ist, um Antworten und Heilung zu finden.

Mit Liebe für uns selbst und für einander werden wir diesen Planeten von Angst und Krankheit heilen. Wenn diese Erfahrung abgeschlossen und vorüber ist, wird jeder Mensch auf diesem Planeten berührt worden sein, und viele werden sich positiv verändert haben. Es ist an der Zeit für uns alle, bedingungslose Liebe zu leben und zu üben. Liebe wird der Welt einen Quantensprung in eine neue und herrliche Zukunft ermöglichen.

---

* MMA = ›Mensch mit AIDS‹, in Anlehnung an die engl. Abkürzung PWA = People with AIDS (Anm. d. Ü.)

Danksagungen

Mit Dankbarkeit bringe ich meine Anerkennung aller Hilfe entgegen, die ich von diesen wunderbaren Menschen erhalten habe; jeder von ihnen hat auf seine Weise beigetragen:

Für ihre immense Hilfe beim Herausgeben möchte ich gerne Christopher Riccella, Jim Neyland und Linda Tomchin meinen Dank aussprechen.

Für die Durchführung der vielen Interviews bin ich Murray Salem und Christopher Duffy dankbar.

Für Informationen, Ideen und unschätzbare Hilfe danke ich sehr: Alliance, Stephen Bright, Robert Brooks, Russell Carlton, Tom Caroselli, Cassandra Christenson, Rob Eichberg, Rene Espy, Sally Fisher, Nan Fuchs, Will Garcia, Ken Griffith, Mark Hendish, Andrew Hiatt, Michael Hollister, David Izenman, Albert Lerner, Linda Logan, Darby Long, George Melton, Robert Morissette, Caroline Myss, Louie Nassaney, John Oppido, Alan Peterson, Tony Petzel, Tom Proctor, David Reed, Paul Richards, Bob Rogosich, Nancy Cole Sawaya, Jimmie Schaeffer, Conny und Bill Searcy, Christofer Shihar, David Sokolowsky, Larry Spousta, David Summers, Nadia Sutton, Ronald Tillinghast, Tom Trimm, Joseph Vattimo, Brad White, Marsha Woolf − und all jenen mit AIDS und ARC, die sich mir mitgeteilt haben.

Jedes Kapitel beginnt mit einer Affirmation. Wiederhole die Affirmation zu Beginn eines Kapitels schriftlich, mündlich und in Gedanken.

Die Kapitel enden mit einer ›Behandlung‹, d. h. einem Strom positiver Gedanken, die das Bewußtsein wandeln sollen. Lies diesen Text im Laufe des Tages mehrmals durch.

Einführung

Als man begann, über AIDS zu reden, dachte ich zuerst, ich wüßte alle Antworten. Während diese gefürchtete Krankheit mehr und mehr um sich griff, merkte ich, daß ich weniger und weniger wußte. Doch mein Verständnis und Mitgefühl sind enorm gewachsen. Ich sehe die Thematik aus einer erweiterten Perspektive. Es ist weit mehr, was sich mit dieser intensiven Erfahrung verbindet, die wir AIDS nennen, als wir zunächst dachten. Und ich glaube nicht, daß wir dem Punkt auch nur ein Stück näher gekommen sind, an dem wir alle Antworten wissen und AIDS ausmerzen können.

AIDS ist kein Thema, das nur einige wenige Angehörige einer besonderen Gruppe angeht, die wir ignorieren könnten. Zu hoffen, daß AIDS ein paar Leute ums Leben bringen werde, ›auf die es ohnehin nicht ankommt‹, ist eine Einstellung, mit der wir nicht weiterkommen. Wir haben es mit einem weltweiten Phänomen und weitreichenden Konsequenzen zu tun. Gerade die Einstellung, aus der heraus wir den ersten Menschen, die AIDS hatten, nicht alle verfügbare Hilfe zukommen ließen, ermöglichte es der Krankheit, in beängstigendem Tempo auf weitere Teile der Bevölkerung überzugreifen.

Mit Bedauern muß ich an die Tausende von heterosexuellen Menschen denken, die AIDS am eigenen Leib erfahren werden, weil die Gesellschaft, die Regierung und die Kirchen in den ersten Jahren nicht rasch genug handelten. Jeder Mensch hat Liebe und Überlegung verdient. Ich halte es für eine der großen Aufgaben im Leben, bedingungslose Liebe zu geben und entgegenzunehmen.

In der ersten Zeit dachten wir, AIDS sei hauptsächlich eine Krankheit homosexueller Männer, denn sie tauchte zunächst in den Homosexuellen-Kreisen in den Vereinigten Staaten auf. Deshalb ließen wir zu, daß moralische Argumentationen, Vorurteile und Angst unsere Reaktion auf menschliches Leiden lähmten. Inzwischen wissen wir sehr wohl, daß AIDS ein allgemein menschliches Problem ist und sich auf keine bestimmte Bevölkerungsgruppe beschränkt. Man schätzt, daß in Teilen Afrikas vierzig Prozent der heterosexuellen Bevölkerung mit AIDS infiziert ist. Frauen, Kinder, ja selbst Babys können von AIDS befallen sein und sind es auch. AIDS kann zwar durch Geschlechtsverkehr übertragen werden, ist aber keine Geschlechtskrankheit. Der AIDS-Erreger ist ein Blutvirus, das in den Blutstrom gelangen muß, um sich einzunisten.

Seit 1983 arbeite ich mit MMAs, und in dieser Zeit habe ich viel gelernt und viele Veränderungen beobachtet. Als Therapeutin habe ich einen Querschnitt durch die Bevölkerung in meiner Praxis kennengelernt. Als AIDS seinerzeit aufkam, riefen Menschen an und fragten: »Louise, ein Bekannter von mir hat AIDS; was soll ich ihm sagen?« Ich merkte es bald: Wenn ich jemandem meine Gedanken darlegte und mein Gegenüber in der Folge versuchte, sie einem Bekannten weiterzugeben, der nichts von metaphysischen Vorstellungen wußte, dann ging viel Wichtiges verloren. Also beschloß ich, eine Tonband-Kassette mit dem Titel *AIDS: A Positive Approach* aufzunehmen.

Diese Kassette war in erster Linie an homosexuelle Männer gerichtet. Auf der A-Seite brachte ich, was ich damals über die Krankheit dachte, und auf der B-Seite befand sich eine Entspannungsübung mit Visualisierung und vielen positiven Affirmationen. Jenes Band, das im August 1983 aufgenommen wurde, war das erste Positive, was überhaupt zum Thema AIDS produziert wurde. Allmählich begann ich AIDS-Patienten anzuziehen, die sonst niemanden hatten, an den sie sich wenden konnten.

11

Im Januar 1985 lud ich eine kleine Gruppe von sechs AIDS-kranken Männern ein, die sich in meinem Wohnzimmer zusammenfanden. Mit drei von ihnen hatte ich damals bereits in privaten Sitzungen gearbeitet. Einer der Männer hatte vorgeschlagen, eine Gruppe zu bilden, damit wir alle unsere Gedanken austauschen könnten. Drei meiner Klienten waren bereit zu kommen und brachten drei Freunde mit, die ebenfalls ›diagnostiziert‹ waren. Ich erinnere mich noch an jenen ersten Abend. Meine Helferin und ich hatten ein Essen für die sechs Männer gekocht, und nach dem Mahl saßen wir im Kreis und formulierten den Zweck dieser Gruppe.

Wir wußten nicht genau, was uns bevorstand, aber wir mußten etwas Positives tun. Ich entschied, daß wir uns nicht zu düsteren Selbstmitleidsbekundungen hinreißen lassen wollten. Das kannten wir alle ja bereits. Wir hatten vom ärztlichen Berufsstand vernommen, daß dieser nichts unternehmen könne, und daß jeder, der AIDS hatte, in spätestens einem Jahr nicht mehr am Leben sei.

Wir entschieden uns für eine positive Einstellung. Wir trugen jedes bißchen positiver Information zusammen, das wir finden konnten, und sprachen in der Gruppe darüber. Wenn einer der Männer sich besser fühlte, fragten wir ihn, was er unternommen habe, und die anderen versuchten es ebenfalls. Die Ernährungsgewohnheiten besserten sich, während wir mehr über gesunde Kost lernten. Wir haben sehr viel Groll herausgelassen und viel Vergebungs-Arbeit geleistet. Wir arbeiteten mit dem Spiegel. Wir lernten Meditation und Visualisierung. Und vor allem arbeiteten wir daran, uns selbst lieben zu lernen.

Die Angst war das größte Problem, mit dem jeder der Männer umgehen mußte — Angst vor dem Unbekannten, Angst vor Schmerzen und Angst vor dem Tode. Allein das Zusammenkommen als Gruppe und das Bemühen, etwas Positives zu tun, machte es möglich, daß jeder der Männer sich besser fühlte. Als Leiterin der Gruppe konnte ich die

Kraft zur Verfügung stellen, und sie konnten sich an mich wenden, wenn sie Fragen hatten. Ich besaß zwar nicht alle Antworten, aber sie wußten, daß ich mich um sie kümmerte und ihnen helfen wollte.

Damals war ich weltweit die einzige, die überhaupt etwas Hoffnung zu bieten hatte. Ich versprach keine spezifischen Ergebnisse. Ich sagte den Männern auch nicht, daß sie nicht mehr zu ihren Ärzten gehen sollten. Alles, was wir in der Gruppe unternehmen würden, sollte das ergänzen, was sie an Behandlung oder Nicht-Behandlung von ihren verschiedenen Ärzten bereits erhielten. Es gab damals nur sehr wenige Ärzte, die bereit waren, AIDS-Kranke auch nur zu berühren. Das fehlende Wissen machte ihnen Angst, und so zogen sie sich zurück, statt mitfühlend liebevoll zu behandeln.

Als der erste Abend sich seinem Ende näherte, führte ich die Gruppe durch eine Visualisierungsübung. Wir stellten uns vor, an einem friedvollen Ort zu sein, an dem viele Heilungsenergien bereitstanden, die uns helfen wollten. Wir schlossen mit dem Lied ›Ich liebe mich‹ von Jai Josephs. Damals wußten wir noch nicht, daß dieses Lied am Ende aller unserer Gruppenabende stehen und schließlich recht bekannt werden sollte.

Als wir an jenem Abend auseinandergingen, fühlte sich jeder besser. Die Männer hatten etwas von ihrer Sorge und Angst loslassen können. Sie hatten nicht mehr das Gefühl, völlig hilflose Opfer zu sein. Von einigen hörte ich am nächsten Tage, daß sie zum erstenmal seit Diagnosestellung wieder gut geschlafen hätten.

In der Woche darauf waren die sechs Männer bereit zu arbeiten. Im Laufe der Zeit besprachen und sammelten wir noch viele weitere Probleme. Es ging nicht nur um die Krankheit an sich. Natürlich auch um die Angst, um Selbstwertgefühl und Selbstachtung. Um Wut und Groll. Um alle möglichen Schuldgefühle. Um die geläufigen Elternprobleme und darum, wie den Eltern beizubringen sei, daß man

AIDS hatte oder homosexuell war. Wir sprachen über Sex und ›sicheren Sex‹. Darüber, wie man vergeben kann. Wie man sich selbst gut fühlen kann, wenn man davon ausging, zum Tode verurteilt zu sein. An Themen mangelte es uns nicht. Wir waren sogar bereit, über die positiven Aspekte von AIDS zu sprechen.

Die ursprüngliche Gruppe begann zu wachsen, mehr und mehr Freunde wurden eingeführt. Ich schaffte mir eine große Teemaschine an und servierte Kräutertees und Vollkorngebäck. Binnen weniger Monate waren es fünfundachtzig Leute, die überall im Wohnzimmer bis ins Eßzimmer standen oder auf den Fensterbrettern saßen. Wir suchten uns ein größeres Quartier, und eine Woche darauf kamen schon 150 Leute zu unserem Treffen. Wir kommen immer noch mittwochabends zusammen, und im Frühjahr 1988 waren es 600 Menschen, die zu jedem Treffen erschienen. Nicht jeder von ihnen hat AIDS, es waren auch Freunde und Liebhaber und andere Interessierte gekommen. Frauen und sogar Kinder waren darunter. Wir haben Krankenpfleger, Alternativ-Therapeuten, Geistliche und Mediziner unter uns.

Ärzte schicken uns ihre Patienten. Wir kennen einen Arzt, der mit vielen MMAs arbeitet, und wer zu ihm als Patient kommt, erhält schon bei der ersten Konsultation neben anderen Ratschlägen eine Verordnung, unsere Treffen dreimal zu besuchen. Dieser Arzt weiß, daß es viel leichter ist, mit jemandem zu arbeiten, der eine positive Einstellung hat.

Zweieinhalb Jahre nach unserer ersten Zusammenkunft hatten drei der sechs Männer den Planeten und ein weiterer die Gruppe verlassen. Die beiden anderen sind immer noch bei uns, und es geht ihnen sehr gut. Die ersten drei starben mit Frieden im Herzen und in dem Bewußtsein, ihre Mission auf der Erde erfüllt zu haben. Die Unterstützung der Gruppe hatte ihrem Leben viel Sinn gegeben. Wir erreichten, was wir uns vorgenommen hatten. Wir verbesserten die ›Qualität‹ ihres Lebens im Alltäglichen. Es kam zu umwälzenden Heilungen im Bewußtsein — Veränderungen des Denkens und der Einstellung zu sich selbst und zum Leben allgemein. Das können wir in der Gruppe immer und immer wieder beobachten.

Von einem unserer Männer nahm ich kürzlich Abschied, er lag im Sterben. Ich wünschte ihm »bon voyage« vor der großen Reise, die er antreten sollte. Er dankte mir und teilte mir mit, daß ich zwei Jahre lang der Kapitän auf seinem Schiff gewesen sei und ihm geholfen hätte, ein möglicherweise sehr negatives Erlebnis zu einer Erfahrung großen inneren Wachstums und Friedens zu verwandeln.

Ich wünschte melden zu können, daß es jedem besser geht, aber das wäre nicht die Wahrheit. Wir hatten Menschen hier, die den Planeten verließen. Wir haben Leute hier, denen es nicht gut geht. Wir haben viele Menschen, die ihre Lebensqualität beträchtlich gesteigert haben. Wir haben auch einige wenige, sehr wenige, die das Virus offenbar endgültig geschlagen haben. Es fällt allerdings schwer, dies ärztlich bestätigt zu bekommen, weil die Mediziner lieber ein paar Jahre warten wollen, um sich dann ein Urteil zu bilden.

›Die Antwort‹ haben wir aber noch nicht gefunden. Wir können nicht sagen, daß man dies oder jenes zu tun habe, und dann werde alles gut. Wir wissen jedoch, daß es viele Dinge gibt, die die Menschen unternehmen können, um sich zu helfen. Manche Therapien funktionieren bei den einen, aber nicht bei den anderen. Wir geben unser Bestes, um unserer Gruppe alle Gedanken und Anregungen vorzustellen, die wir erfahren, um dann jedem selbst die Entscheidung für das eine oder andere zu überlassen.

Wir haben bemerkt, daß die Menschen, die ihre Ernährungsweise verbessern und sich an alternative Therapien halten, am besten abschneiden. Die ärztliche Welt versucht verzweifelt, ein chemisches Gift zu finden, das das AIDS-Virus töten kann, seinen Wirt aber am Leben läßt. Bisher hat man noch keinen Erfolg. Die Nebenwirkungen der gebräuchlichen Medikationen sind für die Patienten oft verheerend, die Rezepte selbst extrem teuer.

Ich persönlich meine, daß die Regierung, wenn sie glaubt, eine Medizin gefunden zu haben, die bei AIDS tatsächlich wirkt, die Pflicht hat, sie jedermann kostenlos zur Verfügung zu stellen, der sie sich sonst nicht leisten könnte. Die meisten MMAs landen im sozialen Netz und haben am Monatsende selten mehr als ein paar Groschen in der Tasche.

Unser Treffen am Mittwoch abend ist keine Heilungsveranstaltung. Es ist eine Selbsthilfegruppe. Wir kommen zusammen, um einander zu stützen und in Verbindung zu bringen. Wir singen, wir meditieren und teilen unsere Erfolge und Ängste miteinander, wir machen Visualisierungsübungen und arbeiten daran, uns selbst lieben zu lernen.

In den zweieinhalb Jahren, die ich diese Gruppe leitete, habe ich sehr viele Heilungen im Bewußtsein beobachten können. Die regelmäßigen Besucher haben sich enorm weiterentwickelt. Menschen, die verängstigt und verzweifelt zu uns stießen, haben das Lächeln wiedergefunden und ihr Leben selbst in die Hand genommen. Sie sehen es nun auf neue und andere Weise. Für viele von ihnen war AIDS eine Gelegenheit, ihr Leben zum Besseren zu wenden. Wenn bedingungslose Liebe im Menschen wirkt, bringt sie das Beste in ihm zum Vorschein. Selbst jene, die diesen Planeten verlassen mußten, konnten dies auf viel friedvollere Weise tun.

Es sind viele Kinder, die überall ihren Familien entfremdet werden, aber diese Entfremdung ist in Homosexuellen-Kreisen noch krasser. Homosexuelle haben die gleichen Probleme, die es auch in der heterosexuellen Welt zuhauf gibt, doch darüber hinaus müssen sie ihre Sexualität aus Angst vor dem Gespött und der Ablehnung der anderen verstecken.

Sohn oder Tochter fürchten sich, den Eltern zu sagen, wer sie wirklich sind, und haben Angst, abgelehnt zu werden. Oder die Eltern reagieren voll Angst und Scham, wenn sie erfahren, daß ihr Kind homosexuell ist, und weigern sich, mit ihm zu sprechen. Wir haben auch viele Heilungen der Beziehungen innerhalb der Familie beobachtet. Familien, in denen man sich seit Jahren einander entfremdet hatte, finden in Liebe und Vergebung wieder zusammen.

Der sexuelle Mißbrauch von Kindern ist eine bedauerliche Sache, die in unserer Gesellschaft heute viel zu oft geschieht. Ich glaube nicht, daß die Bevölkerung allgemein ahnt, in welchem Umfang homosexuelle Männer in der Kindheit mißbraucht wurden.

Ich bin keine Heilerin. Ich heile niemanden. Ich bin eine ganz einfache Frau, die die Macht der Liebe kennt und lehrt; das ist alles, was ich tue. Manchmal führen Menschen ihre Heilung herbei, wenn sie lernen, sich selbst zu lieben. Dr. Bernie Siegel sagt in seinem Video *Hope and a Prayer:* »Wenn ein Mensch sich verändert, braucht die neue Persönlichkeit die alte Krankheit nicht mehr.«

Seit langer Zeit weiß ich, daß es nur einen einzigen Weg gibt, auf dem wir die Antwort auf das Problem AIDS finden können: Wir müssen uns ihm positiv und liebevoll nähern. Wir alle haben in dieser Krise eine sehr wichtige Lektion zu lernen. Ich glaube, daß es sogar um das Überleben unseres Planeten geht. AIDS ist ein Aspekt der Verschmutzung unserer Erde. AIDS ist auch eine Krankheit aus Unterdrückung und Hoffnungslosigkeit — oder dem ›Opfer-Bewußtsein‹, wie Caroline Myss es in ihrem Buch *AIDS: A Passageway to Transformation* nannte. AIDS zeigt uns, wie lieblos wir tatsächlich sind. Alle diese Punkte müssen wir ansprechen.

Viele Menschen haben mich gebeten, einige der Dinge aufzuschreiben, die wir bei unseren Mittwochabend-Treffen gelernt und untersucht haben, damit man sie anderen im Lande und rund um den Globus mitteilen könne. Ein großer Teil dessen, was wir tun, ist äußerst persönlicher Natur oder nicht faßbar, weil es aus den Beziehungen innerhalb der Gruppe stammt oder weil es der Liebe entspringt. Auf den folgenden Seiten jedoch habe ich versucht, soviel wie möglich darüber zu Papier zu bringen, was wir über die Krankheit namens AIDS gelernt haben. Ich hoffe, es wird sich als nützlich erweisen.

Falls du selbst AIDS hast: Ich kann dir nicht garantieren, daß du dich selbst heilen wirst, indem du das befolgst, was ich vorschlage. Aber ich weiß: Wenn du dich entscheidest, ganz konsequent ›die Arbeit zu leisten‹, wirst du deine Lebensqualität steigern. Ich gebe diese Informationen weiter, damit du lernen kannst, von deinen eigenen Heilkräften Gebrauch zu machen. In meinen Seminaren und Selbsthilfegruppen sorge ich für eine Atmosphäre der Liebe und des Annehmens, in der wir das Schöne in uns miteinander teilen können, in der wir uns wandeln und wachsen können. Viele Menschen stellen fest, daß sie von selbst heil werden.

Teil I
DIE KRANKHEIT AIDS VERSTEHEN

1

Was ist AIDS?

Affirmation:
Auch dies wird vorübergehen,
und es wird uns zum Wachstum und Besten dienen!

Seuchen und Epidemien haben uns begleitet, soweit wir die Geschichte zurückverfolgen können. Sie sind nicht Strafen von Gott. Sie rühren daher, daß wir unter Bedingungen leben, die für uns als Individuen oder als Gesellschaft nicht gesund sind. Im 13. Jahrhundert war Europa unterernährt und übervölkert. Soldaten kamen von den Kreuzzügen zurück und brachten Krankheitskeime und Viren mit, denen man noch nie zuvor ausgesetzt gewesen war. Nach einigen Jahren der Hungersnot wurde die Bevölkerung vom schwarzen Tod, der Beulenpest, getroffen; etliche weitere Epidemien folgten nach. Innerhalb von fünfzig Jahren war die Hälfte der Menschen gestorben. Aufgrund der erbärmlichen Lebensbedingungen konnte die Pest sich über Flöhe und Ratten rasch auf ganz Europa ausbreiten.

Unsere Bevölkerungsexplosion aufgrund der Flut von Einwanderern zu Beginn dieses Jahrhunderts führte zu Bedingungen, die es ermöglichten, daß nach dem ersten Weltkrieg eine Grippe-Epidemie ausbrach. Wieder waren es armselige Lebensbedingungen in Kombination mit der Vermischung der Menschen in Kriegszeiten, die Krankheiten erzeugten und sie wie einen Steppenbrand über die Vereinigten Staaten und Europa rollen ließen.

Es gab auch den ›Streß‹ der Kriegszeit, eines Krieges, der anders war als alle anderen, die die Welt schon gesehen hatte, mit neuentwickelten Waffen und viel mehr grausigen Todesarten — zum Entsetzen der Soldaten, die ins Feld zogen.

Ich glaube, daß jeder von uns allem ausgesetzt ist, was vorübertreibt. Ich glaube, daß für uns das gleiche gilt wie für die entsetzten Soldaten im 1. Weltkrieg: Was wir aufnehmen, hängt davon ab, wo wir im Bewußtsein sind. Das heißt: »Was glauben wir über das Leben und uns selbst?« Glauben wir: »Das Leben ist hart und wir ziehen immer den kürzeren«, oder: »Das Leben ist voller Krieg und Haß«, so daß wir offen sind für alle Krankheiten, oder: »Ich bin sowieso nichts wert, was macht es schon für einen Unterschied«, oder: »Ich habe schon immer gewußt, daß ich jung sterben muß«? Wenn das, was wir glauben, ungefähr solchen Aussagen entspricht, dann ist unser Immunsystem geschwächt und wir haben jede Freiheit, uns die ›populäre‹ Krankheit unserer Zeit einzufangen. Wenn unser Immunsystem aber stark und gesund ist, dann wird unser Körper automatisch abschlagen, was auch immer an Unbehaglichem des Weges kommt.

Die AIDS-Seuche

Nicht jeder wird von einer Seuche angesteckt. Selbst in der Zeit des Schwarzen Todes gab es doch viele, die die Pest nicht bekamen. Auch AIDS trifft nicht jeden, der der Krankheit ausgesetzt ist. Ich glaube im Grunde nicht, daß die Moral etwas mit dieser Krankheit zu tun hat. Moralvorstellungen und -maßstäbe wechseln von Gesellschaft zu Gesellschaft. Was in der einen Gesellschaft normal und natürlich ist, lehnt ein anderer Kulturkreis entsetzt ab.

In Amerika ist es normal und natürlich, daß Frauen ihre Gesichter, Arme und Beine zeigen. In Italien wird einem als

Frau oft der Zutritt zu einer Kirche verwehrt, wenn man nackte Arme zeigt oder weder Hut noch Kopftuch trägt. Im Nahen Osten werden Frauen von ihrer Nachbarschaft gemieden oder womöglich zu Tode gesteinigt, wenn sie ihr Antlitz in der Öffentlichkeit unverhüllt zeigen.

Viele Menschen behaupten, AIDS sei die Strafe Gottes für alle, die nicht heterosexuell seien. Das ist eine beschränkte Art, die Situation zu betrachten. Aber wie wird sie den Babys gerecht, die AIDS haben? Wenn wir die Theorie konsequent weiterführen, dann kann Gottes auserwähltes Volk aus Lesbierinnen bestehen, und ich glaube nicht, daß das im Sinne ihrer Erfinder ist.

Es gibt homosexuelle Männer, die AIDS haben, und es gibt heterosexuelle Männer, die AIDS haben. Es gibt Frauen, die AIDS haben. Und es gibt Kinder und Babys mit AIDS. Aber bis heute sind fast keine Fälle von AIDS-kranken Lesbierinnen bekannt geworden.

Eine Gruppe von Menschen für besser oder schlechter als eine andere zu halten, entspringt einer Angst und ist Zeichen einer sehr beschränkten Sicht des Lebens. Stelle dir vor, wie die Welt aussähe, wenn es nur eine einzige Blumenart auf unserem Planeten gäbe.

Unsere Freude an Blumen entspringt aus deren unendlicher Mannigfaltigkeit, ihren großen Unterschieden und der Tatsache, daß jede Blume auf ihre spezielle Weise einzigartig und wunderschön ist.

Wie bei den Blumen, gibt es auch bei den Menschen einzigartige, verschiedene Gruppen. Wie es keine zwei identischen Kristallisationsmuster bei Schneeflocken und keine zwei gleichen Fingerabdrücke gibt, so sind auch keine zwei Menschen gleich.

Auch innerhalb der Gruppen herrscht grenzenlose Unterschiedlichkeit. So ist es beabsichtigt. Jedes Antlitz, das du auf diesem Planeten erblickst, ist ein weiterer, in sich schöner Ausdruck Gottes. Wir können lernen, Menschen unter diesem Aspekt zu betrachten.

Was AIDS nicht ist

AIDS ist *nicht* eine Homosexuellen-Krankheit, sondern wurde durch den Kreis der Homosexuellen verbreitet. Wir nehmen an, daß AIDS von einem entlegenen Stamm in Afrika kommt. Einige Wissenschaftler meinen, daß es durch eine Art der Grünen Meerkatze auf diesen Stamm übertragen wurde. AIDS steckte viele Angehörige jener Stammesgemeinschaft in Afrika an. Irgendwann wurde eine Gruppe von Arbeitern aus Haiti nach Afrika geschickt, um dort in einem Projekt zu arbeiten. Als die Männer nach Haiti zurückkehrten, brachten sie AIDS mit. Einige Angehörige der Homosexuellen-Kreise New Yorks und Floridas pflegen ihren Urlaub auf Haiti zu verbringen. Diese Männer übernahmen das Virus und brachten die Krankheit mit sich zurück, und so begann sie sich über die westliche Welt auszubreiten. Das heißt, AIDS wurde über die Homosexuellen-Kreise verbreitet, ist aber *keine* Homosexuellen-Krankheit.

Der moderne Flugverkehr hat viel zur raschen Ausbreitung von AIDS beigetragen. Jene ersten Virusträger brachten die Erreger und damit die Krankheit unwissentlich von einem Ort zum anderen. Der Mann, den die Forscher als ›AIDS-Patient Nr. Null‹ bezeichnen, Gaetan Dugas, war Steward auf internationalen Flügen.

Gewebsproben, die man in St. Louis von einem im Jahre 1969 an einer rätselhaften Krankheit gestorbenen, fünfzehnjährigen Knaben aufbewahrt hatte, ergaben bei einer erneuten Untersuchung, daß der Junge vom AIDS-Virus infiziert war.

Und ständig kommen neue Kapitel zur Geschichte dieser Krankheit. Ich habe gehört, daß die CIA sich an der biologischen Kriegsführung beteilige und versehentlich Gammaglobuline infiziert habe.

Es spielt keine Rolle, wie die Krankheit zu uns kam. Es spielt keine Rolle, ›wer‹ sie uns gebracht hat. Wichtig ist aber, warum sie hier ist, und warum wir als göttliche Geschöpfe mit ihr umgehen müssen — und daß wir aus den besonderen Herausforderungen etwas lernen, die mit ihr einhergehen.

Wenn du nun also Horrorgeschichten erwartest, dann hast du das falsche Buch in der Hand. Durch die Nachrichtenmedien werden ohnehin schon zu viele Schreckensmeldungen veröffentlicht. Es ist an der Zeit, daß auch die positive Seite von AIDS zu Wort kommt.

AIDS ist nicht automatisch einem Todesurteil gleichzusetzen. AIDS ist nicht immer eine tödliche Krankheit. AIDS ist nicht das Ende der Welt. Für manche ist es das gewesen. Aber es muß nicht für jeden so sein.

Was ist AIDS?

Das Virus

Ein Virus ist ein Stück freies, genetisches Material, das von einer schützenden Eiweißhülle umgeben ist.

Ein Virus ist keine Zelle, es ist auch kein Lebewesen. Es ist nur eine subzelluläre ›Anweisung‹ zur Vervielfältigung, und mehr tut das Virus auch nicht: es reproduziert sich selbst.

Es gibt grundsätzlich vier Arten genetischer Sequenzen, die Viren replizieren: einfach-gedrehte RNS, einfach-gedrehte DNS, doppelt-gedrehte DNS und ein eigentümliches RNS-Virus namens Retrovirus.

Nach Eintritt in den Körper findet das Virus eine Wirtszelle. Dann hat es mehrere Möglichkeiten: es kann die Membran der Wirtszelle mit einem ›Stachel‹ durchbohren, der Teil seiner Hülle ist, oder es setzt ein Enzym ein, um die Membran aufzulösen und eindringen zu können. Befindet es sich erst einmal im Innern der Zelle, benutzt es die Ausrüstung der Wirtszelle, um sich zu vermehren. Wenn es die Wirtszelle nicht schon dadurch tötet, kommt diese beim Freiwerden der vielen neuen Virusteilchen um. Manchmal dringt ein Virus in eine Zelle ein und begibt sich dort in einen Schlummerzustand. Das ist z. B. bei den Nervenviren Herpes und dem Retrovirus HIV der Fall; um eine Infektion zum Ausbruch zu bringen, sind zusätzliche Faktoren — im allgemeinen Streß — notwendig.

Nach der Infektion wird der Körper die ›primäre Immunabwehr‹ mobilisieren. In dieser Phase versammeln sich B- und T-Zellen am Ort der Infektion. Die B-Zellen erzeugen Antikörper gegen das Virus. Die T-Zellen dagegen enthalten bereits Antikörper in ihrer Zellmembran. Sie identifizieren den Eindringling, das ›Antigen‹, und neutralisieren es zur Harmlosigkeit. Diese spezialisierten Zellen können so Erstaunliches vollbringen, weil sie die entsprechenden Antikörper enthalten und zum Einsatz bringen.

Ein Antikörper ist ein Stück subzelluläres Protein. Unter dem Mikroskop sieht er aus wie ein Y. Er besteht aus einem stabilen Abschnitt (der ›schweren‹ Kette) und einem variablen Abschnitt (der ›leichten‹ Kette). Diese variablen Abschnitte ›lesen‹ das Antigen, passen sich dem Code des Eindringlings an und verbinden sich mit ihm; so entsteht ein Antigen-Antikörper-Komplex. Dieser wird später von anderen Zellen erkannt und als harmloser Abfall aus dem Körper hinaustransportiert. So jedenfalls funktioniert es im Idealfall.

Das HIV-Virus

›HIV‹ ist die Abkürzung für ›Human Immuno-Deficiency Virus‹, d. h. menschliches Immunmangel-Virus. Es ist eines von nur drei Retroviren, die Menschen anstecken. Wegen seines einzigartigen Vermehrungsprozesses wird es uns zu einer interessanten Herausforderung.

Dieses Virus dringt als einfacher RNS-Strang in die Zelle ein. Wie auch manche andere Viren, bringt es sein eigenes Enzym, die reverse Transcriptase mit. Wenn es in die Zelle gelangt, hat es zwei Möglichkeiten: im Schlummerzustand zu verharren, bis ein zusätzlicher Faktor den Reproduktionsvorgang auslöst, oder gleich selbst damit zu beginnen.

Wenn es sich vermehrt, hängt es sich an die DNS der Wirtszelle, das heißt an das Chromosom, den Bauplan fürs Leben. Mit Hilfe seines Enzyms, der reversen Transcriptase, überträgt es ein Spiegelbild des einen DNS-Stranges und bildet dann ein Zwischenstadium, den sogenannten DNS/RNS-Komplex. Von diesem Punkt an ›maskiert‹ sich das Virus in dem genetischen Material, das es von seiner Wirtszelle gestohlen hat, entwickelt sich zu einem doppelt-gedrehten DNS-Molekül − und ist nun etwas völlig anderes als zuvor. Nach zahlreichen Vermehrungen kann das Virus schließlich durch die Zellmembran seiner Wirtszelle herausbrechen und diese töten.

Aufgrund der Art von Zellen, auf die es dieses Virus abgesehen hat, ist das HIV eine so große Bedrohung: es greift ausgerechnet jene Zellen an, die unbedingt notwendig für die Immunabwehr sind: die T4-Lymphozyten. Wenn das Virus einen größeren Teil dieser Zellen aufgebrochen und vernichtet hat, ist das Immunsystem praktisch nutzlos, und es kommt zur Immunmangel-Krankheit, zu AIDS. Jede weitere Infektion − z. B. durch Lungenentzündung, PCP (Pneumocystis carinii-Pneumonie) oder Kaposi-Sarkom −, kann dann lebensgefährlich werden.

HIV-positiv

Wie steht es mit jenen Menschen, bei denen Antikörper für das Virus gefunden wurden, ohne daß eine AIDS-Erkrankung vorliegt?

Viele, die AIDS ausgesetzt waren, werden nie krank, weil sie über ein starkes Immunsystem verfügen, das den Eindringling unschädlich macht.

Wenn wir erfahren, daß wir ›HIV-positiv‹ sind, ist das für uns noch nicht das Ende der Welt. Es ist lediglich eine liebevolle Botschaft unseres Körpers, der uns mitteilt, daß wir von der Spur abgekommen sind und in unserer Lebensweise einige Veränderungen zum Positiven durchzuführen haben. Unser Körper will immer gesund sein und alles unternehmen, was in seiner Macht steht, um ein Höchstmaß an Gesundheit zu zeigen. ›HIV-positiv‹ zu sein, ist ein Warnsymptom einer tieferen Ursache, ein Versuch unseres Bewußtseins, sich uns mitzuteilen. Unsere Aufgabe besteht vielleicht darin, die zugrundeliegende Ursache zu finden und auszuschalten. Wenn wir die Warnung beachten, dann ist es vielleicht nicht nötig, daß unser Zustand sich weiter in Richtung ARC oder AIDS entwickelt. Die Heilung beginnt in dem Augenblick, wenn wir uns weigern zu glauben, daß man nichts gegen diese Krankheit unternehmen könne.

HIV-positiv zu sein bedeutet ferner, daß du dem Virus ausgesetzt warst. Vielleicht ist das schon alles, was es bedeutet; es kann aber auch noch viel mehr besagen. Es ist ein Warnsignal deines Höheren Selbst, daß Veränderungen notwendig sind — und zwar SOFORT! Diese Veränderungen können auf vielen Ebenen erforderlich sein — mental, körperlich und spirituell. Zu wissen, daß du HIV-positiv bist, heißt, alles zu unternehmen, was in deinen Kräften steht, um dein Immunsystem zu stärken — körperlich, mental und spirituell. Ein kräftiges Immunsystem wird nie zulassen, daß das Virus überhand nimmt.

Wenn dein Immunsystem nur leicht geschwächt ist, dann will dir dein Körper sagen, daß du es vermutlich rasch wieder auf eine normale Ebene regenerieren kannst, wenn du die notwendigen Veränderungen auf dich nehmen willst. Weigere dich ganz entschieden, irgend jemandes ›Todesurteil‹ zu akzeptieren, ganz gleich, wie berühmt und kompetent seine Autorität auch ist. Ich habe Dr. Bernie Siegel sagen hören:

»Es ist eine durch die Ergebnisse wissenschaftlicher Untersuchungen bestätigte Tatsache, daß jede bekannte Art von Krebs schon von Patienten überwunden wurde. Aus dem Verhalten derer zu lernen, die ihren Krebs überlebt haben, wird die Überlebenschancen des Krebspatienten entscheidend erhöhen — gleichgültig, wie ernst seine Krankheit ist, von welchem Krebs-Typ er befallen ist, wie alt er ist, welche Krankheitsdisposition er hat oder unter welchen ökonomischen Umständen er lebt.«

Krebs ist AIDS sehr ähnlich, und so dürften die gleichen Prinzipien der Heilung für beide Krankheiten Gültigkeit besitzen. Jede Botschaft von unserem Körper ist eine persönliche Botschaft, die wir uns selbst geben, und es liegt an uns, sie zu beachten oder erneut zu ignorieren.

Niemand bringt uns in Gefahr. Wir und nur wir selbst sind uns eine Gefahr. Der Mehrheit der Bevölkerung, die bisher noch nicht der Infektion ausgesetzt war, möchte ich sagen: »Achte auf die Warnsignale in deiner Umgebung.« Gib acht! Setzt du dich unnötigen Risiken aus? Dann höre auf damit. Stelle fest, welche Problembereiche in deinem Leben einer Klärung bedürfen. Kümmerst du dich gut und liebevoll um deinen Körper? Lebst du von der höchsten deiner Daseinsebenen aus? Lebst und erfährst du bedingungslose Liebe? Wenn nicht — beginne jetzt mit den nötigen Veränderungen! Es ist soviel einfacher, die Veränderungen durchzuführen, solange du relativ gesund bist, als wenn du mit Angst und akuter Erkrankung fertig werden mußt.

Das Immunsystem des Körpers ist sehr komplex und stark. Es ist durch den Einsatz von Kombinationen der verschiedenen Abschnitte der Antikörper imstande, bis zu achtzehn Milliarden verschiedener Codes zum Angriff von Eindringlingen zusammenzustellen. Es ist also nur zu verständlich, daß es, wenn es dem HIV-Virus ausgesetzt war, rasch die Merkmale des Eindringlings liest und einen passenden Antikörper bildet. Nur wenn der körperliche Zustand geschwächt ist, hat das Virus eine Chance, die Oberhand zu gewinnen. Die einzigartige Maskierung des Virus ermöglicht es ihm, einen Versuch zu wagen. Weil es den genetischen Code der T-Zelle benutzt, die Antikörper auf ihrer

Membran trägt, kann das HIV-Virus auch den variablen Bereich der Antikörper lesen, die gegen es gerichtet sind. Das heißt, es kann seinen eigenen Antigen-Code verändern, und in manchen Fällen gelingt ihm das ›rascher‹, als der Körper in der Lage ist, neue Antikörper zu seiner Verteidigung zu bilden.

In den meisten Fällen jedoch können die vom Körper produzierten Antikörper das HIV-Virus in seinem Latenz-Zustand halten. So kommt es nie zu Beschwerden, und ganz gewiß auch nicht zur Ausprägung von ARC oder AIDS.

ARC

Der Begriff ARC* ist meiner Meinung nach eine unnötig spezialisierende Definition. Jemand mit ARC kann genauso krank sein wie jemand mit AIDS, und man kann an ARC auch sterben. Aber ARC-Patienten werden gegenüber AIDS-Kranken unterschieden und von der sozialen Sicherheit und anderen Hilfsquellen ausgeschlossen. Sie haben keinen Anspruch auf finanzielle Hilfe oder eine Vielzahl von Dienstleistungen, die AIDS-Kranken zur Verfügung stehen. Obwohl sie ein schwerst beeinträchtigtes Immunsystem haben, fehlen ihnen doch mangels entsprechender Infektionen die Voraussetzungen, die sie als MMAs qualifizieren. Sie können dabei genauso krank, genauso erschöpft sein – unfähig zu arbeiten oder sich selbst zu versorgen –, und trotzdem erhalten sie weniger Hilfe, weil sie ›zu gesund‹ seien.

Es handelt sich um eine rein theoretisch/technische Unterscheidung, die nur von neuem unseren Mangel an Liebe für den Leidenden offenbart. Für mich sind ARC und AIDS fast das gleiche; wenn ich also den Begriff AIDS verwende, meine ich immer auch ARC.

---

*ARC = AIDS Related Complex: HIV-bezogene Symptomatik, AIDS-Vorfeld-Erkrankung (Anm. d. Ü.)

AIDS

Ich verstehe AIDS als eine Botschaft unseres Körpers, als den letzten Versuch des eigenen Bewußtseins, sich verständlich zu machen — an einem Punkt, an dem es nicht mehr möglich ist, einfach eine Pille zu nehmen und sich schlafen zu legen. Jetzt *mußt* du zuhören. Man hat uns beigebracht, eine Tablette zu nehmen und weiterzumachen, wenn wir einen Schnupfen oder die Grippe haben. Achte auf die Werbespots im Fernsehen; sie unterstützten massiv diese Selbstvernachlässigung.

So viele Menschen haben sich selbst so viele Jahre lang als zwei Personen behandelt. Sie lebten, als sagten sie zu sich: »Das bin ich, und das da ist mein Körper.« An diesem Punkt aber verlieren wir die Verbindung mit uns selbst. Der nächste Schritt besteht für die meisten darin, zu sagen: »Ich kann mit meinem Körper alles anstellen, und er tut mir nicht weh.« Aber so ist das einfach nicht. Es wird einen Tag der Abrechnung geben — einen Punkt, an dem unser Körper Beachtung verlangt. Dann bekommen wir Störungen des gesundheitlichen Gleichgewichts. Viele von uns stellen sich aber weiterhin taub. Wir gehen einfach in die Apotheke und kaufen eine Schachtel Tabletten, die uns ›gesund machen‹ sollen.

Diese Einstellung zur Krankheit bedeutet, zum Körper zu sagen: »Ich mag dich nicht, und ich will deine Botschaften auch nicht hören: halt's Maul!« Das ist mangelnde Eigenliebe, d. h. eine der vielen Äußerungsformen unseres Selbsthasses.

Wenn ich über Liebe spreche, sagen die Leute oft: »Ja, ja, natürlich liebe ich mich.« In Ordnung, wenn du sagst, du liebst dich, dann achte einmal darauf, wie du dich selbst ›behandelst‹. Ist das wirklich liebevoll? Der Zweck einer Krankheit ist, daß du endlich verstehst. Mit AIDS kannst du nicht einfach so weitermachen, bis es dir einfällt, Veränderungen in Erwägung zu ziehen. Das Leben geht nicht weiter wie früher, wenn du einmal als AIDS-Kranker diagnostiziert worden bist. Wenn du willens bist, die Verantwortung zu übernehmen und bewußte Veränderungen durchzuführen, dann kann dein Leben besser werden, als es vor der Diagnose gewesen ist. Wenn du das hilflose Opfer spielen willst, dann wirst du vermutlich dazu beitragen, daß die erschreckenden Prophezeiungen der Nachrichtenmedien in Erfüllung gehen.

Behandlung

Heute ist ein neuer, kostbarer Erdentag. Wir werden ihn in Freude leben. Wir stehen mitten in einer außergewöhnlichen neuen Erfahrung. So etwas hat es noch nicht gegeben. Wir ziehen durch unbekanntes Land, segeln auf unerforschter See, und müssen doch wissen, daß wir göttlich geschützt und geführt sind.

Wir sind nicht allein. Wir verbinden uns im Trachten nach der Heilung, die wir alle ersehnen, und finden darin den Beginn einer harmonischen Verbindung aller Völker. Wir entscheiden uns nun, die alten Vorurteile und Ängste hinter uns zu lassen. Uns ist bewußt, daß die Seele keine Geschlechtlichkeit und keine Rassenunterschiede kennt. Unser ganzer Planet braucht Heilung, denn im Bewußtsein sind wir alle eins.

Jetzt ist die Zeit, sich zu vereinen und sich der Verwandlung unserer Welt zu weihen. Wir sind eins mit der Macht, die uns erschaffen hat.

Wir sind in Sicherheit, und alles ist gut in unserer Welt.

2

Ein positiver Zugang

Affirmation:
Mit Liebe werden wir die Antworten finden!

In diesem Buch stehen zahlreiche Fallbeispiele von als AIDS-krank diagnostizierten Menschen, die dabei sind, sich selbst zu heilen. Es gibt auch die Fallgeschichten von Leuten, die einmal AIDS gehabt haben und nun eine Besserung erleben. Die Lektüre dieser oft sehr bewegenden Erlebnisse von Menschen, die es ablehnten, sich die populäre medizinische Feststellung ›Endphase, tödliche Krankheit‹ zu eigen zu machen, mag auch dich anregen, etwas zur eigenen Heilung zu unternehmen.

Ich weiß, daß diese Geschichten dir Impulse geben werden. Das Center for Disease Control in Atlanta, Georgia, sagt, daß es keine zwei genau gleichen Fälle von AIDS gebe. Jeder einzelne scheint also seine eigene und einzigartige Form von AIDS zu haben. Daraus geht klar hervor, daß es auch nicht eine bestimmte Methode geben kann, die Krankheit bei allen Betroffenen zu heilen.

Wenn du dich mit den verschiedenartigen Wegen zur Gesundung beschäftigst, die hier wiedergegeben sind, stößt du vielleicht auf eine Methode oder Person, mit der du dich identifizieren kannst, und eine Möglichkeit, deine Heilungskraft zu üben, die dich anspricht und auch bei dir funktionieren könnte. Diese Menschen haben sich bereit erklärt, ihren eigenen Weg durch diese intensive Erfahrung zu schildern, um dir bei deinem Weg zur Heilung zu helfen.

Die Methoden, die diese Menschen anwenden, sind nicht nur gut für die Heilung von Körper, Gemüt und Geist; sie sind auch hervorragend geeignet als Vorbeugungsmaßnahmen, die der Erhaltung eines guten Gesundheitszustandes dienen.

Fallbeispiel George

George ist ein neunundzwanzigjähriger ›Kopfverdreher‹. Er ist 1,93 m groß, hat braunes, sauber geschnittenes Haar und blaue Augen mit durchdringendem Blick; früher war er Dressman. Nachdem ich ihn kennengelernt hatte – und das dauerte eine Weile, denn er ist zunächst zurückhaltend –, betrachtete ich ihn als die perfekte Kombination von Bescheidenheit und Stärke, Demut und Kraft.

Seine ersten AIDS-Symptome waren Beschwerden in den Knochen und ständige Schmerzen im unteren Teil der Wirbelsäule. Es war ein dumpfer Schmerz, den er seinen Ärzten kaum beschreiben konnte. Dann hatte er nächtliche Schweißausbrüche, verlor etwas Gewicht und bemerkte eine Schwellung der Lymphknoten in der Leistengegend.

Zuerst wurde er im Rahmen eines Medikamentenversuchs mit Leukozyten-Dyalisat, einem Immunstimulator, behandelt. Er stellte zwar keine unangenehmen Nebenwirkungen fest, hatte aber auch nicht den Eindruck, daß die Droge etwas zur Besserung seines Zustandes beitrug. Dies schließt er aus der Tatsache, daß er weder körperlich noch seelisch einen Unterschied bemerkte, gleichgültig, ob er das Medikament einnahm oder nicht. Es gab jedoch Besserungen bei den Resultaten seiner Blut-Stimulationstests.

In bezug auf seine Ernährung ist George sehr offen. Er nimmt täglich ein Multivitaminpräparat ein und war von dem Ernährungsberater, den er an der U.S.C. (University of Southern California; Anm. d. Ü.) konsultierte, nicht beeindruckt, denn »der sagte mir nichts, was ich nicht bereits wußte, denn ich habe schon seit Jahren selbst gekocht.« Er kocht gerne, und er ißt gerne, und so kocht er alles, was ihm schmeckt. Man hat irgendwie den Eindruck, daß Georges Küche sehr gesund ist, und vermutlich hindert ihn nur seine Bescheidenheit daran, dies selbst zu erwähnen.

Zu Beginn seiner Erkrankung waren ihm nur die Eltern und die engsten Freunde eine Stütze. Heute aber ist ihm seine Familie, obwohl sie in Nordkalifornien wohnt, keine große Hilfe mehr. Er wandte sich um Unterstützung an das AIDS-Projekt Los Angeles, bekam aber nicht, was er wollte, nämlich eine positive Ausrichtung. Dann versuchte George es mit der Shanti Foundation und war sehr beeindruckt von der positiven Unterstützung, die er dort erhielt.

»Dann arbeitete ich im Büro und lernte Leute kennen, die sehr positiv und aufbauend waren. Sie unterstützten Menschen, gleichgültig, wer oder in welchem Zustand sie waren.« Auf mein nachdrückliches Fragen hin gibt George zu, daß er heute Direktionsmitglied der Shanti Foundation ist. Vor ungefähr einem Jahr begann er sich auch mit AIDS Update zu beschäftigen und erkannte, daß er hier eine weitere Gruppe positiver, unterstützender Menschen gefunden hatte. Er empfand es vor einem Jahr noch als sehr schwierig, Selbsthilfegruppen zu finden, »weil die Menschen damals noch nicht so offen waren wie heute — besonders Leute mit einer positiven Einstellung.«

Bis er solche Gruppen fand, arbeitete er auf seine eigene Weise und übte allmorgendlich seine eigene Form der Meditation mit Musik. »Ich sehe mich einfach als sehr positive, gesunde Person.« Über seine Visualisierungen sagt er: »Ich gebrauche lediglich ein sehr einfaches Bild: Ich stelle mir vor, wie die Kreide von einer Wandtafel gelöscht wird; das ist mein Kaposi-Sarkom, das ausradiert wird.« Was spirituelle Lehrer betrifft, so waren es Stephen und Alexandra Levine, die ihn faszinierten; sie leiteten ein Shanti-Seminar. Es erübrigt sich zu sagen, daß George auch in den mittwochabendlichen Zusammenkünften Inspiration fand.

34

»Louise ist wichtig, da sie den Menschen zeigt, daß sie erreichen müssen, sich selbst auch im Alltäglichen zu lieben, denn wenn sie das nicht tun, geht alles andere in Stücke. Du kannst nicht einen anderen lieben, ohne dich selbst zu lieben. Vielleicht machst du dir und anderen Leuten etwas vor, aber so funktioniert es einfach nicht.«

Einer der positiven Aspekte von AIDS war für George das Erwachen seines spirituellen Gewahrseins: »Mein geistiger Weg hat nach alledem seinen Anfang genommen. Die Krankheit hat mir wirklich einen Schlag versetzt und mich wachgerüttelt, zu mehr Bewußtsein oder Gewahrsein verholfen. Das ist der eigentlich wunderbare Aspekt an dieser Diagnose. Ich sehe es im Grunde nicht als so negativ, als AIDS-krank diagnostiziert zu werden, wenn man einmal davon absieht, daß man es mit Ärzten und Krankenhäusern und dem eigentlichen Krebs zu tun bekommt. Das Kranksein ist für mich überhaupt nicht negativ.«

Auf die Frage, welche alternativen Behandlungsweisen er weiterempfehlen könne, äußerte George den Eindruck, daß Akupunktur sich als sehr hilfreich erwiesen habe. Er hält es aber für das beste, den Rat weiterzugeben, den er von einer Onkologin erhalten hatte: »Sie sagte, das Allerwichtigste sei, eine positive Einstellung zu behalten. Ich blickte sie an und meinte: ›Sie wollen mich wohl auf den Arm nehmen! Wie soll man denn eine positive Einstellung behalten, wenn man es mit so etwas zu tun hat?‹ Darauf antwortete sie: ›Sie *müssen* es, und es ist alles, was Sie tun können‹.

Eine Zeitlang hatte ich überhaupt keine positive Einstellung. Wie benebelt ging ich umher und dachte: ›Nicht mehr lange, dann werde ich nicht mehr hier sein.‹ Doch dann wachte ich nach wie vor jeden Morgen wieder auf, und die Sonne schien weiter, und ich merkte, daß ich weitermachen mußte. Wenn du zu leben hast, dann mußt du auch leben, und wenn du zu sterben hast, dann stirb einfach. Ich beschloß zu leben, und ich erkannte: wenn ich leben sollte, mußte ich mir eine positive Einstellung bewahren.«

George hat auch das Gefühl, voll im Leben zu stehen und daß das Leben selbst ihn lebendig erhält. Am wichtigsten ist für ihn zur Zeit seine spirituelle Ausrichtung und Gesundheit, und dafür liest er sehr viel. George läuft auch jeden zweiten Tag, nicht nur um sich körperlich fit zu halten, sondern um aus dem Kreislauf der Krankheit auszubrechen. Er meditiert beim Laufen. Außerdem arbeitet er in der Shanti Foundation und hat einen Vollzeitjob als Kellner. »Ich kann dir sagen, was wirklich herrlich ist, und daran muß ich immer denken: Ich sehe nicht aus wie ein AIDS-Kranker, und ich weiß, daß keiner so aussehen müßte. Es ist mir eine Bestätigung, daß ich körperlich so aussehe, wie ich mich innerlich fühle. Ich fühle mich prächtig, also sehe ich prächtig aus. Ich werde doch an so etwas nicht sterben. Ich bin fest entschlossen, das fünf oder sechs Jahre zu überstehen, und in der Zwischenzeit warte ich, wie jeder hier in Kalifornien, die Erdbeben ab.«

Ungefähr einen Monat nach diesem Interview traf ich George auf der Straße und stellte fest, daß er geradezu strahlte.

Als ich ihn fragte, warum er soviel besser aussehe als sonst, teilte er mir mit, daß er gerade Untersuchungsergebnisse erhalten habe, die ergaben, daß sein Immunsystem völlig wiederhergestellt war.

Ob du AIDS hast oder nicht — du sollst wissen, daß es so viel gibt, für das es sich lohnt, positiv eingestellt zu sein. Das Leben hat für alles vorgesorgt, was wir brauchen. Es gibt auf unserem Planeten alles in Hülle und Fülle. Es gibt so viele Lebensmittel auf diesem Planeten, daß man alle damit ernähren könnte. Ja, es ist wahr, daß viele Menschen verhungern. Aber das liegt nicht an einem Mangel an Nahrungsmitteln. Wir haben hier solche Mengen, daß wir die Lebensmittel vernichten, um die Preise künstlich hoch zu halten — und damit lassen wir zu, daß Menschen verhungern, weil wir zuwenig Liebe für sie übrig haben.

Es gibt soviel Geld auf diesem Planeten, daß keiner sich die Gesamtmenge auch nur vorzustellen vermag. Wir leben in einem unglaublichen Wohlstand, ja, es ist wahr, daß viele Menschen nur wenig oder gar kein Geld haben; aber das heißt nicht, daß kein Geld da wäre.

Milliarden von Menschen leben auf dieser Erde, Menschen aller Typen und Größen. Du wirst hören, wie Leute sagen, sie seien einsam. Das liegt nicht an einem Mangel von Menschen. Es ist die Angst, sich zu öffnen, und die Angst, zurückgewiesen zu werden. Was uns im Zustand des Mangels hält, ist unser Glauben an Mangel und Begrenzungen. Um das zu überwinden, müssen wir unser Denken erweitern, müssen wir unsere Vergangenheit hinter uns lassen und auch das, von dem uns andere früher sagten, wir könnten es nicht tun.

Das ist mir in so mancher Beziehung ein Erlebnis des Wachstums geworden. Ich bin in meinem eigenen Verständnis und Wissen gefordert worden. Mein Gewahrsein von der Macht der Liebe zur Verwandlung ist heute stärker denn je. Ich beobachte mich selbst, wie ich Leute umarme, denen ich vor einigen Jahren noch nicht einmal in die Augen blicken konnte. Viele meiner Ängste habe ich verloren angesichts dieser wunderbaren jungen Menschen, die so mutig durch ihre höchst intensiven Erfahrungen gehen.

Dies ist eine Zeit zum Heilen, eine Zeit, heil und ganz zu machen — nicht der Verurteilung. Wir müssen uns aus den engen Grenzen der Vergangenheit emporheben. Ich glaube, daß wir alle göttliche, herrliche Ausdrucksformen des Lebens sind. Wir wollen uns darauf besinnen und berufen!

Behandlung

Heute ist ein neuer, kostbarer Erdentag. Wir werden ihn in Freude leben. Für jedes Problem, das wir erschaffen, gibt es eine Lösung.

Wir sind nicht durch unser menschliches Denken begrenzt, denn wir sind alle verbunden mit der umfassenden, universellen Weisheit und ihrem Wissen. Wir kommen aus dem Zentrum der Liebe im Herzen und wissen, daß Liebe alle Türen öffnet. Es gibt eine Kraft, die allzeit bereit ist und hilft, uns jeder Herausforderung und Krise im Leben zu stellen und sie zu überwinden.

Ich weiß, daß jede Krankheit irgendwo auf der Welt schon geheilt wurde. Deshalb besteht die Möglichkeit, daß dies auch für mich geschehen kann. Ich hülle mich in einen Kokon aus Liebe, und darin bin ich in Sicherheit. Wir sind eins mit der Macht, die uns erschaffen hat.

Wir sind in Sicherheit, und alles ist gut in unserer Welt.

3

Krank aus Mangel an Liebe

Affirmation:
Wir sind willens, unsere Herzen zu öffnen!

Warum gibt es AIDS auf unserem Planeten? Ich meine, um uns zu zeigen, daß wir unser Leben und den Planeten zu Grunde richten. Unser physischer Körper und die physische Welt bedürfen dringendst der Heilung. Unsere Luft ist verschmutzt. Die Fische des Meeres sind voller Gift und Chemie. In vielen Gegenden ist das feste Land seiner Vegetation beraubt. Wir zetteln immer noch Kriege an und foltern einander. Unser Körper wird gefüllt mit chemischen Nahrungsmitteln und mit Zigaretten, Alkohol und Drogen jeder Art geschändet. Wir leben in Angst vor einem atomaren Holokaust. Solche Zustände sind Störungen des Gleichgewichts, sind krankhaft, und deshalb habe ich das Gefühl, auch unser Planet habe so etwas wie AIDS.

Wir haben die unzähligen Signale nicht beachtet, die sowohl unser Planet als auch unser Körper uns im Laufe der Zeit geschickt haben. Wir preschen einfach kopflos und achtlos voran, schütten noch mehr Junkfood* und Chemie in unseren Körper und verlangen ihm mehr ab, als seiner normalen Ausdauer entspricht. Es ist ganz natürlich, daß wir den Planeten ähnlich behandeln und ihn unglaublich ausbeuten und mißbrauchen. Die AA-Leute (Anonyme Alkoholiker) sagen, daß manche wohl den absoluten Tief-

*Junkfood = etwa Schund-Essen, ›Schrott-Fraß‹ (Anm. d. Ü.)

punkt erreichen müssen, bevor ihnen ein Licht aufgeht und sie etwas verändern.

Wir sollten wissen, daß die Erzeugung von AIDS eigentlich schon Tiefpunkt genug ist. Wir brauchen nicht noch etwas Grauenvolleres zu entwickeln, bis wir die Ohren aufsperren und etwas an unserer lieblosen und destruktiven Lebensweise verändern.

Wir sind es, die sich weigern, innezuhalten und auf die Warnsignale unseres Körpers zu achten, die er uns ständig gibt. Deshalb ist die Zeit reif für ein Desaster, das groß genug ist, um uns zu zwingen, Gedanken darüber anzustellen, was wir auf individueller und kollektiver Ebene dauernd tun. AIDS ist ein solches Desaster. Jede Erfahrung, die wir durchleben, ist eine Lektion. Wir haben nun die Gelegenheit, uns und unseren Planeten zu heilen. Jetzt ist die Zeit.

Alle paar Monate stelle ich meiner Mittwochabend-Gruppe folgende Fragen: »Warum, meint ihr, gibt es AIDS auf unserem Planeten?« und: »Warum, meint ihr, habt ihr selbst AIDS bekommen?« Die Antworten lauten häufig: »Es hat mir eine Chance gegeben, mich lieben zu lernen«, »Jetzt weiß ich, wie sehr ich geliebt werde«, »Ich finde meinen geistigen Weg«, »Ich mußte mein Leben in jedem Bereich verändern«, »Ich sollte lernen, daß sich jemand darum kümmert.« Oder, wie einmal gesagt wurde: »Als es mir gut ging, war ich wirklich krank. Jetzt bin ich krank, und ich fühle mich zum erstenmal in meinem Leben richtig wohl.«

Ein Mann beschäftigte sich mit diesen Fragen so eingehend, daß er einen Brief an sein AIDS schrieb und mir eine Kopie davon gab. Da stand folgendes zu lesen:

Liebes AIDS,   *22.07.87*

Jetzt bin ich schon so lange wütend auf dich, weil du ein Teil meines Lebens bist. Ich habe das Gefühl, du hast mein Wesen verletzt. Die stärkste Emotion in unserer Beziehung war also bisher die Wut!

40

Aber nun entscheide ich mich, dich in einem anderen Licht zu sehen. Ich hasse dich jetzt nicht mehr und bin auch nicht wütend auf dich. Ich erkenne jetzt, daß du eine positive Kraft in meinem Leben geworden bist. Du bist ein Bote, der mir ein neues Verständnis des Lebens und meiner selbst gebracht hat. Dafür danke ich dir, vergebe dir und spreche dich frei.

Noch nie zuvor hat mir jemand eine so große Gelegenheit gewährt. Du weißt nicht, wieviel du mir geschenkt hast. Du hast mir den Anstoß gegeben, den ich brauchte, um das Leben mit anderen Augen zu sehen, die Probleme zu erkennen und die Lösungen zu finden.

Jetzt entdecke ich erst all die Entscheidungsmöglichkeiten, die ich im Leben habe.

Deinetwegen habe ich gelernt, mich zu lieben, und nun liebe ich und werde von anderen geliebt. Ich habe nun die Verbindung zu Aspekten meines eigenen Wesens, von denen ich gar nicht wußte, daß es sie gibt. Ich bin seit deiner Ankunft spirituell und intellektuell gewachsen. Ich bin ein liebevoller, aufrichtiger und mitfühlender Mensch geworden. Ich danke dir noch einmal, daß du mir diese Gelegenheit gewährt hast, Einblick in mein eigenes Leben zu nehmen. Wie könnte ich dir nicht vergeben, nachdem so viele positive Erfahrungen mit deinem Besuch zu mir kamen.

Aber du hast mich auch dahin geführt zu erkennen, daß du keine Macht über mich besitzt. Ich bin die Macht in meiner Welt. Und da ich dir vergebe, werde ich dich nun aus meinem Leben entlassen.

Ich akzeptiere und liebe mich so, wie ich bin. Ich bin dabei, Heilung zu erfahren, und ich nehme vollkommene Gesundheit und Energie als meinen Weg an. Abermals danke ich dir, vergebe dir und entlasse dich aus meinem Leben.

In Liebe,

Paul

Ich habe viele MMAs kennengelernt und den Eindruck gewonnen, daß der Mangel an Liebe — Liebe zu sich selbst, Liebe zu und von anderen — offensichtlich eine große Rolle auf dem Weg in die Krankheit gespielt hat.

AIDS ist meines Erachtens eine Störung der Liebe, der Mangel an Liebe. AIDS zeigt uns, wie unglaublich lieblos wir sein können. Denken wir doch nur einmal, wie wir Menschen mit AIDS behandeln. Wie oft werden sie abgelehnt, verlassen, isoliert; wie oft verweigert man ihnen sogar die Hilfe, derer sie so dringend bedürfen.

Sogar Babys und Kindern tun wir das an.

Ob man sich noch des schändlichen Falles von Ablehnung und Brandstiftung erinnert, zu dem es 1987 in Arcadia, Florida, gekommen ist? Drei AIDS-kranke Kinder wurden zuerst von der Schule gewiesen. Als der Wahnsinn von Fehlinformation und Panik sich ausbreitete, wurden die Eltern belästigt. Schließlich bewarf der Pöbel in einem Sturm aus Haß und Angst das Haus der Familie mit Brandsätzen und zwang die Leute, den Staat zu verlassen.

Ich meine, daß wir immer die Wahl zwischen Liebe und Angst haben. Wenn wir uns für Angst entscheiden und für Entfremdung erzeugendes Verhalten, das ihr entspringt, dann geht es mit uns den Bach hinab. Wenn wir uns für Liebe und die Chance entscheiden, die sie uns bringt, werden wir noch den ganzen Planeten heilen können.

Wie pflegst du dich im täglichen Leben zu entscheiden? Tragen die Folgen deiner persönlichen Entscheidungen zur Zerstörung oder Heilung des Planeten bei?

Diese Entscheidungen sind die gleichen, die uns dazu bringen, unseren Körper zu lieben oder zu mißbrauchen. Ich glaube, daß viele — aus zahlreichen Gründen, die sich von Mensch zu Mensch wohl weitgehend unterscheiden — sich daran gewöhnt haben, ihren Körper zu mißbrauchen. In manchen Kreisen ist es schon an der Tagesordnung, daß man zuviel trinkt, Drogen verschiedenster Arten konsumiert, den Körper unterernährt, sich schmerzhaften, gewalt-

samen Sexualpraktiken hingibt und auch dem Gedanken-
mißbrauch frönt.

Ich glaube, daß so viele Menschen auch darum zum Dro-
gen- und Alkohol-Mißbrauch kommen, weil wir uns so
davor fürchten, allein zu sein. Allein zu sein und die eigenen
Gefühle zu erleben, ist für viele von uns eine schreckliche
Vorstellung. Wir haben gelernt, unsere Gefühle zu unterdrücken. Wir nehmen Tabletten, um die Schmerzen im Körper loszuwerden, und wir gebrauchen Junkfood, Zigaretten,
Alkohol und Drogen, um unsere Gefühle loszuwerden.

Jede dieser Praktiken — von beliebigen Kombinationen
ganz zu schweigen — kann den Körper schwächen und das
Immunsystem beeinträchtigen. Es ist normal und natürlich,
daß ein Körper mit geschwächtem Immunsystem den populären Krankheiten der Zeit Tür und Tor geöffnet hält. Das
hat nichts mit Moral zu tun. Wir wollen also Urteile und
Schuldgefühle ablegen. Wir wollen uns auch von schädlichen Praktiken trennen. Wir wollen uns liebevoll um unseren Körper und unsere Gefühle kümmern.

Interessanterweise sind die ersten Menschen, die von der
Krankheit AIDS befallen wurden, jene, die unterdrückt
werden, oder sich unfähig fühlen, für ihre eigenen Ziele einzustehen: Afrikaner, Haitianer, Homosexuelle, Bluter, Dro-
gensüchtige, Blutspendenempfänger und die Babys von Angehörigen dieser Gruppen.

Sie sind überwiegend Menschen mit einem großen Maß
unterdrückter Wut und Rage gegen ihre Familien oder die
Gesellschaft insgesamt. Solche Gefühle sind unter Umständen noch verknüpft mit Hilflosigkeit und Hoffnungslosigkeit, jemals im Leben Veränderungen zum Positiven zu erreichen. Diese Menschen wissen nichts von der Kraft ihres
eigenen Denkens.

Unser Denken ist in der Tat ein machtvolles Werkzeug. Es
wurde schon oft gesagt, daß wir nur von zehn Prozent unseres Gehirns Gebrauch machen. Hast du dir je überlegt,
wofür die übrigen neunzig Prozent da sind? Ich meine, wir

besitzen latente Fähigkeiten, die wir uns heute noch gar nicht träumen lassen. Einige unter uns können die Aura sehen, sind hellsichtig und hellhörend, empfangen geistige Botschaften (›Channeling‹) und zeigen andere sogenannte paranormale oder mediale Begabungen. Man hört von Astralreisen. Ich glaube, wenn ich die große Quelle meines eigenen Gehirns anzapfen könnte, wäre ich imstande, von Land zu Land zu reisen, ohne auf ein Flugzeug angewiesen zu sein. Ich könnte mich an einem Ort dematerialisieren und an einem anderen rematerialisieren; ich könnte die Fülle meiner Möglichkeiten ganz verwirklichen.

Ich denke, Telepathie und die anderen psychischen Fähigkeiten werden uns allen zur Verfügung stehen, wenn wir das notwendige Wissen erst besitzen. Ich glaube, es gibt noch Fähigkeiten, die jenseits unseres Vorstellungsvermögens stehen, und wir werden diese Fähigkeiten nutzen können, wenn wir die notwendigen Voraussetzungen erfüllen.

Sie sind uns heute noch nicht gegeben, weil wir noch nicht so weit sind. Wir würden diese neuen Begabungen vermutlich einsetzen, um einander, den Planeten und das Universum zu schädigen. Denken wir nur daran, wie wir einander zur Zeit behandeln. Wir müssen Schmerz und Leiden hinter uns lassen. Wir müssen wirklich lernen, uns selbst und einander zu lieben, bedingungslos zu lieben.

Bedingungslose Liebe

Alle großen spirituellen Lehrer der Vergangenheit und Gegenwart betonen die Wichtigkeit bedingungsloser Liebe — jenen Gemütszustand, in dem wir uns ganz und gar lieben und akzeptieren und deshalb auch andere lieben und annehmen können, wie sie sind. Wir werden alle jederzeit und an jedem Ort das Bestmögliche tun, wir werden alle unsere positiven Veränderungen viel rascher und leichter durchführen können, wenn wir uns selbst und einander Liebe schenken können, die keine Bedingungen, Begrenzungen und Einschränkungen kennt. Wenn die Mehrheit der Menschen diese Lektion gelernt hat und sich im täglichen Tun danach richtet, werden wir den nächsten kosmischen Schritt in unserer Evolution in Angriff nehmen können. Die heilenden Lektionen, die Homosexuelle aus der mächtigen Erfahrung namens AIDS lernen, sind die Lektionen der Liebe. Wir können nicht voneinander getrennt und distanziert sein. Wir können uns nicht selbst und gegenseitig mißbrauchen. Liebe ist die heilende Kraft, und der Weg zur Liebe heißt Vergebung. Viele Homosexuelle werden diese Botschaft verbreiten, über den Globus ziehen und jene heilen, die sich die Krankheit noch zuziehen werden. Das wiederum wird dazu beitragen, die Kluft zwischen Heterosexuellen und Homosexuellen zu überbrücken und zu heilen.

Vorurteil und Wut

Wenn man zu einer Gruppe gehört, die im Kreuzfeuer von Vorurteilen und Kritik steht, neigt man leicht dazu, Zorn und Haß zu erwidern. Schließlich glaubt man, im Recht zu sein, schon aufgrund dessen, wie ›die anderen‹ sich benehmen. Der Haken bei dieser Einstellung ist allerdings, daß man das zurückbekommt, was man aussendet. Wir lernen in der Mittwochsgruppe, für uns selbst einzustehen, positiv zu handeln und Liebe auszusenden in Problembereiche und zu Menschen in Not. Diese Haltung konnte sich vor allem da entwickeln, wo wir Angst loslassen.

Wenn Menschen verängstigt sind, verhalten sie sich nicht liebevoll. Sie laufen dir weg, lehnen dich ab, verlassen dich, versuchen dich loszuwerden, in Quarantäne zu stecken und Gesetze gegen dich zu erlassen. Ihnen wut- und haßerfüllte Gedanken zurückzusenden, verschärft die Situation nur noch mehr und kann zum Konflikt — bis hin zum Krieg — führen. Rache zahlt sich nie aus.

Irgendwo muß der schwarze Peter bleiben. Wenn wir uns auf einem spirituellen Weg inneren Wachstums befinden, dann ist es an uns, ihn nicht weiterzugeben.

Also nehmen wir uns die Bigotten der Welt vor, die Verängstigten und Unwissenden, und schicken ihnen Liebe. Wir denken an unerbittliche Familienangehörige, die ihre Kinder, ob heterosexuell oder homosexuell, nicht akzeptieren wollen, und schicken ihnen Liebe. Kein Mensch, Ort oder Ding kann uns Schaden zufügen, wenn wir in unserer Mitte sind und uns lieben. Nur unsere Gedanken können uns verletzen.

Laß dich nicht von deinen eigenen Gedanken erschrekken. Reagiere nicht mit Angst. Gibt deine Macht nicht ab. Handle und lebe aus deiner Mitte heraus; so weißt du, daß das Leben zum Leben da ist.

Nachdem AIDS in den ersten Jahren vor allem in Homosexuellen-Kreisen anzutreffen war, wissen wir inzwischen, daß es alle Grenzen und Barrieren überschreitet und sich überall dort niederläßt, wo es annehmbare Voraussetzungen findet. Solche Voraussetzungen sind eine geschwächte Vitalität und ein geschwächtes Immunsystem. Damit einher geht eine niedergeschlagene Lebenseinstellung, die aus einem Mangel an Selbstliebe entsteht — genau dem Gegenteil von bedingungsloser Liebe.

Was ist bedingungslose Liebe? Einfach ausgedrückt, ist sie die Fähigkeit, uns selbst und andere ohne Regeln und Vorschriften zu lieben. Bedingungslose Liebe ist ein Idealzustand, das Entwicklungsziel unseres ganzen Planeten. Bedingungslose Liebe ist die Hauptaufgabe, die wir alle zu lernen angetreten sind, und sie muß bei uns selbst beginnen. Das heißt, wir müssen uns und andere und das Leben ohne irgendeine Art von Verurteilung annehmen. Eine Blume *ist,* ein Hündchen *ist,* ein Gewitter *ist,* und ein Erlebnis *ist.* Wenn wir aber sagen, es ist eine schöne Blume, ein süßes Hündchen, ein schlimmes Gewitter oder ein entsetzliches Erlebnis, dann haben wir ein Urteil gefällt. Genauso gut könnte ein anderer sagen, es sei eine häßliche Blume, ein zerstörerisches Hündchen, ein langerwartetes Gewitter oder ein heilsames Erlebnis. Das sind alles Beurteilungen und beruhen auf der Einstellung, die wir gegenüber den verschiedenen Dingen angenommen haben.

Zu sagen, daß jemand rotes Haar hat, ist eine Feststellung. Zu sagen, daß jemand herrliches oder häßliches rotes Haar hat, ist eine Beurteilung. Unsere Beurteilungen basieren auf der Perspektive, die wir in bezug auf irgendeinen Gegenstand oder ein Geschehnis gewählt haben. Hast du schon bemerkt, wie du dich selbst beurteilst? Wir sagen zum Beispiel: »Meine Nase ist zu lang«, oder: »Meine Oberschenkel sind zu dick«, oder: »Ich bin nicht gescheit genug«, oder: »So wie ich bin, bin ich nicht liebenswert«, oder: »Ich bin nicht gut genug.«

»Meine Nase ist zu lang« — für wen oder für was? Woher nehmen wir eine Norm für die Länge von Nasen? Hast du bemerkt, daß die Form der Nasen von Erdteil zu Erdteil verschieden ist? Mache ich mein Selbstwertgefühl wirklich vom Umfang der Oberschenkel abhängig? Wenn ich das Gefühl habe, nicht liebenswert zu sein, dann liegt es daran, daß ich mich selbst nicht liebe. Und wer sagt denn, daß ich nicht gut genug sei; wie komme ich zu dieser Beurteilung?

Das ist alles so töricht. Meine Nase funktioniert, und meine Schenkel haben nun einmal ihre Form. Ja, ich kann wohl die Form von Nase und Schenkel verändern, aber das wird nichts mit meinem Selbstwertgefühl oder mit meiner Selbstliebe zu tun haben. Ich bin definitiv liebenswert, wenn ich es sage, und nur ich selbst kann entscheiden, daß ich gut genug bin.

Fallbeispiel Bruce

»Mit vier oder fünf Jahren war ich ein schlauer kleiner Rotschopf mit zahllosen Sommersprossen, und ich liebte es, mir durch Musik, Kunst und Tanz Ausdruck zu geben. Ich glaubte an Gott; ich liebte die Wissenschaft, und meine liebste Beschäftigung waren Zeichentrickfilme im Fernsehen.

Ich wuchs in einem Mittelstandshaushalt auf; mein Vater war Alkoholiker. Da er oft nicht zu Hause war und meine Mutter eine Teilzeitbeschäftigung hatte, um etwas zum Unterhalt der Familie beizutragen, verbrachte ich viel Zeit allein vor dem Fernseher. In gewisser Hinsicht wurde er mir zu einer Art liebevoller Elternersatz.

Meine Lieblingssendung war *Popeye,* jeden Tag sah ich sie mir an. Ich denke, Popeye war meine liebste Zeichentrickfigur, denn er gehörte zu den ›guten‹ Jungen. Immer wenn er seinen Spinat aufgegessen hatte, konnte er mit allen Widrigkeiten fertig werden, alle Kämpfe gewinnen und sogar die Liebe und Anerkennung von Olive Oyl.

Als kleiner Junge mußte ich an Helden glauben, und heute weiß ich, wie wichtig Popeye für mich war. Er war mein erster Held, und ich dachte, so wie er müsse man einfach sein.

Manche Psychologen glauben, daß unsere Persönlichkeit geprägt ist, wenn wir fünf Jahre alt sind. Ich glaube, daß das stimmt. Ich weiß, daß ich eine homosexuelle Persönlichkeit bildete, die Popeye sehr ähnlich war. Anstatt aber Spinat zu essen, griff ich zu einer Menge Drogen und Alkohol, und mit deren Hilfe konnte ich mit allen Widrigkeiten fertig werden, alle Kämpfe gewinnen und sogar manche Herzen beim Bad am Samstagabend.

Ich pflegte mich hinter Lederburschen, Baseballmützen und Cowboystiefeln zu verstecken. Mit dieser Tarnung und der Hilfe von Drogen und Alkohol lebte ich mein Leben aus der Sicht eines Zeichentrickhelden. Die Folge war, daß ich mein Leben vernachlässigte, immer isolierter wurde und mich von genau jenen Menschen entfremdete, denen ich nahe sein wollte. Heute weiß ich, daß ich keine Zeichentrickfigur bin. Ich bin eher ein sehr liebevoller und mitfühlender Mann, mit echten Bedürfnissen und Gefühlen.

Diese Erkenntnis verdanke ich der Teilnahme an zwei 12-Stufen-Programmen in Einzel-Psychotherapie und dem Besuch einer AIDS-Selbsthilfegruppe.

Als ein Teilnehmer an der National History of AIDS-Studie, die von der Universität Los Angeles durchgeführt wurde, erhielt ich die Auskunft, daß meine Testergebnisse darauf schließen ließen, daß mein Immunsystem möglicherweise geschwächt sei; es gebe eine Reihe von Männern, die ähnliche Resultate zeigten, bei guter Gesundheit und frei von AIDS seien.

Nachdem ich meine Untersuchungsergebnisse erhielt, geriet ich in Panik, auf aufgrund meiner Teilnahme in diesen Selbsthilfegruppen konnte ich den Kontakt mit anderen aufnehmen und meine Gefühle mitteilen.

Heute lasse ich nur Liebe in mein Leben. Ich verwende Affirmationen, ich nehme mir die Zeit, mich zu umarmen und den kleinen, schlauen Jungen anzuerkennen, der mir entgegenblickt, wenn ich vor dem Spiegel im Badezimmer stehe.

Heute beteilige ich mich an meinem Leben, und ich werde mir selbst etwas wie liebevolle Eltern. Ich löse mich auch von dem Bedürfnis, jemand anderes zu sein. Ich tue Dinge, die fremd für mich sind, zum Beispiel:

Ich besuche einen Massagekurs, und ich ergänze meine Ernährung durch Vitamine. Kürzlich nahm ich an einem Kurs über die Kunst des Liebens teil, und ich lerne, wie ich sexuell verantwortungsbewußt sein kann.

Mein jüngstes Unternehmen war die Teilnahme an einem Seminar in einem Heilungszentrum in Santa Monica.

Ich bin sehr froh, daß ich mich entschlossen habe mitzuhelfen, wieder gesund zu werden, und daß ich mich im Prozeß der Veränderung befinde. Indem ich mich von Verhaltensmustern in meinem Leben löse, die nicht hilfreich sind, bin ich nun frei, glücklich zu sein, und frei, ich selbst zu sein.

Ich liebe mich, ich liebe dich, und ich vertraue unserem Universum.«

Wir fragen uns, wie es möglich ist, all die schwierigen Dinge zu akzeptieren, die in unserem Leben passieren. Aber Zeugnisse wie die Worte von Bruce können uns zeigen, daß sich solche Schwierigkeiten einstellen, weil wir uns selbst gegenüber nicht liebevoll, sondern verurteilend gewesen sind. Wenn wir uns als Individuen selbst bedingungslose Liebe entgegenbringen, dann werden wir keine negativen Erlebnisse haben. Wir werden sie nicht erzeugen. Wir können lernen, andere zu sehen und anzunehmen, ohne ihnen Bedingungen aufzuerlegen. Wir können ihnen erlauben zu sein, wer sie wirklich sind, ihre Lektionen zu lernen, so gut sie es vermögen — genauso, wie wir selbst unsere Lektionen so rasch wie möglich lernen. Und wir können lernen, sie dabei so zu lieben, wie sie lernen, sich selbst zu lieben.

Wenn wir, wann immer es möglich ist, bedingungslose Liebe üben, werden wir — dessen bin ich mir sicher — binnen zwei Generationen diesen Planeten in einen sehr liebevollen, sicheren Ort zum Leben verwandelt haben.

Jeder von uns leidet auf die eine oder andere Weise unter dem Mangel bedingungsloser Liebe. Manche unter uns haben schon von Geburt an darunter zu leiden gehabt. Wenn uns nur selten gestattet war, uns als Kinder zu lieben und zu achten, dann ist die Wahrscheinlichkeit groß, daß wir uns auch heute noch Liebe verwehren. Wenn man uns beibrachte, wir seien nicht liebenswert, dann entscheiden wir in der Folge oft, daß wir nichts wert seien. Dieser Wertlosigkeit können wir auf verschiedenste Weise Ausdruck geben. Wir können drogensüchtig werden und uns immer wieder in Zustände versetzen, in denen wir nicht denken müssen, und so uns Tag für Tag von neuem bestrafen.

Unser Gefühl, nichts wert zu sein, kann sich auch darin äußern, daß wir uns prostituieren mit dem Gedanken: »Wenn ich sowieso nichts tauge, dann kommt es auch nicht darauf an, was ich mit meinem Körper mache.«

Wenn wir glauben, nicht liebenswert zu sein und keine Liebe auf uns ziehen können, verfallen wir vielleicht der

krassesten Promiskuität in dem Versuch, die schmerzliche
Leere in uns zu füllen. Es ist einfach, mit jemandem ins Bett
zu hüpfen, aber viel schwieriger, miteinander offen, ehrlich
und intim zu sein.

Ja, die sexuelle Revolution vor einigen Jahren brachte
uns alle Freiheit, unserer Sexualität offener Ausdruck zu
geben, und für manche wurde sie zur Lebensart, die viel einfacher ist als das Bestehen in festen Beziehungen. Zwischenmenschliche Beziehungen aber sind es, in denen wir über
uns selbst erfahren und lernen sollen.

Behandlung

Heute ist ein neuer, kostbarer Erdentag. Wir werden
ihn in Freude leben. Voll Dankbarkeit und Freude
nehmen wir dieses Geschenk an. Wir erkennen, daß
wir keine Zeit mit dem Leben in der Vergangenheit zu
vergeuden haben. Also gehen wir nach innen und suchen mit den Augen der Liebe all jene dunklen Ecken,
in denen Schmerz und Angst wohnen. Wir wollen uns
mit diesen alten Handicaps nicht länger abfinden. Wir
gehen in unser Herzinneres und bringen das gleißende
Licht der Liebe, das wir in uns tragen. Wir lassen zu,
daß diese Liebe unseren Körper, unser Gemüt und
unser Bewußtsein durchflutet.

Dieses Licht der Liebe strahlt weiter und löst alles
auf, was ihm nicht entspricht. Wir sind willens, uns
von allem alten Ballast zu trennen. Er hat kein eigenes
Leben, er trägt keine Wahrheit in sich. Er ist nur eine
alte Erinnerung, die nicht länger besteht und aus unserem Leben verschwindet. Wir sind eins mit der Macht,
die uns erschaffen hat.

Wir sind in Sicherheit, und alles ist gut in unserer
Welt.

4

Du hast die Wahl

Affirmation:
Wir sind weit mehr als jedes Problem —
wir sind die Lösung!

Wenn wir die Krankheit wählen, können wir dann auch wählen, sie zu heilen? Unsere sogenannte ›Wahl‹ der Krankheit wird selten auf bewußter Ebene entschieden. Sie entspringt unseren tief verwurzelten Überzeugungen und unseren Gewohnheiten im Denken, Sprechen und Handeln. Diese Überzeugungsgewohnheiten resultieren in negativen Handlungen und einer Atmosphäre, in der Krankheit gedeihen kann. Wir wollen unser Verhalten untersuchen und herausfinden, was wir unternehmen können, um unsere Wahlmöglichkeiten zu verändern.

Ist es unser einziges Ziel, unseren Körper zu heilen? Das wäre zwecklos, denn solange wir nicht ändern, was uns zuerst in die Problemsituation geführt hat — was sollte es dann bringen, nur den Körper zu heilen?

Aber wir haben natürlich die Wahl. Und sich dieser einfachen Tatsache bewußt zu sein, kann einen großen Unterschied bedeuten.

Zu viele meinen, keine Wahl zu haben, sondern einfach festgelegt zu sein, wo und wie sie sind. Das ist nicht wahr. Wir alle haben die Wahl, jederzeit. Jeder Augenblick jedes Tages steckt voller Entscheidungen. Wie wir atmen, gehen, sitzen, uns kleiden, essen, reagieren und interagieren — alles beruht auf Entscheidungen. Dann gibt es noch die größeren

Entscheidungen: wie wir leben, welchen Partner wir wählen, welchen Beruf und sogar wieviel Gesundheit. Was tun wir im Alltag, das zu unserer Vitalität und Kraft beiträgt — oder zu Schwäche und Krankheit? Die Wahl unserer Gedanken hat sehr viel damit zu tun. Wenn wir Gedanken wählen, die in uns ein gutes Gefühl erzeugen, dann wird unser Handeln und Reagieren vermutlich positiv sein. Wenn wir Gedanken wählen, die unsere Selbstachtung unterminieren, dann ziehen wir negative Erlebnisse an.

Was uns Tag für Tag begegnet oder zustößt, beruht auf Entscheidungen. Wir entscheiden sogar, daß wir wieder einmal auf diesen Planeten Erde kommen möchten und zu welchem Zeitpunkt dies geschehen soll. Ich glaube, daß wir schon wissen, welche Erfahrungen im familiären, gesellschaftlichen und kulturellen Rahmen auf uns zukommen werden, bevor wir die physische Ebene betreten. Wie wir auf diese Erfahrungen reagieren, wählen wir selbst. Ganz gleich, was Familie oder Gesellschaft uns sagen, bleibt uns doch die Wahl, wie wir reagieren oder ob wir ihre Meinungen überhaupt akzeptieren.

Wir kommen zu bestimmten Zeiten hierher, um bestimmte Umstände zu erfahren, die uns auf unserem sprituellen Weg hilfreich sein werden. Unsere Seele weiß immer, was sie tut.

Nur wenige Menschen treffen eine bewußte Entscheidung für die Krankheit. Unbewußt dagegen tun es viele; sie brauchen die Krankheit, um einer bestimmten Notwendigkeit gerecht zu werden. Gründe für eine Krankheit sind zum Beispiel folgende:
— der Glaube, jeden Krankheitserreger zu fangen, der gerade umgeht
— das Akzeptieren der Krankheit als etwas Unumgängliches
— Unwissenheit um die Bedeutung guter Ernährung
— als Ausflucht (»Du kannst das von mir doch nicht erwarten, wenn ich krank bin.«)

- um nicht arbeiten zu müssen, Zeit für sich zu haben
- um sich auszuruhen
- um Mitgefühl, Mitleid oder Bedauern zu ernten
- um herauszufinden, wer einen wirklich liebt
- um Dinge zu erbitten, die man andernfalls nicht verdient zu haben glaubt
- um versorgt zu werden
- um jemanden davon abzuhalten, einen zu verlassen
- um etwas tun zu dürfen, was man schon immer wollte, aber zeitlich nie ermöglichen konnte
- als bewährte Ausrede für Versagen
- als Selbstbestrafung, weil man sich nicht ›gut genug‹ fühlt
- als familiäre Reaktionsweise in Streßsituationen
- oder weil man einfach nicht weiß, was man sonst mit sich anfangen soll
- Vielleicht ›brauchen‹ wir sogar die Beeinträchtigung oder Entstellung, die mit der Krankheit einhergeht, damit unser inneres Selbst geliebt wird.

Ein interessantes Phänomen läßt sich zuweilen bei Menschen — ob Mann oder Frau — beobachten, die außergewöhnlich schön sind. Sie werden im allgemeinen so bewundert, daß sie oft das Gefühl haben, daß keiner sich für die Person interessiere, die im Innern steckt. Sie sehnen sich danach, auch mit ihrem Denken und Können geschätzt oder in ihren Gefühlen respektiert zu werden.

Diese sogenannten ›beautiful people‹ wollen in manchen Fällen ganz durchschnittlich oder gar unattraktiv aussehen. So greifen sie unter Umständen bewußt zu Verhaltensweisen, die ihnen helfen, ihre natürliche Schönheit zu beeinträchtigen.

Oder sie kultivieren eine Krankheit, um herauszufinden, wer sie wirklich liebt. Schöne Menschen haben also auch ihre Probleme. Bedingungslose Liebe und Annehmen sind für uns alle wichtig.

Karma

Man hört soviel über Karma, aber was bedeutet es für uns wirklich?

Karma ist einfach das Gesetz von Ursache und Wirkung: Was wir geben, kehrt wieder zu uns zurück — in Gedanken, Worten, Taten und durch unsere Überzeugungen. Jede Wirkung muß eine Ursache besitzen. Jede Erfahrung hat einen Anfang. »Was um die Ecke geht, muß auch um die Ecke kommen«, sagt der Volksmund. Der Bumerang kehrt immer an seinen Ausgangspunkt zurück. Dieses Prinzip wirkt sowohl im Negativen als auch im Positiven. Alles Gute in unserem Leben ist ebenfalls Karma, das wir selbst erschaffen haben — wie das Negative.

Wir werden vom Karma nie ›festgehalten‹. Denn indem wir uns verändern, lösen wir uns von unserem alten Karma. Zu viele Menschen benutzen den Begriff Karma, um sich vor der Veränderung zu drücken. »Oh, das ist mein Karma, das habe ich schon ewig. Daran ist nichts zu ändern.« Na und? Es spielt überhaupt keine Rolle, wie lange wir ein negatives Verhaltensmuster haben. Was aber sind wir bereit zu unternehmen, um eine Veränderung herbeizuführen? Unser Ansatzpunkt ist immer der gegenwärtige Augenblick. Wir, und nur wir selbst, können die Veränderungen durchführen, die notwendig sind, um das negative Karma auszulöschen.

Was sind die Veränderungen? Sehr einfach: hinzuschauen, was *wir* tun, um das Problem zu erzeugen und ständig neu zu erschaffen. Es gibt niemanden ›da draußen‹, der uns etwas antut. Ausschließlich wir selbst sind es, die unsere Welt erschaffen. Wenn es unser Handeln ist, dann können wir unser Handeln ändern. Ist es Mißbrauch des Körpers? Dann hören wir doch damit auf. Ist es der Mißbrauch von anderen? Dann können wir damit aufhören. Sprechen wir gemein über andere? Jammern wir, sind wir eifersüchtig? Beschweren wir uns und machen endlos Vorwürfe? Glauben wir uns als Opfer des Schicksals geboren? Dann wissen wir: das ist zu ändern. Sind unsere Gedanken ein Strom der Negativität? Glauben wir an Mangel und Begrenzung? Glauben wir an das Leiden? Dann lösen wir uns von diesem Glauben. Wir können zumindest willens sein, mit solchem Denken aufzuhören.

Wenn wir feststellen, daß wir uns in dem alten Muster der Erzeugung negativen Karmas befinden, dann halten wir inne. Erinnern wir uns, daß wir das nicht mehr tun wollen. Beginnen wir, unser Denken zu ändern, unsere Worte, Taten, Überzeugungen – so gut wir nur können. Selbst eine kleine Änderung unseres Denkens hilft schon.

Vor allem aber wollen wir uns nicht Selbstvorwürfe machen und Schuldgefühle wegen unserer Negativität in der Vergangenheit hegen. Die Vergangenheit ist aus und vorbei, und was immer auch nötig ist, um sie zu bewältigen, wollen wir in Angriff nehmen, so rasch und liebevoll und freudig wir können. Lassen wir das Leiden ein Ding der Vergangenheit sein!

Wir sind hier, um zu lernen und zu wachsen. Lerne, soviel du nur kannst. Beschränke dich nicht auf dieses Buch. Lies noch andere Bücher. Höre dir viele Tonbänder an. Wenn es möglich ist, besuche Kurse. Du wirst im Grunde die gleiche Botschaft hören, vielleicht in unterschiedlichen Worten oder vermittelt durch unterschiedliche Persönlichkeiten. Tauche ein in die Welt des Lernens, es wird zu deinem Guten sein. Du kannst zum Experten auf dem Gebiet der Steigerung deiner Lebensqualität werden. Am Ende dieses Buches ist eine Liste mit Literaturempfehlungen. Wähle dir Titel aus, die dich ansprechen. Gehe in Buchhandlungen und Bibliotheken und finde weitere Werke. Halte Ausschau nach weiteren Lehrern.

Wenn wir wachsen wollen, dann begegnen uns überall Lehrer und Kurse und Gelegenheiten. Achte darauf, was andere sagen. Betrachte ihr Leben. Finde die Verbindungen zwischen dem, was sie sagen, und dem, was sie erleben. Werde dein eigener Lehrer. Du besitzt die Weisheit und Fähigkeit, weit über die Grenzen des dir derzeit Vorstellbaren zu wachsen.

Wir sind an negative Entscheidungen nicht gebunden

Auch wenn die meisten von uns in der Vergangenheit negative Entscheidungen getroffen haben, sind wir nicht daran gebunden. Wir können immer wieder von neuem wählen und uns anders entscheiden. Wir prüfen die Entscheidungen und Überzeugungen, die für uns nicht gut sind, und treffen eine andere Wahl. Wenn wir lange geglaubt haben, ›nicht gut genug‹ zu sein und uns deshalb selbst schlecht behandelt haben, können wir das ändern. Wir können untersuchen, wo eine solche Überzeugung herkommt, und werden in der Regel feststellen, daß sie von einem Elternteil oder einer anderen, in unserer frühen Kindheit wichtigen Person herrührt. Aus unserer heutigen, erwachsenen Sicht können wir entscheiden, daß jene Meinung die Einstellung eines anderen Menschen war und nichts mit uns selbst zu tun hatte. Jetzt können wir beschließen, uns zu lieben und zu schätzen, und dann wird unser Denken und Verhalten automatisch positiver.

Wir haben vielleicht, ohne es zu wissen, Überzeugungen angenommen, die in der Vergangenheit unsere Gesundheit beeinträchtigen, und erlebten jene Entscheidungen als höchst unangenehm. Aber heute können wir uns für Gesundheit entscheiden und lernen, was dazu beitragen wird, den besten Gesundheitszustand zu erlangen und zu bewahren, der für uns heute erreichbar ist. So wie es gedanklich immer mehrere Wahlmöglichkeiten gibt, stehen uns auch mehrere alternative, ganzheitliche Wege offen, die unseren Entschluß unterstützen, gesund und heil zu sein.

Allzu häufig sind Menschen, ohne es zu wissen, lange Zeit dem Weg der Krankheit gefolgt, bis es zu einer Krise kommt und sie schließlich merken, daß sich eine andere Wahl bietet, und sie fangen an, nach Gesundheit zu streben. Sie wollen sofortige Resultate und können nicht verstehen, daß es im allgemeinen Zeit braucht, um die jahrelange gesundheitliche Selbstverstümmelung auszugleichen. Manchmal verlieren sie den Mut und kehren auf den alten Weg zurück, ohne sich selbst wirklich eine Chance gegeben zu haben.

Es liegt auf der Hand, daß es immer viel einfacher ist, sich für die Gesundheit zu entscheiden, bevor eine Krankheit da ist. Denn dann brauchen wir keinen entstandenen Schaden zu reparieren und noch unsere Verhaltensmuster zu ändern. Ich pflege zu meinen Klienten zu sagen: »Es ist viel leichter, unseren Groll loszulassen, bevor uns das Skalpell des Chirurgen droht und wir auch noch mit unserer Panik fertig werden müssen.« Veränderungen können natürlich zu jeder Zeit stattfinden. Wir sind im Hier und Jetzt, und das ist der Augenblick, in dem wir uns verändern.

Eine Entscheidung für die Gesundheit wird mit sich bringen, daß wir uns von unseren alten Komplexen lösen, aber auch von den Komplexen anderer, die wir mitgeschleppt haben. Diese negativen Muster nämlich sind es in erster Linie, die zur Krankheit führen. Wenn wir alten Groll loslassen, all jenen vergeben, die uns je verletzt haben, und uns entscheiden, uns selbst anzunehmen und zu lieben, werden Wunder geschehen. Es wird sich nicht nur unser Gesundheitszustand bessern, sondern auch alle weiteren Bereiche unseres Lebens. Die Freiheit, die wir in uns fühlen, wenn wir willens sind, diese Umkehr im Denken durchzuführen, ist bereits ein Teil unserer Heilung.

Fallbeispiel Walter

»Ich betrachte mich selbst als einen warmherzigen, liebevollen, gebenden Menschen«, sagte Walter auf die Frage nach seiner Selbsteinschätzung. Auch im Hinblick auf seinen Triumph über AIDS ist er sehr bescheiden. Er ist seit Anfang 1984 gänzlich wiederhergestellt. Heute ist er fünfunddreißig Jahre alt, stammt ursprünglich aus New Jersey und scheint ein kompaktes, unerschöpfliches Energiepaket zu sein.

»Vor meiner Diagnose war ich nicht zufrieden mit meinem Leben. Ich hatte gerade eine Reihe von beruflichen Veränderungen hinter mir. Ich hatte als leitender Angestellter gearbeitet, kündigte aber und zog nach fünf Jahren in Kalifornien zurück nach New York City, um beim Theater und beim Fernsehen als Hairdesigner zu wirken. Ich konsumierte eine Menge Drogen und Parties und kam nur sehr wenig zum Schlafen. Mir war klar, daß Probleme auf mich zukämen, wenn ich nicht langsamer trat. Ich wußte, wenn ich in New York bliebe, würde ich sterben. Also zog ich nach Kalifornien zurück. Ich war nicht glücklich bei dem, was ich tat, aber ich wußte auch nichts anderes zu tun.«

Das war im Juli 1982, und zu jener Zeit begannen bei Walter starke Kopfschmerzen einzusetzen. Er verlor an Gewicht und hatte nächtliche Schweißausbrüche. »Ich ging zu Ärzten, die meinten, ich hätte eine Syphilis im zweiten Stadium, und die mich mit massiven Mengen Penizillin dagegen behandelten; ich glaube, damit fing es an. Ich habe jene Zeit ganz aus meiner Erinnerung gestrichen, aber rückblickend weiß ich, daß ich schon eine Vielzahl von Symptomen hatte.«

Dann, im November 1982, stellte Walter fest, daß einer der Lymphknoten in der Leiste auf Golfballgröße geschwollen war. Er ließ eine Biopsie vornehmen, und das Resultat der histologischen Untersuchung lautete Kaposi-Sarkom. Dann ging er in die Boyer Clinic der U.C.L.A. (University of California, Los Angeles; Anm. d. Ü.) und ließ sich Untersuchungstermine geben, darunter für Endoskopien von oben und unten, die feststellen sollten, ob auch innere Geschwülste vorlagen.

Jene Untersuchungen bestätigten die erste Diagnose, bei der Schleimhautverletzungen im Magen gefunden worden waren. »Mir war klar, daß ich nun die Wahl zwischen Nichtstun, Interferon oder einer Chemotherapie hatte. Zur Chemo hätte ich mich nie bereit erklärt; nichts zu tun, war auch unvorstellbar; es blieb mir also nur Interferon. Als ich damit anfing, knobelten wir noch mit Strohhalmen, ob wir eine hohe oder niedere Dosis nehmen und ob wir sie intramuskulär oder intravenös spritzen würden. Ich begann mit einer niederen Dosierung (6 Mio. Einheiten pro Tag), die i.m. verabreicht wurde. Nach zwei Wochen ohne Resultate wechselte ich zu 93 Mio. Einheiten täglich i.v. Ich pflegte montags in die Klinik zu gehen und bis Freitag zu bleiben. Das ging so alle zwei Wochen, das ganze Jahr 1983 lang. Anfang 1984 war ich einige Monate lang ambulanter Patient, und dann brach ich die Behandlungen ganz ab.«

Die Geschwülste waren langsam zurückgegangen, aber Walter konnte einfach keine weiteren Behandlungen mehr verkraften. Es war zu schmerzhaft, sie fortzusetzen. Die Spritzen verursachten sehr starke Muskelschmerzen und hohe Temperaturen (bis 40°C) sowie schweren Schüttelfrost. Man mußte ihm dagegen Morphium oder Demerol intravenös geben.

»Mir war sehr schwach und übel, und ich verbrachte die meiste Zeit im Bett.« Bald nach Abbruch der Behandlung erhielt Walter die Mitteilung, daß er völlig symptomfrei sei, und dabei ist es geblieben, seit Anfang 1984.

Vitamine spielten keine große Rolle bei Walters Genesung. »Ich nehme nur eine Tablette täglich.« Zum Thema Ernährung sagte er: »Ich aß alles, was ich konnte, aber ich aß gesund − keine Reformhauskost, aber gesunde Kost. Ich hatte um die Zeit der Diagnosestellung an Gewicht verloren, also aß ich fleißig, ob ich große Lust darauf hatte oder nicht.«

Inzwischen hat er unter seiner legeren Kleidung 86 Kilo Gewicht bei 1,73 m Körpergröße.

Was die spirituelle Ausrichtung betrifft, so verließ Walter sich hauptsächlich auf sich selbst und Freunde wie Nancy Cole Sawaya. »Ich nahm an einem Referat über den Tod und das Sterben mit Stephen Levine teil, aber als ich deprimiert zurückkehrte, nahm ich dann eine Überdosis Seconal. Und die Zeit, als die Symptome zurückgingen, fing ich an, Kassetten mit Meditationen und über AIDS zu hören und die Bücher über den *Course in Miracles* (deutsche Ausgabe: *Ein Kurs in Wundern,* Kimratshofen: Greuth Hof Verlag 1991; Anm. d. Ü.) zu lesen.« Inzwischen besucht er regelmäßig die Zusammenkünfte am Mittwochabend, und erst kürzlich beteiligte er sich am AIDS Mastery mit Sally Fisher.

Während seiner Krankheit fand Walter nur sehr sporadisch Unterstützung, und seine Familie spielte nur eine untergeordnete Rolle. Sein Bruder erlaubte ihm keine Besuche mehr, die Mutter war in den Siebzigern und selbst nicht sehr gesund; sie verstand nicht recht, was eigentlich vorging. Die meiste Hilfe bekam er von einigen wenigen Freunden, damals besonders von Nancy und der A.P.L.A. »Dort erhielt ich viel Unterstützung, und gab sie auch selbst weiter. Ich war verängstigt, aber ich denke, viel von dem, was ich zu bewältigen hatte, war auf meine eigene Sturheit zurückzuführen. Ein Teil in mir sagte, daß ich eine Krankheit hätte, die ich nicht überleben könnte, aber es gab auch einen Aspekt in mir, der glaubte, daß ich nicht sterben würde, und dieser Teil war immer stärker. Ich wehrte mich einfach zu sterben.«

Wenn er anderen einen Rat gibt, empfiehlt Walter immer, das zu tun, was für einen selbst richtig ist, und nicht, was alle anderen sagen. »Kaufe nicht aufs Geratewohl, was so angeboten wird, sondern tue das, was du in deinem Herzen als richtig empfindest. Ich denke, was mir am meisten geholfen hat, war meine Sturheit und daß ich nicht glaubte, an AIDS sterben zu müssen; und das hilft mir auch heute noch. Ich gebe darauf einfach nichts. Und ich versuchte nicht, alles an mir oder mein ganzes Leben zu ändern. Ich wurde nicht von heute auf morgen zum Vegetarier oder aß nur noch braunen Reis. Ich setzte nicht meinen ganzen Körper und Sinn dem Schock aus, so eine unwirkliche Person zu werden, die versucht, nur noch Liebe zu verströmen − was ich wohl dennoch versuche, aber in realistischerem Maße. Ich glaube wirklich, man muß immer spüren, daß man das Beste für sich tut. Ich tat, was ich für mich brauchte, gleichgültig, ob die anderen es für richtig oder falsch hielten. Wenn ich mich völlig verändert hätte, wäre es für mich keine Realität geworden. Ich konnte nicht sagen: ›Mein Leben funktioniert so nicht, also werde ich ein anderer.‹ Viele Menschen trennen sich mit ihren Veränderungen von sich selbst und machen ihr ganzes Leben zu einer Lüge.«

Heute lebt Walter die Wahrheit, folgt seinen Träumen und genießt das Leben in seiner Fülle.

Behandlung

Heute ist ein neuer, kostbarer Erdentag. Wir werden ihn in Freude leben. Wir sind willens, über das Problem hinauszublicken und wissen, daß es eine Lösung geben muß. In unserem Innern sind die Antworten, die wir suchen. Wir sind eins mit aller Intelligenz, die überall in gleicher Weise vorhanden ist. Wir überschreiten das begrenzte, menschliche Verstandesdenken und richten uns aus auf das göttliche Denken, in dem alle Dinge möglich sind.

Unter diesen Möglichkeiten sind Lösungen ohne Zahl. Das gibt uns Sicherheit und Geborgenheit. Wir wissen, daß wir eins sind mit der Macht, die uns erschaffen hat.

Wir sind in Sicherheit, und alles ist gut in unserer Welt.

Teil II
HEILE
DICH
SELBST

5

Unsere Heilkraft: die Veränderung

Affirmation:
Unsere Bereitschaft zur Veränderung
schafft Wunder in unserem Leben!

Heilen heißt, uns heil und ganz zu machen. Wie Walter, muß jeder erkennen, daß es sich um eine persönliche Herausforderung handelt. Es gibt so viele Bereiche, die der Heilung bedürfen. Oft braucht der Körper Heilung, aber genauso oft könnte das Herz ebenfalls Heilung brauchen. Die Emotionen sind zu heilen, und auch unsere zwischenmenschlichen Beziehungen. Unsere Einstellung zu uns selbst und sogar unser Bankkonto sind oft heilungsbedürftig. Die Selbstheilung und Heilwerdung ist eine Aufgabe für ein ganzes Leben. Immer wird es einen Aspekt in uns geben, der ein bißchen Heilung vertragen kann.

Ich stelle fest, daß es den meisten AIDS-Kranken, die sich bisher streng an die medizinische Linie gehalten haben, nicht besonders gut geht. Die Schulmedizin hat bereits zugegeben, daß sie nicht weiß, was sie tut oder unternehmen soll. Die Ärzte wissen nicht, was sie tun sollen, und so experimentieren sie mit Drogen, die eine Vielzahl von Nebenwirkungen haben und für einen bereits geschwächten Organismus sehr schädlich sein können.

Die mir bekannten AIDS-Kranken, die alternative Heilweisen suchen und nutzen, sind in einem wesentlich besseren Zustand als jene, die allein der schulmedizinischen Richtung folgen und ›Gifte‹ einnehmen. Zu jenen alternativen

Heilweisen gehören beispielsweise Homöopathie, Akupunktur, Diät, hohe Vitamin-Dosierungen, Kräuterheilkunde, Meditation, Visualisierung, Selbsthilfegruppen und ein spiritueller Lebensweg, der Trost, Sinn und Frieden vermittelt.

Veränderung

Veränderung geschieht jederzeit. Jeder Atemzug unterscheidet sich von dem vorausgegangenen. Die Jahreszeiten wechseln, und auch wir wandeln uns. Und trotzdem fürchten sich viele von uns, sich ›zu verändern‹. Wir wollen, daß die Welt sich ändert, klammern uns aber selbst an die alten Verhaltensweisen und haben Angst, sie loszulassen. Wir befinden uns alle in einem ständigen Prozeß der Verwandlung, und wenn wir Widerstand leisten, leugnen wir das Gute, das versucht, in unser Leben einzutreten. So wie wir unsere Speisen essen, verdauen und die Abfallstoffe ausscheiden, ziehen wir ein Erlebnis an, durchleben es und trennen uns dann von dem Teil, der uns nicht weiter dienlich ist. Dann gibt es neue Speisen zu essen und neue Begebenheiten zu erleben.

Wenn wir uns verändern wollen, dann müssen wir in Wirklichkeit unsere Gedanken und Überzeugungen verändern. Denn in dem Maße, in dem diese sich wandeln, verändert sich auch unser Leben. Nun kennen wir alle viele Bereiche unseres Lebens, die gut funktionieren. Unser Glauben und Denken in diesen Bereichen ist positiv. Wir brauchen nicht zu verändern, was funktioniert. Wir suchen also nach jenen Bereichen, mit und in denen wir uns nicht wohl fühlen. Dann verändern wir nur, was nicht funktioniert oder was besser sein könnte.

Und wieder brauchen wir nicht genau zu wissen, ›wie‹ diese Veränderungen zu bewerkstelligen sind. Alles, was wir zu tun haben, ist die Bereitschaft zur Veränderung aufzubringen. Wir sagen zu uns selbst etwa folgende Worte: »Das funktioniert für mich nicht, und ich bin bereit und willens, es zu ändern. Was auch immer dazu notwendig ist — ich bin bereit, es zu tun.« Oder: »Ich verändere jetzt mein Bewußtsein von Krankheit zu Gesundheit, von Bitterkeit zu Frieden, von Groll zu Vergebung.«

Nur du selbst kannst wissen, was du verändern möchtest und wozu du es verändern willst. Sprich es in deinen Affirmationen deutlich aus. Wir lassen ja nur alte Überzeugungen los.

Macht

Wir sind machtvolle Wesen. Das ist uns vielleicht gar nicht klar, weil wir die Kontrolle über unsere eigene Macht an andere abgegeben haben. Doch wir sollten uns daran erinnern, daß nur wir allein in unserem Kopf Gedanken bewegen. Gleichgültig, was andere uns erzählen, treffen wir doch selbst die Entscheidung, ob wir etwas annehmen oder von uns weisen. Unsere Macht liegt in unseren Gedanken, denn unsere Gedanken sind schöpferisch.

Wir geben unsere Macht ab durch Schuldgefühle, durch die Unfähigkeit, ›nein‹ zu sagen, durch den Wunsch, immer anderen zu Gefallen zu sein, um beliebt zu bleiben. Vielleicht leben wir unser Leben für unsere Eltern, Liebhaber oder Partner, für unsere Ärzte oder Freunde, Arbeitgeber oder gar die Kirchen. Das ist nur eine weitere Ausdrucksweise der Einstellung ›Ich bin nicht gut genug‹, und auf ihrem Nährboden wachsen Selbsthaß und Selbstverleugnung.

Wenn wir krank sind, geben wir oft unsere Macht an Ärzte und andere medizinische Autoritäten ab — als ob die ›Götter in Weiß‹ tatsächlich Götter wären. Für einen machtlosen Menschen aber ist es schwieriger, sich zu heilen. Das Heilen gelingt am besten in Teamwork. Du suchst dir einen Behandler aus, der dir hilft, gesund zu werden. Gemeinsam trefft ihr die notwendigen Entscheidungen. Auf diese Weise kannst du einen starken Beitrag zu deiner Gesundung leisten.

Wir nehmen unsere Macht zurück, indem wir unsere gedanklichen Prioritäten wandeln. Wir erkennen, daß auch wir selbst wichtig sind und nicht nur zur Erfüllung der anderen leben. Wir sind nicht auf diesen Planeten gekommen, um uns zu verleugnen. Wir kamen, um die Einzigartigkeit mitzuteilen, die in uns steckt. Niemand kann sein Leben auf die gleiche Weise führen wie wir. Wir haben unsere eigenen Begabungen und Fähigkeiten, und wir sind hier, um sie zum Wohle des Planeten einzusetzen. Wir können die Affirmation benutzen: »Ich nehme meine Macht an, und ich erlaube nun meiner eigenen Einzigartigkeit, sich auf zutiefst erfüllende Weise auszudrücken.«

Ich glaube nicht, daß es egoistisch ist zu sagen: »Ich komme zuerst.« Ich glaube, es bedeutet, für sich selbst zu sorgen. Du entscheidest selbst, was heilend auf dich wirkt. Denn du zählst wirklich. Das ist ein Akt der Liebe zu dir selbst. Ich habe festgestellt, daß Frauen mit Brustkrebs ihre Macht zumeist schon seit Jahren abgegeben haben. Die Brüste gelten oft als Symbol des Ernährens, und diese Frauen haben alle anderen genährt, nur nicht sich selbst. Sie sind groß im Geben und vergessen dabei, sich selbst etwas zu geben. Diese Art zu geben wird so zur Gewohnheit, daß andere sie von einem erwarten. Dann wird es ein gewaltiger Schritt, bis man ›nein‹ sagen kann. Wenn diese Frauen aber erwidern können: »Nein, jetzt bin ich an der Reihe«, dann nehmen sie sich ihre Macht zurück und leisten damit einen Beitrag zu ihrem Wohlbefinden.

Deine Macht zu erkennen und sie zu gebrauchen — um dich zu heilen, aber auch, um zur Gesundheit anderer beizutragen —, ist einer der ersten Schritte zur künftigen Gesundheit des Planeten. Wir alle können Liebe und Gesundheit beisteuern. Und durch diesen Beitrag vermögen wir unser eigenes Leben zu heilen.

Behandlung

Heute ist ein neuer, kostbarer Erdentag. Wir werden ihn in Freude leben. In dieser Welt der Veränderung will ich auf jedem Gebiet flexibel sein. Ich bin willens, mich selbst und meine Überzeugungen zu verändern, um meine eigene Lebensqualität und die der Welt zu steigern. Mein Körper liebt mich unabhängig davon, wie ich ihn behandle. Mein Körper kommuniziert mit mir, und jetzt lausche ich auf seine Botschaften.

Ich bin willens, die Botschaft aufzunehmen. Ich bin aufmerksam und mache die notwendigen Korrekturen. Ich achte auf meinen Körper und gebe ihm auf jeder Ebene, was er braucht, um zum Höchstmaß an Gesundheit zurückzukehren. Ich berufe mich auf eine innere Stärke, die mein ist, wann immer ich sie brauche. Wir sind eins mit der Macht, die uns erschaffen hat.

Wir sind in Sicherheit, und alles ist gut in unserer Welt.

6

Lerne dich zu lieben

Affirmation:
Ich bin willens, mich zu lieben und zu schätzen.

Wenn ich darüber spreche, sich selbst zu lieben, denkt oft jemand, ich meine damit, eitel und eingebildet zu sein. Dies aber hat nichts mit Selbstliebe zu tun. Eitelkeit und Einbildung sind eher Anzeichen mangelnden Selbstwertgefühls. Natürlich wollen wir gut aussehen. Aber wenn wir uns zu sehr mit unserer äußeren Erscheinung beschäftigen, bedeutet dies, daß wir das Gefühl haben, so wie wir sind, nicht gut genug zu sein. Wir fühlen uns unsicher und versuchen, uns akzeptabler zu machen. Wenn wir nur das oberflächliche Image polieren, funktioniert das nicht, weil wir unseren Selbstwert in die äußere Erscheinung projizieren, die sich ohnehin immer verändert. Unser Selbstwert hat nichts damit zu tun, wie wir aussehen, sondern basiert darauf, wie sehr wir uns lieben.

Selbstliebe ist wirklich ganz einfach. Es bedeutet zu beschließen, sich gut zu fühlen und für sich zu sorgen. Wenn wir diese Entscheidung treffen, ergibt sich alles übrige leicht von selbst. Selbstliebe heißt, mit aller Selbstbestrafung aufzuhören. Es heißt, sich selbst zu vergeben. Es heißt, die Vergangenheit loszulassen. Es heißt, sich selbst ›okay‹ zu machen. Es heißt, sich selbst anzuerkennen. Es heißt, Freude zu haben. Es heißt zu lieben, wer wir sind. Es heißt, freundlich auch zu sich selbst zu sein, während wir den Wandlungsprozeß durchschreiten.

Wie lieben wir andere?

Wie lieben wir andere? Laßt uns sie akzeptieren, wie sie sind. Erlauben wir ihnen, sie selbst zu sein. Hören wir auf, sie verändern zu wollen. Lassen wir ihnen die Freiheit, sich selbst um ihr eigenes Wachstum zu kümmern. Wir können nicht für einen anderen lernen. Wenn das Verhalten anderer für uns von Nachteil ist, dann beschließen wir vielleicht, nicht in ihrer Nähe zu sein — und das ist in Ordnung. Wir müssen uns selbst so umfassend lieben, daß wir nicht von selbstzerstörerischen Menschen hinuntergezogen werden können. Wenn wir im Leben von zahlreichen negativen Menschen umgeben sind, dann können wir darauf achten und versuchen herauszufinden, welcher Aspekt in uns diese Menschen anzieht.

Wenn wir uns verändern, wenn wir unsere alten Verhaltensmuster aufgeben und anders werden, dann verändern sich auch die anderen in der Weise, wie sie sich unserer neuen Persönlichkeit gegenüber verhalten — oder sie werden aus unserem Leben gehen, so daß neue Menschen, die uns zu schätzen wissen, in unseren Lebenskreis eintreten. Wie auch immer dies vor sich geht, ist es doch immer ein positiver Zug für uns, wenn wir uns lieben und akzeptieren können.

Ein weiteres, sehr wirksames Instrument zur Heilung aller zwischenmenschlichen Beziehungen — ob familiär, beruflich, gelegentlich oder intim — ist: mit Liebe zu segnen. Wenn jemand etwas unternimmt, um die Harmonie in deinem Leben zu stören, dann segne ihn mit Liebe. Dafür gibt es verschiedene Möglichkeiten. Du könntest etwa sagen: »Ich segne dich mit Liebe, und ich bringe Harmonie in diese Situation«, oder: »Ich segne dich mit Liebe, und ich lasse dich los und gehen«, oder: »Ich gebe dich frei zu deinem höchsten Ziele.«

Wenn wir dies immer wieder tun, dann geschieht etwas auf der unsichtbaren Seite des Lebens, und die Situation wandelt sich zum Besseren. Ich habe beobachtet, wie dieser Prozeß schon Beziehungen jeder Art geheilt hat. Chefs wurden freundlich, Familien leben Liebe, schwierige Menschen gehen von dannen, intime Beziehungen werden ehrlich. Wer dieses Segnen mit Liebe bereits praktizierte, ist von den Resultaten sehr angetan.

Was ich glaube

Ich glaube, daß alles Geschehen, das wir bis zum heutigen Tag in unserem Leben erfahren haben, von den Gedanken und Überzeugungen erschaffen wurde, an denen wir in der Vergangenheit festhielten. Gedanken sind sehr mächtig, und Gedanken sind schöpferisch. Unsere Gedanken erzeugen unsere Realität. Das ist ein Naturgesetz, das wir erst allmählich kennen- und praktizieren lernen. Doch seine Botschaft an sich ist uns schon seit langer Zeit bekannt.

Meine Philosophie ist wirklich sehr einfach — für manche Menschen sogar zu einfach. Aber trotzdem habe ich wieder und wieder gesehen, wie sie sich bestätigt. Dies sind einige der Hauptpunkte:

1. *Was wir geben, das erhalten wir auch wieder zurück.* Immer. Diese Botschaft ist schon seit langer Zeit unter uns. Erinnere dich der goldenen Regel: »Was ihr wünscht, daß die Leute euch tun sollen, das sollt ihr ihnen gleicherweise tun.« Diese Regel wurde nie ausgedacht, um Schuldgefühle hervorzurufen. Sie ist ein Naturgesetz, das auch für unsere Denkweisen gilt. Wenn wir verurteilen, wenn wir kritisieren — und sei es auch nur in Gedanken —, dann werden auch wir verurteilt und kritisiert werden. Wenn wir bedingungslos lieben, dann ziehen wir im Leben Menschen an, die uns gleichermaßen bedingungslos akzeptieren und lieben. Haß-Gedanken ziehen Gedanken und Taten des Hasses nach sich. Gedanken von Eifersucht und Neid ziehen Mangel

71

und Verlust in unser Leben. Gedanken der Vergebung hingegen ziehen Heilung und Wohlstand an. Gedanken von Liebe und Freude bringen nicht nur Liebe in unser Leben, sondern auch unglaublich Gutes — mehr, als wir uns vorstellen können — und dieses Gute spiegelt unsere neuen Gedanken über das wider, was wir zu verdienen glauben.

2. *Was wir über uns selbst und über das Leben glauben, wird unsere Wahrheit.* Deshalb ist es wichtig, genug zu prüfen, was wir glauben. Allzu oft handelt es sich um begrenzende Überzeugungen unserer Eltern oder unseres gesellschaftlichen Umfeldes. Häufig fordere ich die Menschen auf, sich still hinzusetzen, einige der wichtigsten Bereiche ihres Lebens aufzulisten und niederzuschreiben, was sie dazu glauben. So entstehen beispielsweise Fragen, wie: »Was glaubst du über die folgenden Begriffe?«

Männer	Mangel
Frauen	Wohlstand
Liebe	Altern
Sex	Arbeit
Gesundheit	Erfolg
deinen Körper	Gott

Es ist überraschend, wie viele dieser Glaubensüberzeugungen schon um das Alter von fünf Jahren geprägt wurden. Gewiß sind nicht alle jener frühen Meinungen für unser heutiges Leben noch von großer Bedeutung, und deshalb ist ein gedanklicher Hausputz von Zeit zu Zeit sehr nützlich. Nachdem alle Überzeugungen selbst gewählt wurden, können wir uns nun für ausschließlich jene entscheiden, die uns am meisten stützen und erhalten.

3. *Unsere Gedanken sind schöpferisch.* Dies ist das wichtigste Gesetz in der Natur, das wir kennen müssen. Ein un-

nützer Gedanke bewirkt zwar noch keinen großen Unterschied, aber Gedanken sind wie Wassertropfen: sie addieren sich in ihrer Wirkung. Wenn wir die gleichen Gedanken über einen Zeitraum hinweg wiederholen und vertiefen, werden aus den Wassertropfen eine Pfütze, ein Teich, See oder Meer. Wenn es positive Gedanken sind, können wir auf den Meeren des Lebens treiben. Wenn es negative sind, können wir in einem Ozean der Negativität und Verzweiflung ertrinken. Wie pflegen wir morgens beim Aufwachen gestimmt zu sein? Sind wir gereizt, pessimistisch, bedrückt? Dann wird das die Stimmung des Tages sein, der vor uns liegt. Ist unsere Stimmung hoffnungsvoll, vertrauend und liebend? Dann werden diese Eigenschaften unseren Tag kennzeichnen — eine Atmosphäre, die uns alles zuführt, dessen wir bedürfen. Setze dich für einige Minuten still hin und beobachte die Ausrichtung deines Gedankenstromes. Willst du wirklich ein Leben haben, wie es solche Gedanken erzeugen werden? Fange an, bewußt Gedanken zu wählen, die dich stützen und nähren.

4. *Wir sind es wert, geliebt zu werden.* Wir alle, jeder von uns. Du und ich. Wir müssen uns Liebe nicht verdienen. Wir müssen uns das Recht zu atmen auch nicht verdienen. Wir atmen, weil wir sind. Wir sind liebenswert, weil wir sind. Das sollen wir wissen und es uns wahr machen. Wir sind auch unserer eigenen Liebe würdig. Laß nicht zu, daß die negativen Meinungen deiner Eltern oder die in der Gesellschaft verbreiteten Vorurteile dein Licht dämpfen. Die Wirklichkeit deines Seins ist doch, daß du liebevoll und liebenswert bist. Doch du mußt diesen Gedanken erst akzeptieren, damit er in deinem Leben wahr wird. Erinnere dich: deine Gedanken erschaffen deine Wirklichkeit. Was ›man‹ denkt oder sagt, hat nichts mit deinem Selbstwert zu tun. Sage dir gleich jetzt: *»Ich bin es wert, geliebt zu werden!«*

5. *Selbst-Anerkennung und Selbst-Annahme sind die Schlüssel zu positiven Veränderungen.* Wenn wir uns über uns selbst ärgern, wenn wir alles verurteilen und kritisieren, was wir tun, wenn wir uns mißbrauchen, wenn wir sehr negative Schwingungen ausstrahlen, dann wird unser Leben nie glücken. Dann ist unser Leben nur eine alte Gewohnheit ohne Fundierung in der Wahrheit. Wie können wir erwarten, daß andere uns lieben und akzeptieren, wenn wir uns selbst nicht lieben und akzeptieren? *»Ich liebe und akzeptiere mich genau so, wie ich bin«,* ist ein sehr mächtiger Gedanke, der uns helfen wird, eine Welt voller Freude zu erschaffen.

6. *Wir können die Vergangenheit loslassen und jedermann vergeben.* Die Vergangenheit existiert nur in unserem Denken. An alten Verletzungen festzuhalten bedeutet, uns heute für etwas zu bestrafen, was ein anderer vor langer Zeit einmal getan hat. Das hat nicht eine Spur von Sinn. Zu oft sitzen wir in einem Gefängnis selbstgerechten Grolls, und das ist eine schreckliche Art zu leben. Du kannst dich selbst befreien. Vergebung bedeutet nicht, miserables Verhalten zu verzeihen, sondern unsere Beteiligung an der Situation aufzugeben — das heißt, uns zu befreien, um nicht ein ähnliches Erlebnis von neuem zu erschaffen. Jedermann, einschließlich unserer selbst, tut in jedem Augenblick das ihm Bestmögliche mit dem Verständnis, Gewahrsein und Wissen, das er besitzt. Unseren Groll aufzugeben und ihn durch Verständnis zu ersetzen bedeutet, uns zu befreien. Vergebung ist ein Geschenk an uns selbst.

7. *Vergebung öffnet das Tor zur Liebe.* Liebe ist das Ziel. Bedingungslose Liebe. Wie gelangen wir dorthin? Durch das Tor der Vergebung. Vergebung gleicht den vielen Schichten einer Zwiebel. Manchmal ist es das Beste, mit jenen Bereichen anzufangen, die leichter zu vergeben

sind, und zu den größeren Verletzungen weiterzugehen, wenn uns der Vorgang vertrauter wird. Wir können die Verletzungen, eine nach der anderen, abschälen, bis wir auf die Liebe stoßen, die auf uns wartet. Vergebung und Liebe gehen Hand in Hand.

8. *Liebe ist die mächtigste Heilungskraft, die es gibt.* Liebe regt unser Immunsystem an. Unsere Liebe zu uns selbst. Wir können in einer Atmosphäre des Hasses nicht heilen oder heil werden. In dem Maße, in dem wir lernen, uns zu lieben, gewinnen wir an Macht. Liebe verwandelt uns vom Opfer zum Gewinner. Unsere Selbstliebe zieht an, was wir auf unserem Weg des Heilens brauchen. Menschen, die sich wohl fühlen, wirken von Natur aus anziehend auf andere.

9. *Sei einfach bereit:* Wir brauchen nicht zu warten, bis wir wissen, ›wie‹ alle diese Dinge zu tun sind. Alles, was nötig ist, ist unsere Bereitschaft. Unsere Gedanken sind schöpferisch. Zu denken »Ich bin willens, von Verurteilungen abzulassen, mir zu vergeben und mich zu lieben« heißt, einen Gedanken ins Universum auszusenden. Wenn du diesen Gedanken wiederholst, wirst du das Gesetz der Anziehung in Kraft setzen und neue Möglichkeiten entdecken, die dir dabei helfen, diese Affirmation in die Praxis umzusetzen. Das Universum liebt dich und steht bereit, allem zur Manifestation zu verhelfen, was du denkst und glaubst. Sei bereit und willens, ein gutes Leben zu haben.

Wenn du über diese Ideen nachgedacht hast, möchtest du vielleicht meine zehn Schritte zur Selbstliebe kennenlernen. Sie sind in Gebrauch, seit ich meine Arbeit begann, und sie haben sich als sehr nützlich erwiesen. Sie sind sogar noch einfacher als die oben skizzierten Vorstellungen. Denke daran: Selbstliebe ist eine ganz einfache Sache.

Zehn Schritte zur Selbstliebe

1. *Höre mit aller Kritiksucht auf.* Kritiksucht verändert nie etwas. Lehne es ab, dich selbst zu kritisieren. Nimm dich genau so an, wie du bist. Jedermann verändert sich. Wenn du dich kritisierst, sind deine Veränderungen negativ. Wenn du dich anerkennst, sind deine Veränderungen immer positiv.

2. *Mache dir keine Angst.* Höre auf, dich mit deinen Gedanken zu quälen und zu terrorisieren. Das ist eine schreckliche Art zu leben. Finde ein mentales Bild, das dir Freude macht (meines sind gelbe Rosen), und schalte von angsteinflößenden Gedanken sofort auf ein erfreuliches Bild um.

3. *Sei sanftmütig, freundlich und geduldig.* Sei sanft zu dir selbst. Sei freundlich zu dir selbst. Habe Geduld mit dir selbst, wenn du die neuen Denkweisen lernst. Behandle dich so, wie du einen Menschen behandeln würdest, den du sehr liebst.

4. *Sei freundlich zu deinem Denken.* Selbsthaß richtet sich nur gegen deine Gedanken. Hasse dich nicht, daß du diese Gedanken hegst, sondern verwandle sie sanft.

5. *Lobe dich selbst.* Kritiksucht zerbricht den innewohnenden Geist. Lob baut ihn auf. Lobe dich, soviel du kannst. Sage dir, wie gut du es machst, bei jeder Kleinigkeit.

6. *Unterstütze dich selbst.* Finde heraus, wie du dir Unterstützung zukommen lassen kannst. Wende dich an Freunde und erlaube ihnen, dir zu helfen. Es gehört Stärke dazu, um Hilfe zu bitten, wenn du sie dringend nötig brauchst.

7. *Liebe auch deine negativen Aspekte.* Erkenne, daß du sie erschaffen hast, um ein Bedürfnis zu erfüllen. Jetzt findest du neue, positive Möglichkeiten, jene Bedürfnisse zu erfüllen. Deshalb löse dich liebevoll von den alten, negativen Mustern.

8. *Achte auf deinen Körper.* Informiere dich über gesunde Ernährung. Was für Treibstoff braucht dein Körper, um ein Optimum an Energie und Vitalität zu besitzen? Informiere dich über Körperübungen. Welche Übungen machen dir Spaß? Achte und pflege den Tempel, in dem du wohnst.

9. *Arbeite mit dem Spiegel.* Blicke dir immer wieder selbst in die Augen. Zeige dir, wie die Liebe zu dir selbst am Wachsen ist. Vergib dir, während du in den Spiegel blickst. Setze dich vor den Spiegel und sprich zu deinen Eltern. Vergib auch ihnen. Sage mindestens einmal täglich: »Ich liebe euch, ich liebe euch wirklich!«

10. *Fange jetzt damit an!* Warte nicht, bis es dir gutgeht, bis du dein Übergewicht wieder los bist, die neue Arbeitsstelle bekommen oder eine neue Beziehung gefunden hast. Fange jetzt, in diesem Augenblick, damit an — und gibt dein Bestes.

Was wir verdienen

Viele von uns lehnen es ab, sich Mühe zu geben, ein gutes Leben zu haben, weil sie nicht glauben, es zu verdienen. Unser Gefühl, keinen Anspruch darauf zu haben, reicht möglicherweise bis in die Zeit zurück, in der wir zur Sauberkeit erzogen wurden, oder als wir irgend etwas nur dann bekamen, wenn wir den Teller leer gegessen, unser Zimmer geputzt oder das Spielzeug aufgeräumt hatten. Das heißt, auch hier leben wir die Vorstellung oder Meinung eines anderen, und das hat nichts mit der Wirklichkeit unseres eigenen Wesens zu tun.

Etwas zu verdienen heißt nicht, etwas gutzuhaben. Unsere mangelnde Bereitschaft anzunehmen steht uns hier im Wege.

Erlaube dir, Gutes anzunehmen, gleichgültig, ob du meinst, es zu verdienen oder nicht.

Übung

Es folgen einige Fragen, die dir helfen sollen, selbst festzustellen, worauf du Anspruch hast — und was du an liebevoller und heilender Kraft daraus gewinnen kannst. Verwende
sie als eine Übung, die dir zu diesem weiteren Verständnis
helfen soll.

Was willst du, das du nicht hast?
Antworte ganz klar und spezifisch.

Welche Regeln oder Gesetze galten in deinem Elternhaus in
bezug auf Ansprüche?
*Was hat man dir gesagt? »Du hast das nicht verdient«
oder: »Du hast eine Ohrfeige verdient«? Hatten deine Eltern das Gefühl, Anspruch auf etwas zu haben? Mußtest du
immer erst etwas leisten, um etwas zu erhalten? Hat das
funktioniert? Hast du damals bekommen, was du wolltest?
Wurden dir Dinge weggenommen, wenn du etwas falsch
machtest?*

Hast du das Gefühl, auf etwas Anspruch zu haben?
*Welches Bild, welcher Gedanke kommt dir in den Sinn?
»Später, wenn ich es mir verdient habe« oder »Ich muß erst
dafür arbeiten«? Bist du dir gut genug? Wirst du je gut
genug sein?*

Welcher ›Glaube‹ steht deinem Anspruch im Wege?
*Es ist nicht genügend Geld vorhanden. Angst. Das alte
Urteil: »Du wirst es nie zu etwas bringen.« — »Ich bin nicht
gut genug.«*

Verdienst du zu leben?
*Warum, warum nicht? Hat man dir jemals gesagt: »Du
verdienst es zu sterben?« Gehörte dies zu deiner religiösen
Erziehung?*

Wozu lebst du?

Was ist der Zweck deines Lebens? Welchen Sinn hast du ihm gegeben? Am Bartresen zu sitzen und sich mit Drogen vollzustopfen, ist kein Sinn fürs Leben. Hast du dir einen Grund zu leben erschaffen?

Worauf hast du Anspruch?

»Ich verdiene Liebe und Freude und alles Gute.« Oder hast du tief im Innern das Gefühl, nur das Schlechteste zu verdienen? Warum? Und woher kommt dieser Gedanke? Bist du willens, dich von ihm zu trennen? Was willst du an seine Stelle setzen? Vergiß nicht: es sind Gedanken, und Gedanken lassen sich verändern.

Was bist du bereit zu unternehmen, um auf mehr Anspruch zu haben?

Bist du bereit, Affirmationen zu verwenden? Behandlungen? Zu vergeben? Wenn du dazu bereit bist, dann wirst du mehr verdienen.

Man erkennt leicht, wieviel persönliche Macht in der Art gespeichert ist, wie wir unseren Anspruch sehen. Versuche es mit der folgenden Behandlung. Eine Behandlung setzt man ein, um ein neues Gedankenmuster aufzubauen. Denke daran: es ist nicht die einzig mögliche Behandlung, sondern ein Beispiel. Du kannst im Laufe der Zeit vielleicht deine eigene Behandlung ausdenken — und eine persönliche Behandlung ist immer am besten. Schließlich bist du der Experte für dich selbst — niemand wird dich je so gut kennen wie du selbst.

Anspruchs-Behandlung

Ich verdiene es. Ich habe Anspruch auf alles Gute. Nicht auf etwas, nicht auf ein wenig, sondern auf alles Gute. Ich erhebe mich jetzt über alle einschränkenden Gedanken. Ich lasse alle Begrenzungen hinter mir, die mir von meinen Eltern vermittelt wurden. Ich liebe sie, aber ich gehe weiter. Ich bin nicht eins mit ihren negativen Meinungen, auch nicht mit ihren beschränkenden Überzeugungen. Ich bin nicht durch Ängste oder Vorurteile der Gesellschaft gebunden, in der ich gerade lebe. Ich identifiziere mich mit keinerlei Grenzen mehr.

In meinem Denken besitze ich totale Freiheit. Ich gehe nun weiter in einen neuen Raum des Bewußtseins, in dem ich bereit bin, mich selbst mit anderen Augen zu sehen. Ich bin willens, neue Gedanken über mich und mein Leben zu erschaffen. Mein neues Denken wird zu neuen Erfahrungen.

Jetzt weiß ich und bekräftige, daß ich eins bin mit der segnenden Macht des Universums. Somit bin ich jetzt auf vielfältige Weise gesegnet. Die Fülle der Möglichkeiten liegt vor mir. Ich verdiene Leben, ein gutes Leben. Ich verdiene Liebe, eine Fülle von Liebe. Ich verdiene Gesundheit. Ich habe Anspruch auf ein angenehmes und gesegnetes Leben. Ich verdiene Freude und Glück. Ich verdiene Freiheit — die Freiheit, alles zu sein, was ich sein kann. Ich verdiene noch mehr als das. Ich habe Anspruch auf alles Gute.

Das Universum ist mehr als bereit, meinen neuen Glauben zu manifestieren. Und ich nehme dieses überreiche Leben an, mit Freude, Lust und Dankbarkeit. Denn ich verdiene es. Ich nehme es an; ich weiß, daß es wahr ist.

Behandlung

Heute ist ein neuer, kostbarer Erdentag. Wir werden ihn in Freude leben. Gleichgültig, welche Gefühle ich in bezug auf mich selbst in der Vergangenheit hegte — heute ist ein neuer Tag. In diesem Augenblick fange ich an, mich mit mitfühlenderen Augen zu sehen. Kritiksucht und Verurteilungen fallen von mir ab, und dabei werde ich frei, alles zu würdigen, was ich bin. Ich denke so, als hänge mein Leben davon ab, denn ich weiß, daß dies so ist.

Ich öffne mich der Liebe, meiner Liebe zu mir selbst. Das ist der Weg zur Heilung. Ich lebe diesen Tag so, daß ich mich morgen gerne an ihn erinnere. Heute trete ich meinen Weg der Heilung an. Wir sind eins mit der Macht, die uns erschaffen hat.

Wir sind in Sicherheit, und alles ist gut in unserer Welt.

7

Unsere negativen Gedankenmuster

Affirmation:
Ich überschreite alle alten Begrenzungen!

Ich will auf keinen Fall bei jemandem Schuldgefühle erzeugen. Aber wir müssen verstehen, wie der menschliche Geist funktioniert, um Veränderungen herbeiführen zu können. Niemand will krank sein, und dennoch scheinen wir jede Krankheit zu brauchen, die wir erschaffen, denn durch sie teilt unser Körper uns mit, daß irgend etwas in unserem Bewußtsein nicht in Ordnung ist.

Nicht, daß wir sagten, wir wollten diese oder jene Krankheit, aber wir erzeugen die gedankliche Atmosphäre, in der sich eine Krankheit festsetzen und aufblühen kann. Recht häufig tun wir das, ohne etwas davon zu wissen. Sind schließlich nicht die meisten von uns so großgezogen worden, daß sie sich als verängstigte Opfer oder verbittert und grollend gegen das Leben fühlen? Ich habe Eltern sagen hören, daß ihre Kinder kein Recht hätten, glücklich zu sein, und daß Leiden normal sei. Wenn die Eltern wiederholt die Gedanken äußern, das Kind sei nichts nütze und werde es nie zu etwas bringen, dann wird das Kind in dem Glauben aufwachsen, das sei wahr.

Die meisten Eltern glauben und vermitteln ihren Kindern auch, daß Krankheit etwas Böses sei, das uns trifft, wenn wir nicht achtgeben. Die Ärzteschaft bekennt sich zu der gleichen Einstellung und fügt noch hinzu, daß nur sie etwas für uns tun könne. Die Religion ist eine weitere Methode, dem Menschen einzutrichtern, er sei nicht gut genug. Wieder und immer wieder wird unsere Machtlosigkeit betont. Da ist es schließlich kein Wunder, daß wir verwirrt und wütend sind, wenn wir uns am Ende in Schwierigkeiten oder Krankheit finden.

Ich behaupte damit nicht, daß es unausweichlich so kommen müsse. Wir können die Verantwortung in die eigene Hand nehmen und auf diese Weise positive Veränderungen durchführen.

Wurde uns als Kindern je gesagt, daß unsere Gedanken unser Erleben bestimmen? Daß wir die Macht in Händen haben, Veränderungen herbeizuführen und uns ein gutes Leben zu schaffen? Hat man uns gesagt, wie wunderbar wir sind, und daß nur ein freudiges und liebevolles Leben auf uns wartet? Hat man uns gesagt, daß wir leicht Erfolg haben werden? Hätten wir diese Dinge gehört, wäre unser Leben heute ganz anders.

Aber wir wollen jetzt keine Zeit mehr damit vergeuden, unseren Eltern Vorwürfe zu machen. Sie wußten es nicht besser. Wir sind jetzt unsere eigenen Eltern. Wir können uns all die positiven Dinge sagen, die wir früher nicht zu hören bekamen.

Übung zu negativen Gedankenmustern

Versuche es mit folgender Übung. Während du die Fragen liest, besinne dich aufrichtig auf die Wahrheit, die du früher in bezug auf deine Eltern aufgebaut hast. Dann denke an die neue Wahrheit, die du für deine Zukunft schaffen kannst.

Schreibe alle Dinge auf, die du von deinen Eltern aus heutiger Sicht gerne gehört hättest. All jene positiven, liebevollen Gedanken. Dann lies sie dir vor einem Spiegel laut vor. Wiederhole diese Übung täglich, bis die Worte für das Kind in dir Wahrheit geworden sind.

Auswirkungen von negativen Gedankenmustern

Jahre der Praxis negativer mentaler Gedankenmuster, beginnend mit unseren Gedanken über unsere Eltern, haben unser Immunsystem belastet. Durch unsere schlechte Auswahl an Nahrungsmitteln beeinträchtigen wir noch zusätzlich die Fähigkeit des Körpers, optimal zu funktionieren. Wenn noch Gefühle des Ungeliebtseins, des Abgelehntseins und Alleinseins hinzukommen, dann sind wir reif für die populäre Krankheit unserer Zeit. Wir haben schon in an Epidemien erinnerndem Maße Krankheiten wie Krebs, PMS, Candida albicans und das Epstein-Barr-Virus verbreitet, und nun floriert auch noch AIDS.

Wann werden wir es endlich begreifen? Irgendwo machen wir doch etwas falsch. Aber wir sind keine bösen Menschen. Wir sind lediglich von der Spur abgekommen. Wir wollen nicht zu hart mit uns ins Gericht gehen. Aber wir wollen herausfinden, was wir unternehmen können, um uns zu heilen. Das kann kein anderer für uns tun. Wir haben es in der Hand.

Wenn du anfängst, negativ über dich zu denken oder Probleme in deinem Leben zu erzeugen, ist es hilfreich, sich in Gedanken ein paar einfache Fragen zu stellen. Versuche genau herauszufinden, was es ist, das du aus dem aktuellen Erlebnis lernen sollst. Dann stelle dir vor, wie du es auf positive Weise verändern kannst. Hier zunächst ein Beispiel:

1. Was ist es, dem du auszuweichen versuchst, indem du so denkst/fühlst – oder dieses Problem hast?
2. Wen versuchst du zu strafen?
3. An welchen selbstgerechten Gefühlen möchtest du gerne festhalten? Warum?
4. Welche Garantie willst du vom Leben haben?
5. Wieviel ist dir dein Selbstmitleid wert?
6. Was bringen dir deine Schmerzen ein?
7. Was fürchtest du zu verlieren?
8. Wie kann dir dies alles dienlich sein? Ist es positiv?

Beantworte diese Fragen so ehrlich wie möglich. Du wirst daraus wichtige Erkenntnisse gewinnen.

Streß – zusätzlich zu unseren negativen Gedanken

Wie du weißt, hat jeder von uns manchmal seinen ›schlechten Tag‹, an dem uns nichts zu gelingen scheint.

Wenn wir bereits in festen, negativen Denkgewohnheiten verhaftet sind, können solche Tage unsere Negativität noch hundertfach steigern. Das ist nicht gut für uns. Wir tragen ohnehin schon genug Ballast mit uns umher. Wir müssen lernen, solche Dinge loszulassen. Zu den Streßfaktoren unseres Alltages können gehören:

1. Mann/Frau/Liebhaber(in) oder beste(r) Freund(in)
2. Geld allgemein oder Finanzen innerhalb der Partnerschaft
3. Hund/Katze oder sonstiges Getier
4. Terminkalender
5. Arbeitssituation, Angestellte oder Chefs
6. Auto/Bus oder anderes Transportmittel

Psychologen und Psychiater haben jede körperliche Krankheit mit Stressoren in Verbindung gebracht, sei sie entweder dadurch verursacht oder verschlimmert. Die hier erwähnten Punkte lassen sich leicht in diese Kategorie eingliedern. Wenn wir nur lernten, unseren Streß zu erleichtern oder gar unter Kontrolle zu bringen, dann wäre die Schlacht gegen unsere Krankheit oder den ›schlechten Tag‹ schon halb gewonnen.

Übung zum Streß

Versuche es mit folgender Übung zur Streß-Reduzierung. Stelle dir die Fragen:

1. Könnte ich wirklich etwas tun, um diese Person zu verändern?
2. Welches ist die kleinste Maßnahme, die ich zur Heilung meiner finanziellen Situation ergreifen kann?
3. Ob es die Tiere vielleicht besser wissen? Sie sind so liebevoll.
4. Wenn ich auf der Autobahn einen Unfall hätte, käme ich dann rascher ans Ziel? Habe ich eine leere Versprechung gemacht? Wessen Maßstab versuche ich gerecht zu werden?
5. Ist dieser Beruf der beste für mich? Kann ich meine schöpferischen Möglichkeiten an diesem Arbeitsplatz einsetzen? Versuche ich von dort auszubrechen? Mag ich die Menschen, für die ich arbeite (oder die für mich arbeiten)?
6. Könnte ich etwas unternehmen, um meine Arbeit pünktlich zu schaffen? Könnte ich dafür sorgen, selbst pünktlich sein? Könnte ich mir im Falle einer Panne unterwegs helfen?

Darüber hinaus können wir uns noch einige allgemeine Fragen stellen:
1. Habe ich aus dieser ›stressigen‹ Situation etwas für mich gelernt?
2. Was würde ich anders machen, falls diese Situation sich wiederholte?
3. War es sehr schlimm?
4. Gab es in dieser ›stressigen‹ Situation auch einen humorvollen Aspekt?
5. Habe ich in dieser Situation eine neue, wunderbare Begegnung erleben dürfen?

Nachdem du über die Fragen nachgedacht hast, atme einige Male tief durch und löse dich dann ruhig von ihnen − als ob du dich von den Streßfaktoren selbst loslösen würdest. Genau darum geht es ja schließlich.

Humor

All dies sind unterschiedliche Möglichkeiten, negative Energie auf positive Weise loszuwerden — wie auch durch Rationalisieren, Weinen, Toben und Schreien. Lachen — also Humor — ist eine weitere, wirkungsvolle Methode.

Bei meinen Mittwochabend-Treffen habe ich festgestellt, daß Offenheit für Humor — geplanten ebenso wie spontanen — sehr viele angestaute Emotionen lösen kann. Ja, ich richtete sogar eine ›Lachzeit‹ ein, während der wir einander Witze erzählten.

Das Lachen — d. h. alles herauszulassen — fällt manchen ganz und gar nicht leicht. So wie es einigen schwerfällt mitzuteilen, was sie denken, können andere kaum lachen — aber im Grunde handelt es sich wieder um die gleiche Sache. Folgende Fragen kannst du dir stellen, wenn du zornig oder negativ wirst:

1. Ist diese Situation nicht im Grunde so lächerlich, daß du am liebsten darüber lachen würdest?
2. Sieht er/sie denn nicht aus wie ein…?
3. An wen oder was erinnert dich diese Situation?
4. Können wir nicht einfach lachen und loslassen?

Denke daran, die Macht des Humors ist nichts, das man leicht nehmen sollte. Norman Cousins zeigte in seinem Buch *Anatomy of an Illness* (deutsche Ausgabe: *Der Arzt in uns selbst. Die Geschichte einer erstaunlichen Heilung — gegen alle düsteren Prognosen;* Reinbek: Rowohlt 1984), wie es ihm mit Hilfe von Lachen und gesunder Ernährung gelang, seinen schwerstkranken Körper zu heilen.

Negative körperliche Veränderungen

Sie sind eine schwere Lektion auf unserem Weg, uns lieben zu lernen. Wir müssen erkennen, daß wir mehr sind als nur unser physischer Körper. Denken wir doch einmal daran, wie wir auf das normale und natürliche Erlebnis des Alterns reagieren. Wir haben Regeln über das Altern aufgestellt, nach denen wir alle früher oder später nur verlieren können. Wir haben aus dem Altern ein Versagen gemacht, das man verachten und um jeden Preis vermeiden müsse. Aber wir alle — wenn wir nicht jung sterben— werden altern.

Wenn wir uns einer Phase nähern, die zu den besten Jahren unseres Lebens gehören könnte, betrachten wir uns selbst mit Widerwillen, wenn die ersten Fältchen und Runzeln auftauchen. Früher einmal wurden dem Alter und seiner Weisheit Ehrfurcht und Achtung gezollt. Heute verhöhnen wir die älteren Menschen und schieben sie ab, damit sie allein oder in Pflegeheimen sterben. Wir scheinen nicht zu verstehen, daß das Verhalten, das wir gegenüber anderen zeigen, eines Tages auf uns zurückfallen muß. Mir schaudert bei dem Gedanken, wie jene, die heute alte Leute überfallen und ausrauben, eines Tages behandelt werden, wenn sie selbst älter geworden sind.

Unser Körper ist das Kleid unserer Persönlichkeit. Unsere Seele hat genau diesen Körper ausgewählt, schon bevor sie in dieses Leben auf die Erde kam. Unser Körper hat nichts mit unserem Selbstwertgefühl zu tun. Dieses hängt allein davon ab, wie wir uns in bezug auf uns selbst fühlen.

Wenn wir eine Krankheit haben und unser Körper dadurch geschwächt wird, ist es vorwiegend von unserem Gefühl für uns selbst bestimmt, wie wir damit umgehen. Wenn wir uns nicht mögen oder gar hassen, werden wir die körperliche Krankheit benutzen, um solche Gefühle noch auszuweiten. Wenn wir mit uns selbst im Frieden sind, wenn wir uns lieben, dann werden wir diese Veränderungen akzeptieren und das Beste daraus machen.

Die meisten erleben früher oder später wohl eine Phase, in der es notwendig wird, sich um Hilfe nach außen zu wenden. Unser natürliches Unabhängigkeitsstreben läßt es uns schwerfallen, von anderen abhängig zu sein, womöglich gar zur Erfüllung unserer elementarsten Grundbedürfnisse. Aber wir können es trotzdem tun. Es ist eine weitere Form, Liebe anzunehmen. Schon oft habe ich von schwer leidenden MMAs gehört: »Ich habe gar nicht gewußt, wie viele Menschen mich lieben.« Manchmal bedarf es einer schweren Krankheit, um uns soweit zu bringen, daß wir die Liebe empfangen und annehmen können, die schon immer vorhanden war.

Zuweilen entwickelt sich der Krankheitsprozeß dem Tode entgegen. Da gewinnen viele von uns das Gefühl, versagt zu haben — als ob wir etwas falsch gemacht hätten. Wie bereits das Altern, haben wir auch den Tod zu einem Versagen gestempelt und zu etwas gemacht, das es zu vermeiden gilt. Der medizinische Berufsstand wird allerlei technische Methoden einsetzen, um den Körper zu zwingen, weit über seine Fähigkeiten hinaus am Leben festzuhalten. Doch der Tod ist — wie die Geburt — etwas Normales und Natürliches. Nur selten aber kommt er zu dem Termin, den wir für den rechten Zeitpunkt halten.

Mit dem Leben ist es so: Wir kommen immer mitten in den Lebensfilm hinein, und wir verlassen ihn auch immer mittendrin.

Wenn wir uns dem Tode nähern, können wir ihn mit Frieden im Herzen annehmen. Zu bekämpfen, was *ist,* bringt nur Schmerz und Leiden. Die Zeit vor dem Tode ist für uns alle eine Phase, in der wir noch mehr Liebe zeigen können. Bei dem Sterbenden zu sein und einfach immer wieder und wieder zu sagen: »Ich liebe dich, und du bist geborgen«, ist das beste, was wir ihm tun können. Wenn du selbst im Sterben begriffen bist, dann öffne dich der Liebe, die dich umgibt, und wisse, daß du geborgen bist. Entgegen der entsetzlichen Hirngespinste, die wir um den Tod und das Sterben gewoben haben, spricht jeder, der den Tod erfahren und überlebt hat, von tiefem Frieden und der unvorstellbaren Liebe, die uns erwartet, wenn wir die Schwelle vom Leben auf diesem Planeten zur nächsten Phase unserer Existenz überschreiten — ganz gleich, wie unser Leben im Äußeren beschaffen gewesen sein mag.

Es stimmt zwar, daß wir die Macht besitzen, jede Art von Krankheit auf unserem Planeten zu besiegen, aber es ist ebenso wahr, daß es eine Zeit gibt, da es gilt, den abgetragenen Körper abzulegen. Wir wollen einander helfen, dies in Frieden, Würde und sogar mit Freude zu tun. Freude ist in jeder Phase des Lebens zu finden, vom ersten Atemzug bis hin zum letzten.

Möge uns dieser letzte Atemzug ein Erlebnis voll Liebe werden. Der Tod kann, wie das Leben, eine ganz einfache, leichte Erfahrung sein — ein friedvolles, Liebe-getragenes Gleiten über die Schwelle.

Wo bleiben die Vorwürfe?

Ich habe noch nie jemandem etwas vorwerfen wollen, denn ich weiß, daß wir alle in jedem Augenblick das Beste geben, was uns möglich ist. Selbst unsere Eltern — auch wenn sie Fehler machten — gaben ihr Bestes, ihr Bestes nach dem Glauben und Denken, das sie gelernt hatten. Wir haben die Neigung, unsere innere Weisheit zu leugnen und uns die negativen Meinungen anderer über uns zu eigen zu machen. Durch unsere Art zu reden konditionieren wir uns selbst dazu, weniger zu sein, als wir sein könnten.

Wie viele von uns haben doch schon einmal gesagt, daß Männer oder Frauen, Homosexuelle, Schwarze, Alte oder Junge, diese Rasse oder jene religiöse Gruppe oder sogar Leute, die sich auf bestimmte Weise kleiden, nicht gut genug seien.

Solche abwertenden Gedanken gehen hinaus und kehren ebenso wieder zurück. Wir müssen uns der weitreichenden Gesetze von Ursache und Wirkung bewußt werden und lernen, wie unsere eigenen Gedanken uns treffen und beeinflussen können.

Behandlung

Heute ist ein neuer, kostbarer Erdentag. Wir werden ihn in Freude leben. Ich fasse jetzt den Entschluß, alle meine negativen, destruktiven und angstgeprägten Vorstellungen und Gedanken aus meinem Sinn und Leben zu werfen. Ich werde negativen oder abwertenden Gesprächen oder Gedanken nicht mehr lauschen und mich nicht mehr an ihnen beteiligen. Ab heute kann mich keiner mehr verletzen, weil ich mich weigere, an das Verletztwerden zu glauben.

Gleichgültig, wie berechtigt sie auch scheinen mögen, gebe ich mich schädlichen Emotionen nicht mehr hin. Ich erhebe mich über alles, was versucht, mich zornig oder angstvoll zu machen. Destruktive Gedanken haben keine Macht über mich. Schuldgefühle können die Vergangenheit nicht verändern. Ich denke und sage nur das, was ich in meinem Leben manifestiert sehen möchte. Ich bin mehr als fähig zu allem, was ich zu tun habe. Wir sind eins mit der Macht, die uns erschaffen hat.

Wir sind in Sicherheit, und alles ist gut in unserer Welt.

8

Unsere Selbstbestrafung:
Drogenmißbrauch, Alkoholismus, minderwertige Ernährung

Affirmation:
Ich segne meinen Körper mit Liebe!

Drogenmißbrauch

Der Drogenmißbrauch ist weit verbreitet. Er gilt als eine der besten Fluchtmethoden, die uns zur Verfügung stehen. Und die Drogen bringen eine große Versuchung mit sich. »Komm, spiel mit mir, und ich werde dir eine schöne Zeit machen und dir ein gutes Gefühl verschaffen«, scheinen sie zu locken. Und es stimmt: eine Zeitlang fühlen wir uns tatsächlich gut, denn die Drogen verändern unsere Realität. Nicht von Anfang an klar zu erkennen ist jedoch der schreckliche Preis, den wir dafür bezahlen müssen. Nachdem wir eine Zeitlang Drogen genommen haben, läßt unser Gesundheitszustand rapide nach, und wir fühlen uns nicht mehr gut. Darüber hinaus haben wir es inzwischen mit einer Sucht, einer Abhängigkeit zu tun. Wir sehnen uns nach der Droge und würden fast alles bezahlen, um sie zu erhalten. Wir ruinieren uns, berauben andere, richten Beziehungen zu Grunde und vernichten unser Selbstwertgefühl.

Drogen beeinträchtigen unser Immunsystem in lebensgefährlichem Maße. Aber warum sollten wir überhaupt auf die Idee kommen, sie zu nehmen?

Ja, häufig folgen wir dem Beispiel der Gruppe und stehen unter dem Druck der Konformität, und so versuchen wir es eben auch einmal. Dann aber wiederholt nach Drogen zu greifen, ist eine andere Angelegenheit. Ich habe bisher noch keinen einzigen Menschen kennengelernt, der sich beim regelmäßigen Drogenmißbrauch wohl fühlt. Wir nehmen Drogen um zu fliehen. Um vor unseren Gefühlen zu fliehen. Um uns selbst vorzumachen, wir fühlten uns wohl. Um uns vorübergehend eine Leistungsfähigkeit vorzugaukeln, die es uns ermöglicht, uns noch schlimmer zu mißbrauchen.

Und das alles hat seine Wurzel da, wo wir uns selbst nicht lieben und annehmen als die, die wir sind. Wir rufen die alten Kindheitsgefühle hervor, nicht gut genug zu sein, und versuchen, sie auszulöschen. Aber diese Methode funktioniert nie, denn die Drogen kosten ihren Preis. Wir fühlen uns hinterher noch schlimmer als zuvor und haben in der Regel noch mit den Schuldgefühlen fertig zu werden, überhaupt erst zu Drogen gegriffen zu haben.

Alkoholismus

Der Alkoholismus ist ein uralter Fluchtweg. Alkohol wird verwendet zum Feiern und Entspannen, und diese Beweggründe können leicht außer Kontrolle geraten, wenn wir nur wenig Achtung vor uns selbst besitzen. Alkohol schädigt die Leber. Leber und Gallenblase haben mit der Wut in uns zu tun. Die Gallenblase ist Zorn und Bitterkeit gegen andere. Die Leber ist Wut gegen uns selbst, Selbsthaß.

Alkoholiker können sich selbst kaum vergeben. Statt dessen bestrafen sie sich Tag für Tag aufs neue. Sie erfinden für ihre übermäßige Trinkerei eine Ausrede nach der anderen, denn ihr Ziel heißt Selbstbestrafung und Selbstmißbrauch. Warum? Weil sie sich irgendwann als Kinder einmal die Vorstellung zu eigen machten, nicht nur nicht gut genug, sondern sogar schlecht zu sein und Bestrafung zu verdienen.

Die Homosexuellen-Szene besitzt Regeln, die das Altern zu einem lebensunwürdigen Prozeß stempeln. Solche Maßstäbe tragen – in Verbindung mit dem früh akzeptierten Urteil, nicht gut genug zu sein – dazu bei, daß der Alkoholismus unter älteren homosexuellen Männern weit verbreitet ist. Es ist erschütternd zu beobachten, wie diese ›Drink für Drink‹ in ihrem Glauben an die eigene Wertlosigkeit bestärkt werden.

Minderwertige Ernährung

Wir alle kennen die Lebensmittel, die uns wirklich nähren. Haben wir nicht jedesmal, wenn wir ›Fastfood‹ oder Süßigkeiten essen, eine Art Warnsignal im Kopf? Oder hören wir uns nicht zu unserem Tischnachbarn sagen: »So etwas esse ich sonst nie«, oder: »Nur dieses eine Mal«?

Jeder kennt die Grundregeln einer guten Ernährung. Trotzdem benutzen wir unsere Ernährung als eine weitere Möglichkeit, uns selbst zu bestrafen – sei es über Fettleibigkeit oder selbst herbeigeführte gesundheitliche Krisen in unserem Leben.

Wir sind zu einer Nation der ›Junkfood-Süchtigen‹ geworden. Wir haben zugelassen, daß die Multis der nahrungsmittelverarbeitenden Industrie mit ihrer Werbung unsere Eßgewohnheiten beeinflußten. Es gab einmal eine Zeit, da wußte jeder, wie gute Nahrung schmeckt, denn sie war noch überall erhältlich. Heute haben wir eine Generation von Kindern, die aufgewachsen sind mit Konserven in Blech und Glas, mit Gefrierkost, verpackten Fertiggerichten und Mikrowellen-gegartem Essen, und mit chemischem Gebräu, das man bestenfalls als Lebensmittel-Imitation bezeichnen dürfte.

Es ist normal und natürlich für uns Menschen, weiterhin das essen zu wollen, mit dem unsere Eltern uns ernährten, als wir noch im Wachsen begriffen waren. Das sind alte Verhaltensmuster, die überdies gewährleisten, daß sich das Kind in uns weiterhin geliebt fühlt. Unsere elementaren Ernährungsgewohnheiten zu ändern, kommt uns vor wie eine Ablehnung der Eltern.

Als wir aufwuchsen, lernten wir nichts über gute Ernährung. Was wir an Informationen erhielten, stammte vermutlich von der Fleischindustrie, der Milchindustrie, der Fertigkostindustrie usw., und jede war bemüht, ihre eigenen Produkte anzupreisen. Wenn wir nicht in einer Familie groß wurden, die sich bewußt um eine gesunde Ernährung bemühte und uns echte Lebensmittel zu essen gab, bekamen wir überhaupt keine Vorstellung darüber vermittelt, was für unseren Körper wirklich gut ist. Auch die Ärzte lernten praktisch nichts über die Ernährung. Wenn ein Arzt etwas über Essensgewohnheiten und ihre Auswirkung auf den Körper lernen will, muß er sich selbständig um entsprechende Weiterbildungsmöglichkeiten bemühen. Die derzeit verbreitete Perspektive der Medizin wird bestimmt durch die Faktoren Chirurgie und chemische Arznei.

Die Ernährungskunde wurde also zu einem Studienbereich, den wir uns selbst erschließen müssen. Durch Versuch und Irrtum können wir herausfinden, welche Nahrung uns die beste Form von Energie verschafft und zu unserem Wohlbefinden beiträgt. Oder wir wenden uns an einen gut ausgebildeten Ernährungsberater, der uns Richtlinien geben kann.

Fallbeispiel John

Im April 1984 entdeckte John zum erstenmal eine kleine, purpurfarbene Stelle am Bein. Er ging zum Arzt, um sie zu diagnostizieren zu lassen. Der Arzt teilte ihm mit, er brauche sich keine Sorgen zu machen, es sei nichts Ernstes. Dann zeigte John das Bein seinem Stubenkameraden, der ihm daraufhin erzählte, er habe einen Freund mit dem gleichen

Symptom gehabt, der jedoch ein Jahr darauf gestorben sei. John ging auf der Stelle zu seinem Arzt zurück, und diesesmal wurde der auffällige Fleck als Kaposi-Sarkom diagnostiziert. John hatte auch bereits seit vier Monaten unter Durchfall gelitten, der sich nun als Auswirkung des Befalls mit Kryptospiridien − einer Amöbenart − entpuppte, für den es angeblich keine Heilmethode gab. John war es nie übel gewesen, er hatte keine nächtlichen Schweißausbrüche gehabt, niemals Fieber − aber am 1. August 1984 stand die Diagnose fest: AIDS.

Damit begann Johns ›Streben nach Gesundheit‹. Er begann zunächst mit seiner Ernährung und entschloß sich für die makrobiotische Lebensweise. Drei Monate lang kam jede Woche jemand ins Haus, der ihn in die Geheimnisse der Zubereitung unterwies. John befolgte die makrobiotische Ernährungslehre erst sehr streng, aber dann kam es zu Abweichungen, »denn ich liebe Süßigkeiten, und ich liebe Bier«. Nur ein weiteres Kaposi-Sarkom tauchte noch auf, »und das kam, weil ich einen Ken-Russel-Film anschauen wollte, und dazu brauchte ich etwas Marihuana«.

Heute bezeichnet John sich als einen Schummel-Makrobiotiker. »Wenn ich für mich selbst koche, dann nehme ich Reis und Gemüse aus dem Kühlschrank, aber wenn ich zu Marie Callenders gehe, bestelle ich mir einen Auflauf. Ich esse nicht regelmäßig Fleisch, und ich verzichte auf Molkereiprodukte.«

John hielt sich an seine makrobiotische Diät auch, um die Kryptospiridien loszuwerden. »Drei Tage lang aß ich nur eine Handvoll rohen Reis, Kürbiskerne und eine Handvoll rohen Knoblauch, und trank Tee dazu.« Er versuchte auch Spiromycin aus Kanada, meinte aber, es sei die makrobiotische Ernährung gewesen, die ihm schließlich den Erfolg brachte. Er sammelte sogar vier negative Testergebnisse, die bestätigten, daß er diese angeblich unheilbare Art von Amöben aus seinem Körper beseitigt hatte. John nimmt auch Aminosäuren, um seine Zellen wieder aufzubauen.

Infolgedessen geht es John immer noch gut. »Keine nächtlichen Schweißausbrüche, kein Fieber. Ich bewege mich viel. Ich laufe täglich fünf bis sieben Kilometer. Ich bin zwar hinterher müde, aber nicht kurzatmig. Ich mache Aerobic und ich schwimme. Ich halte mich also in Form. Ich fühle mich wohl.« Auf meine Frage, ob er den Eindruck habe, daß sein Gesundheitszustand sich bessere, antwortete John: »Da gibt es nichts mehr zu verbessern. Ich bin nicht krank gewesen. Aber mein Virus hat sich gebessert. Ich habe vier Kulturen an der University of Southern California und an der University of California, Los Angeles, anlegen lassen, und wir haben vier negative Testergebnisse erhalten. Das heißt nicht, daß ich nicht AIDS hätte. Ich meine aber, es bedeutet, daß ich nicht soviel davon mit mir herumtrage wie mancher andere, denn wenn es nicht in meinem Blut zu finden ist, dann ist es auch nicht im Speichel, Samen oder sonstwo. Aber ich habe immer noch ein recht heruntergekommenes Immunsystem, und bin deshalb noch anfällig für Infektionskrankheiten.«

John denkt auch, in bezug auf Unterstützung von außen Glück zu haben. Das fängt schon im Familienkreise an. »Meine Eltern helfen mir sehr. Ich habe es ihnen mitgeteilt, und meine Mutter sagte: ›Dir wird nichts passieren. Du bist stabil gebaut und hast eine kräftige Konstitution.«

Die größte Unterstützung außerhalb der eigenen Familie erhält John nach eigenen Angaben aus den Treffen der Mittwochabend-Gruppe. »Zuerst bekam ich Louises Kassette und hörte mir das Band ein Jahr lang jeden Abend an, und morgens noch einmal. Ich hatte einige Bänder, die ich mir abspielte. Etliche Male ging ich auch zu privaten Konsultationen. Vier Kassetten hat Louise für mich besprochen, und ich benutze sie bis zum heutigen Tage. Ich habe an den Mittwochabenden viele AIDS-kranke Freunde kennengelernt, wunderbare Menschen. Ich habe heterosexuelle Freunde, die mir viel Hilfe geben, und auch meine homosexuellen Freunde unterstützen mich sehr. Alle helfen mir.«

Visualisierungen und Affirmationen spielen für John ebenfalls eine große Rolle. »Ich entspanne mich und halte einen Kristall in der Hand. Kristalle vergrößern und verstärken. Ich habe drei oder vier Affirmationen. Man sollte Affirmationen zehnmal wiederholen, um ihnen Zeit zum Wirken zu lassen. Meine Affirmationen gelten in der Regel meinem Höheren Selbst, das verantwortlich ist für mein Leben und meinen Körper und die Schaffung vollkommener Gesundheit, aber auch der schöpferischen Arbeit, die ich liebend gerne leisten würde, und meinen zwischenmenschlichen Beziehungen. Ich stelle mir vor, wie die T-Zellen alle Viren, Bakterien und Pilze identifizieren, die in meinen Körper eindringen. Die T-Zellen tragen keine Schilde und bewegen sich in den Blutbahnen durch den Körper, um die Eindringlinge zu bekämpfen.«

Er stellt sich auch bildlich vor, wie sein Blut durch den Körper zirkuliert und ihn mit weißem Licht und göttlicher Liebe erfüllt. Er besucht auch Eetla Sorrocco und Bill Cummings. »Eetla legt mir die Hände auf, spricht mit mir, gibt mir Ernährungstips und überprüft meine Aura.«

John hat noch eine Reihe weiterer alternativer Therapien ausprobiert. Er hatte Charles Whitehouse über rund acht Monate hinweg aufgesucht und sich Aura-Messungen mit Hilfe der ›Zyklotronik‹ geben lassen, die bestätigten, daß sein Zustand oder der ›AIDS-Faktor‹ sich verbesserte. Er besucht auch Dr. Clifton Aldridge, einen Phytotherapeuten, der John regelmäßig untersucht und ihm verschiedene pflanzliche Heilmittel verordnet, je nachdem, was gerade angezeigt ist. Angesichts zusätzlicher Beratungen bei Tamberlain und japanischer Shiatsu-Therapie ist John mit den Anstrengungen um seine Gesundheit weitgehend ausgelastet.

Auf die Frage, welche der verschiedenen Methoden er für die wirkungsvollste halte, antwortet John: »Ich glaube, die Ernährung ist vermutlich einer der wichtigsten Faktoren, dann die Beschäftigung mit deinem Denken, deinem Unterbewußtsein und deinem mentalen Immunsystem, um das

Louise und Ava sich kümmern. Ich unternehme einfach alles, und irgend etwas davon wirkt — ob es nun mein Unterbewußtsein ist, die Unterstützung durch meine Mutter, das Unterbewußte von Louise, die Radiotronik oder Kräuter.

Zur Zeit schwanke ich. Ich ernähre mich makrobiotisch und esse hin und wieder ein Stück Kuchen oder trinke auch einmal, komme dabei aber immer wieder auf das zurück, was gut und positiv für mich ist. Wenn ich die anderen Dinge tue, deretwegen ich mich zu hassen pflegte, versuche ich mich dabei zu lieben, damit sie mir nicht soviel ausmachen. Ich denke, letzten Endes werde ich alle negativen Dinge ausmerzen, alles Trinken, die Süßigkeiten und all die anderen Sachen, die schlecht für mich sein sollen.

Die Angst ist bei mir im Grunde nur minimal, und insofern habe ich Glück. Ich betrachte AIDS als eine Wachstumschance. Ich habe das Gefühl, mir die Krankheit aus drei Gründen zugezogen zu haben: mein mentales Immunsystem war in den beiden letzten Jahren miserabel; ich hatte seit rund zwanzig Jahren meinen Organismus immer wieder mit chemischen Medikamenten und Antibiotika gegen Gonorrhoe, Amöben usw. bombardiert; und meine Entspannungsdrogen — von denen ich nicht viel nahm — taten ein übriges, um meine körperliche Verfassung in geschwächtem Zustand zu halten. Gegen die Drogen, die ich zwanzig Jahre lang verordnet bekam und einnahm, kann ich nichts tun, aber mein mentales Immunsystem kann ab sofort kräftiger werden, und die Entspannungsdrogen muß ich reduzieren. Ich trinke nur noch ein klein wenig. Also brauche ich nichts zu befürchten.

Ich habe keine Angst, aber ich habe Glück gehabt. Ich blicke in den Spiegel, doch da ist nichts, wovor ich mich fürchten müßte, denn ich fühle mich gesund und sehe gut aus. Ich weiß, daß ich es habe, aber ich fürchte mich nicht. Ich akzeptiere, wo ich stehe. Auf dem Papier sieht es eindrucksvoll aus, und ich kann es auch aussprechen, und es ist ganz nett. Wenn jedoch plötzlich irgend etwas auftaucht, dann habe ich vielleicht viel mehr Angst als jetzt. Aber ich versuche einfach, mich genau da zu akzeptieren, wo ich stehe, genau hier und jetzt, und dankbar zu sein.«

Aus Worten wie diesen können wir alle etwas lernen. AIDS ist nicht größer als das Vertrauen − Vertrauen und Glauben in dich selbst. AIDS ist nicht größer als Gott. Und wenn du willens bist zu glauben, daß das Vertrauen, das du in dich selbst setzt, gut ist und von Gott stammt, dann müssen sehr viele positive Dinge in deinem Leben geschehen.

Behandlung

Heute ist ein neuer, kostbarer Erdentag. Wir werden ihn in Freude leben. Ich achte und schütze meinen Körper, denn meine Gesundheit ist mir wichtig. Mein Körper wird mir von Tag zu Tag wichtiger. Ich liebe den Tempel, das Klassenzimmer, in dem ich lebe. Ich bin zutiefst dankbar für jedes Organ, jeden Muskel, jedes Gelenk und jede Zelle meines Körpers. Ich mache von allen meinen Sinnen Gebrauch, um meine enge Beziehung und Verbindung mit meinem körperlichen Dasein zu vertiefen.

Ich segne meinen Körper. Ich bin dankbar für meinen Körper. Ich liebe meinen Körper. Wir sind eins mit der Macht, die uns erschaffen hat.

Wir sind in Sicherheit, und alles ist gut in unserer Welt.

9

Überwindung des Negativen

Affirmation:
Mit Liebe können wir alles überwinden!

Uns sind alle Gefühle gegeben, die wir benötigen, um durch eine Vielfalt von Erlebnissen zu gelangen. Nichts fehlt dabei. Es gibt keine guten Gefühle oder schlechten Gefühle. Es sind einfach Gefühle, und wenn wir uns erlauben, das Gefühl zu erleben, das gerade vorherrscht, dann geht es vorüber. Wenn wir vor unseren Gefühlen davonlaufen, dann sind sie immer schon da und warten auf uns. Oder wir werden taub und gelangen an den Punkt, an dem wir nicht einmal mehr wissen, was wir fühlen.

Gefühle sind nur Gedanken, die in unserem Körper in Bewegung sind. Wenn wir erkennen, daß wir unsere Gefühle selbst erschaffen durch die Gedanken, die wir wählen, gewinnen wir die Fähigkeit, eine andere Wahl zu treffen und andere Erlebnisse herbeizuführen.

Manchmal erschaffen wir das Bedürfnis, uns einsam zu fühlen. Es geht im allgemeinen auf eine Kindheitsangst zurück. Ein anderer Grund, warum wir uns gewöhnlich vor dem Alleinsein fürchten, ist der Umstand, daß wir uns selbst nicht als Mensch akzeptieren. Wie oft hast du schon gesagt: »Ich wünsche mir jemanden, der mich liebt«? Nun, du bist doch selbst jemand! Wenn du keine Liebe im Leben hast, dann liegt das wohl daran, daß du dich selbst nicht liebst. Wenn du es mit dir selbst nicht ertragen kannst, wie sollte dann jemand anderes den Wunsch haben, bei dir zu sein?

Wenn Menschen wirklich krank sind, dann haben sie ihre Macht an Ärzte, Pflegerinnen und die Krankenhausroutine abgetreten. Einen Menschen als ›Opfer‹ einer Krankheit zu bezeichnen, bedeutet, ihm noch weiter den Boden unter den Füßen fortzuziehen. Laßt uns dieses Wort ›Opfer‹ gleich hier und jetzt ausmerzen. Menschen mit AIDS ziehen es vor, als solche bezeichnet zu werden, als ›Menschen mit AIDS‹, als ›MMAs‹. Jeder hat ein Recht auf Würde — gleichgültig, wie die Umstände auch aussehen.

Die erste Reaktion auf die Diagnose

Wenn sie die Diagnose mitgeteilt bekommen haben, zeigen die meisten Menschen folgende Reaktionen:
1. Angst und Panik
2. Leugnung
3. Wut und Depression
4. Hilflosigkeit

Wenn jemand zum ersten Mal seine Diagnose erfährt, besteht die spontane Reaktion zumeist aus Angst und Panik. Das ist normal und natürlich. Du hast ja schon viele Horror-Geschichten gehört, und die verbreitetste Prognose lautet ›tödlich‹ bzw. ›unheilbar‹.

Dann kommt eine Phase, in der du alles von dir weist. »O nein, ich doch nicht.« »Das kann doch nicht sein.« »Das ist nicht meine Schuld.« Dann wendet sich die Wut nach innen und wird zur Depression. »Ich werde jetzt einfach sitzen bleiben und die Wand anstarren.«

Daraus kann sich ein Gefühl der Hilflosigkeit und Hoffnungslosigkeit entwickeln. »Es wird ja doch nicht klappen.« »Was hätte es für einen Sinn?« »Ich kann ebensogut mein Testament machen und aufgeben.«

Manchmal kommt noch Bedauern dazu, eine sehr destruktive Kraft. Dann sagen wir zu uns selbst: »Wenn ich das nur nicht getan hätte, dann ginge es mir jetzt gut.« Aber das ist einfach nicht wahr. Tatsache ist doch, daß der Zustand, in dem du dich jetzt befindest, nur eine Widerspiegelung des Zustandes ist, in dem du dich zu jenem Zeitpunkt befunden hast. Akzeptieren ist der erste Schritt zum inneren Frieden und zur Selbstliebe.

Es ist normal und natürlich, durch diese Stufen zu gehen. Es ist ebenso normal und natürlich, sie hinter sich zu bringen. Erlaube dir alle deine Gefühle. Schreie, tobe, schluchze, laß deinen Körper ausdrücken, was in seinem Inneren vorgeht. Dann frage dich: »Was kann ich tun, um etwas zu bessern?« Und an diesem Punkt öffnest du dich der Hilfe.

Wut

Soviel Wut verbindet sich mit AIDS, Wut über die Krankheit an sich. »Warum ausgerechnet ich?« Und dann fördert AIDS oft noch alte Wut zutage, die man schon vor Jahren vergraben hatte. Wut über unsere Angehörigen, die sich über uns lustig machten oder uns demütigten, als wir heranwuchsen. Wut über ihre Ablehnung, als wir nicht das verkörperten, was sie sich erträumt hatten. Und bei Homosexuellen auch die Wut darüber, daß ihre Art der Sexualität nicht akzeptiert wurde. Wut auch über die Distanzierung seitens der Umwelt, die sich immer wieder zurückzieht, wenn die Diagnose AIDS bekannt wird. Wut besteht auch angesichts der dummen Regeln unserer Zeit, nach denen eine Person oder eine Gruppe nicht gut genug sei und deshalb mit Vorurteilen bedacht werden müsse. Wut ferner über die Regierung und Kirchen, die zulassen, daß so viele Menschen aufgrund moralischer Vorurteile sterben müssen. Wut über die Langsamkeit und Trägheit der Bürokratie.

Dazu kommt die Wut auf Freunde und Liebhaber, die sich angstvoll abwenden; und es scheint so viele zu geben, die nicht verstehen können. Wir haben die Wut auf uns selbst, daß wir die Voraussetzungen geschaffen haben, unter denen AIDS sich in unserem Körper festsetzte. Die Wut auf uns selbst, daß wir die Antwort auf unsere Fragen nicht zur Hand haben. Daß wir uns hilflos fühlen. Daß wir von fremder Hilfe abhängig sind. Daß wir zusehen müssen, wie so viele unserer Freunde und Lieben sterben.

Dann ist da noch die starke Wut auf Ärzte, die auch keine Antworten bereit haben und oft recht gefühllos Todesurteile verkünden. Wut über enorme finanzielle Aufwendungen für Untersuchungen und Drogen, die nicht heilen können. Wut auf die im Gesundheitssystem Beschäftigten, die nicht mehr unternehmen. Wut, Wut, Wut, Zorn, Rage und Hilflosigkeit. Was können wir mit diesen intensiven Gefühlen anfangen? Wie können wir positiv mit unserem Zorn umgehen? Die Wut zu schlucken und darauf zu warten, daß sie sich in unserem Körper festsetzt, wird uns der Heilung nicht näher bringen. Wir müssen solche Gefühle hinauslassen.

Es gibt mehrere Dinge, die wir anstellen können. Manchmal können wir mit den Leuten reden, auf die wir wütend sind, und unsere Gefühle auf diese Weise äußern. Allzu häufig steht uns dieser Weg aber nicht offen. Dann müssen wir zu anderen Methoden greifen. Wir können Kissen prügeln und treten. Wir können auf die Matratze eintrommeln. Wir können im Auto oder im Bett hinausbrüllen, was uns belastet. Wir können auf einen Sandsack einboxen, laufen oder Tennis spielen.

Wir können eine Meditationsart praktizieren, in der wir all unsere Wut frei fließen lassen und dann sowohl uns selbst als auch dem anderen vergeben. Wir können uns vor einen Spiegel setzen, uns darin den anderen vorstellen und auf ihn einschreien oder einreden. Wenn wir unsere Wut und den tiefen Zorn auf den anderen in Meditation oder Spiegelarbeit loslassen, schließen wir die Übung ab, indem wir vergeben und sagen, daß wir in Wirklichkeit nur seine Liebe und Zustimmung wünschen. Wenn wir das nicht tun, bleibt die Übung nur eine negative Affirmation und wird uns keiner

Heilung näher bringen. Darin besteht der Unterschied zwischen dem Loslassen und dem Wiederkäuen alter Wut. Der Akt des Vergebens hilft dir, wirklich loszulassen.

Übung zur Wut

Folgende Übung soll dazu beitragen, die Wut zu lösen, die wir so oft spüren:

Setze dich vor einen Spiegel und blicke dir selbst in die Augen. Siehe dich oder den Menschen, von dem du glaubst, Unrecht empfangen zu haben. Laß dich die Wut fühlen, wie sie durch dich kommt. Fange an, deinem Gegenüber genau zu erzählen, worüber du so wütend bist. Zeige alle Wut, die du dazu nötig hast. Du könntest etwa sprechen:
1. Ich bin wütend auf dich, weil...
2. Ich bin verletzt, weil du...
3. Ich fürchte mich so, weil...
4. Was ich dir wirklich tun will, ist...

Laß einfach alles heraus. Wenn du damit fertig bist, deine Wut auf den anderen zum Ausdruck zu bringen, sage etwas wie:
5. Okay, das war's, Ende.
6. Ich lasse dich los und lasse dich gehen.
7. Was glaube ich über mich selbst, das dazu geführt hat?
8. Was von dem, was ich glaube, könnte ich ändern, um nicht mehr wütend zu sein?

Thema des Mittwochabends: Wut

Stimme: »Ich erinnere mich an mein erstes Mal hier, wenn du sagst: ›Das ist mein erster Abend.‹ Das ist ein erstaunliches Erlebnis. Ich wollte mich heute abend eigentlich nicht zu Wort melden, weil ich müde werde, mich immer mitzuteilen. Aber ich muß die folgende Geschichte erzählen, weil sie auf die Ärzte und alles andere so gut paßt.

Vor zwei Tagen dachte ich, Ärzte seien einfach... − nun, sagen wir einmal, ich bin mit dem Eindruck aufgewachsen, daß Ärzte Cadillac fahren. Ich dachte, ihr einziger Grund, Arzt zu sein, bestehe darin, daß sie Mitglied im Country Club werden und einen Cadillac fahren konnten. Denn als Arzt verdient man sein Geld ja am leichtesten.

Als ich letzte Woche eine halbe Stunde beim Arzt war, der nichts anderes mit mir anstellte, als mich mit dem Stethoskop abzuhorchen und auf die Brust zu klopfen, um mir dann mitzuteilen, es sei alles in Ordnung, und dazu noch hundert Dollar in Rechnung stellte, da drehte ich durch. Ich war rasend vor Zorn. Ich schrieb ihm einen Brief und erklärte ihm: ›Ich bin außer mir.‹ Daraufhin schickte er mir einen sehr freundlichen und nachdenklichen Brief, den er offenbar selbst getippt hatte, in dem er mir sagte, er könne mit Brustabklopfen allein keine Allgemeinpraxis unterhalten. Er habe das Gefühl, daß die Zeit und Freundlichkeit, die er seinen Patienten zuwende, ein notwendiger Aspekt für den Heilungsprozeß seien. Ich erwiderte voll Wut. Ich schrieb ihm, wenn ich für Freundlichkeiten bezahlen wollte, könne ich mir auch eine Nutte nehmen.«

Louise: »Du hast aber eine mächtige Wut in dir.«

Stimme: »Ja, und meine Wut ist eine wichtige Angelegenheit. Das war ein Fall, in dem sie einen Weg nach außen gefunden hat. Ich schrieb den Brief an meinen Arzt dreimal neu und sagte mir immer wieder: ›Du willst ihn ja im Grunde nicht so hart treffen, denn er hat sich ernstlich bemüht, dir etwas Gutes zu tun.‹ Aber Gutes bekomme ich hier auch, und dafür will ich ihn nicht bezahlen.

Nun, ich erkannte, wie er es verstand. Ich schrieb mitten in der Nacht drei verschiedene Briefe an den Arzt, und jeder wurde milder als der andere, aber der Satz mit der Nutte stand am Ende doch immer noch darin. Deshalb beschloß ich, zu Bett zu gehen und eine Nacht darüber zu schlafen, denn meine Wut war noch zu groß. Das fiel mir allerdings wirklich schwer, denn ich bin sehr impulsiv. Ich schlief also darüber.

Am nächsten Morgen kam die Post, und darunter war ein Brief von meinem Arzt, der mir ein Attest ausgestellt hatte, das es mir ermöglicht, alle Vitaminpräparate, die ich auf Empfehlung eines Ernährungsberaters eingenommen hatte, als Sonderausgaben von der Einkommensteuer abzuziehen. Mit dieser einen Erklärung ersparte mir mein Arzt rund dreitausend Dollar. Ich weiß, daß es ihm nicht nur um Geld geht. Ich bin wirklich froh, daß ich meinen Brief nicht abgeschickt hatte.«

Louise: »Wir alle können aus unserer Wut etwas lernen.«

Angst

AIDS konfrontiert uns mit unseren größten Ängsten: Angst vor Verlust. Angst vor Ablehnung. Angst vor Hilflosigkeit und dem Alleinsein. Angst vor Schmerzen und natürlich auch Angst vor dem Tode. Es ist normal und natürlich, daß wir solche Ängste erleben. Wir erkennen an, daß sie bestehen, und wir wollen sie überwinden. Denke daran, daß die Angst, die du vor etwas hast, immer größer ist, als ihr Gegenstand. Viele MMAs sagen nach der Diagnosestellung etwa: »Es ist im Grunde gar nicht so schlimm.« Oder: »Ich kann damit fertig werden.« Wenn wir darauf bestehen, in ständiger Angst zu leben, ist das sehr schädlich für unser Immunsystem. Außerdem ist es ein schreckliches Leben, das uns bleibt. Wenn Menschen mit AIDS die Kontrolle über ihre Angst verlieren, dann frage ich sie, wovor sie sich gefürchtet hatten, bevor sie erfuhren, daß sie AIDS hatten. In der Regel offenbart sich dann eine lange Vorgeschichte, deren Verlauf immer wieder von Angstreaktionen auf alles geprägt ist.

Für einen Menschen mit AIDS kann die Angst vor Verlust zu einem immensen Problem werden. Er verliert seine Unabhängigkeit. Viele erleben auch eine Veränderung ihrer äußeren Erscheinung. Sie verlieren unter Umständen ihren Arbeitsplatz und damit ihre berufliche Identität. Sie leiden möglicherweise unter der Angst vor dem Verlust jedes Menschen, Ortes und Gegenstandes, den sie lieben.

An diesem Punkt spielt die Selbsthilfegruppe eine wichtige Rolle. Dort heißt es: Ja, sprich über deine Ängste, verharre nicht in ihnen, sondern finde Möglichkeiten, sie im richtigen Verhältnis zu sehen. Finde heraus, wie andere mit ihren Ängsten umgehen. Halte dich fern von Leuten mit negativen Denkmustern und Einstellungen. Jetzt brauchst du in deinem Leben alle Sieger und positiven Menschen, die du finden kannst.

Auch so einfache Dinge wie das Atmen sich hilfreich. Atme ganz tief und ruhig und entspanne so Körper und Denken. Übe das öfters im Laufe des Tages. Du kannst viel klarer denken, wenn du entspannt bist, und du verlierst auch die Neigung, auf der Stelle zu negativen Folgerungen zu gelangen oder die schlimmere Alternative anzunehmen. Auch Meditation ist vielen eine Hilfe. Die Affirmation ›Alles ist gut‹ kann Frieden in dein Gemüt einkehren lassen. Wenn wir unsere Denkhaltung verändern, ändert sich auch, was wir erleben.

Es ist wichtig, über die Eventualität des Todes zu sprechen. Ganz gleich, wer wir sind und unter welcher Krankheit wir leiden, ist der Tod eine Erfahrung, die wir alle vor uns haben.

Welche Gefühle hast du in bezug auf den Tod? Was, glaubst du, wird geschehen, wenn du stirbst? Bist du in einer ›Höllenfeuer-und-Schwefel-Religion‹ aufgewachsen? Glaubst du wirklich, daß du ewig in der Hölle schmoren wirst? Wenn du dir diese Vorstellung zu eigen gemacht hast, wirst du nur mit Entsetzen an den Tod denken können. Bist du willens, diesen Glauben zu ändern? Du bist jetzt ein erwachsener Mensch. Du kannst über alles neu entscheiden, selbst über deine Religion. Wähle dir eine Vorstellung vom Sterben, die dich wirklich trägt. Dann kannst du dich entspannen und erst einmal leben.

Schuld

Schuldgefühle sind eine weitere Emotion, die wir so schnell wie möglich ausmerzen wollen. Schuldgefühle haben überhaupt keinen Zweck — außer dafür zu sorgen, daß wir uns schlecht fühlen. Wir brauchen das überhaupt nicht. Wir sind dabei, uns selbst lieben zu lernen. Leider wurden die meisten von uns schon als Kinder über den Appell an ihr Schuldgefühl zu wohlgefälligem Verhalten manipuliert. Nun fühlen wir uns dauernd wegen irgend etwas schuldig. Oder wir meinen, nur dadurch erreichen zu können, daß andere etwas für uns tun, indem wir bei ihnen Schuldgefühle wecken. Das ist aber keine heilsame Gewohnheit.

Andere wiederum haben sich mit der Schuld abgefunden, nicht gut genug zu sein, aus welchem Grunde auch immer. Vielleicht fühlen wir uns schuldig wegen unseres Geschlechtes oder unserer Sexualität. Vielleicht spüren wir eine gewaltige Schuld, AIDS zu haben. Gleichgültig, worauf sich unsere Schuldgefühle beziehen, so ist es Zeit, sie loszulassen. Die Vergangenheit ist aus und vorbei, wir können sie nicht mehr verändern. Heute aber können wir sie loslassen. Dann wollen wir unsere Energie nehmen und herausfinden, wie wir zu unserer Heilung beitragen können. »Ich liebe und akzeptiere mich genau so, wie ich bin«, ist eine gute Affirmation, um diese Art von Schuldgefühlen zu lösen.

Groll

Groll ist nichts anderes als unter den Teppich gekehrter Zorn. Statt daß wir unsere Wut auf positive Weise äußern, schlucken wir sie oder meinen, nicht das Recht zu besitzen, wütend zu sein; also werden wir erfüllt von Groll und am Ende vielleicht sogar depressiv. Das Hauptproblem beim Groll ist, daß er sich im Körper festsetzt. Wenn wir im Laufe der Zeit genug davon ansammeln, wird der Groll am Ende unsere Organe oder Gelenke fressen. Krebs ist die letzte Auswirkung lange gehegten Grolls. Es lohnt sich nicht, an solchen alten Grollgefühlen festzuhalten. Lassen wir sie los. Und wenn es nur im Interesse unserer eigenen Gesundheit geschieht, und aus keinem anderen Grunde. Wie man das anstellt? Dazu braucht es keine moderne Technik: die gute, alte Vergebung reicht völlig aus.

Eine Emotion, die oft mit unserem Groll einhergeht, ist Trauer. Zu lernen, wie mit dieser starken Emotion umzugehen ist und wie man sie zum eigenen Vorteil nutzen kann, wird zu unserem Heilungsprozeß beitragen und auf diese Weise das Leben für uns und die Menschen in unserer Umgebung erleichtern.

Trauer

Zur Zeit trauern wir in einem Maße und Umfang, wie wir es früher nicht für möglich gehalten hätten. Neulich sagte mir jemand, daß 140 seiner Freunde schon gestorben seien. Kannst du dir vorstellen, wieviel Trauer das bedeuten muß, wenn im Laufe der Zeit so viele deiner Freunde sterben? Liebende verlieren ihre Partner. Eltern verlieren Kinder. Viele der Hinterbliebenen vermögen kaum über ihr Erleben zu sprechen, weil wir ihr Leiden mit soviel Peinlichkeit befrachtet haben. Wenn jemand stirbt, den du liebst, dann braucht es mindestens ein volles Jahr, bis du den Trauerprozeß durchschritten hast. Wenn alle paar Monate oder gar Wochen jemand stirbt — wie sollst du dann je aus dem Trauern herauskommen? Es wird dann zu einem Dauerzustand.

Das Trauern kann intensiv und überwältigend werden. Wir müssen große Anleihen an unsere Kraftreserven machen, um mit solchen Dingen fertig zu werden. Da gibt es keine einfachen Lösungen. Jeder Mensch muß seinen eigenen Weg finden. Selbsthilfegruppen und Freunde können einem helfen, den Schmerz zu lindern. Auch eine trauerlösende Meditation kann hilfreich werden. Inzwischen gibt es in den meisten großen Städten Gruppen, die sich darauf spezialisiert haben, Menschen in Trauer zu helfen, ihre starken Gefühle zu bewältigen.

Wenn wir einen geliebten Menschen verloren haben, können wir dieses Geschehen auch aus einem anderen Blickwinkel betrachten. Ich glaube, daß wir mit denen, die wir lieben, immer verbunden sind und jederzeit kommunizieren können. Sie haben vielleicht die physisch-materielle Ebene verlassen, aber die Verbindung bleibt doch auf mentalen und spirituellen Ebenen bestehen. Wie steht es mit unseren Erinnerungen? Existieren sie nicht weiter? Und sind sie nicht wirklich Realität für uns?

Wenn Menschen die irdische Ebene hinter sich gelassen haben, sind sie nicht länger durch Komplexe und Ängste gebunden. Sie haben einen kosmischen Ausblick auf ewiges Leben. Ihre Sicht hat sich nun so geweitet, daß sie uns Rat geben können, der sich nicht auf menschliches Denken beschränkt. Wir sehen nur einen Teil des Erdenlebens, aber sie sehen viele Aktionsebenen und die Verwobenheit vieler Leben. Wir können zu ihnen sprechen und alle jene Geschäfte abschließen, die noch nicht vollends erledigt waren. Wir können sie um Hilfe in jedem Problem bitten. Bitte sie, dir zu helfen, durch deine Trauer zu gehen. Dein Verlust besteht ja nur auf der physischen Ebene; die anderen Verbindungen werden immer weiter vorhanden sein. Wende dich nicht von ihnen ab, sondern bleibe in Verbindung.

Wir können auch etwas einnehmen, um unseren Trauerschmerz zu lindern. Ich habe ein Mittel aus der Bach-Blütentherapie kennengelernt, das hier gut zu helfen vermag.

Es heißt Star of Bethlehem und ist in den meisten Apotheken zu beziehen. Es handelt sich um eine Blütenessenz, ist völlig unschädlich und kann von jedermann selbst angewendet werden. Man nimmt mehrmals täglich einige Tropfen, und das lindert den Schmerz. Es ändert zwar nichts an der Situation, aber es hilft, den akuten Trauerschmerz eine Zeitlang zu erleichtern.

Übung zur Trauer

Mein Freund Samuel Kirschner hat eine herrliche Übung zur Trauer zusammengestellt:

»Atme, atme ein und atme aus. Beobachte dein Atmen, fühle dich ein in seinen Rhythmus. Beobachte deine Gefühle, beobachte deine Gedanken und nimm sie alle an.

Stelle dir vor, auf einem Waldweg zu gehen. Es ist ein schöner Tag. Eine leichte Brise geht zwischen den Bäumen, und Sonnenstrahlen dringen durch ihre Wipfel zu dir herab. Du gelangst an das Ufer eines Flusses. Wie du dich näherst, bekommst du immer mehr von dem weiten, großen, langen Strom zu sehen. Atme weiter ganz ruhig. Du gehst auf das Wasser zu und siehst darin ein Bild, dein Spiegelbild. Das Wasser fängt an sich zu bewegen, kleine Wellen ziehen über die Oberfläche, und dein Spiegelbild wird verzerrt. Du blickst auf und erkennst ein kleines Boot. Auf dem Boot ist jemand. Du weißt auf der Stelle, daß es dein Geistführer ist.

Das Boot kommt näher, immer näher, und dein Geistführer bietet dir an, mitzufahren. Vertrauensvoll steigst du auf das Boot hinüber. Du fühlst dich getragen, sicher und geborgen. Das Boot treibt auf dem Wasser weiter, und das Licht, das dich umgibt, wird stärker. Du kannst kaum aufblicken, weil soviel Licht um dich ist. Das Licht fühlt sich immer wärmer und wohliger an. Du fühlst dich mehr und mehr ins Licht gezogen, das Licht zieht dich an, und du selbst willst ins Licht hinein.

Du hebst deinen Blick und gewahrst eine kleine Insel. Das Boot wird vom Licht dorthin gezogen. Als du näherkommst, siehst du einen kristallnen Palast, und die Farbe des Lichtes wechselt nun zu einem hellen Blau. Das Boot legt am Strand der Insel an, und du siehst viele Gestalten dort. Sie haben keine Körper, sondern sind wie aus Licht geschaffen. Diese Wesen helfen dir vom Boot herunter, und du wirst von ihnen getragen: dein Geistführer folgt hinter dir.

Jetzt beginnst du Menschen zu erkennen, die du einmal kanntest und die inzwischen heimgegangen sind; sie alle leben hier um den kristallnen Palast.

Du wirst in den Palast hineingeführt, in einen großen Saal aus Kristallen. Einen nach dem anderen erkennst du all jene, die dir lieb und teuer waren und die den Erdenplaneten hinter sich gelassen haben. Jetzt hast du die Gelegenheit, mit ihnen zu sprechen, und du sagst ihnen, einem nach dem anderen, was du ihnen nicht mehr sagen konntest, bevor sie ihr Erdenkleid ablegten. Sie antworten dir. Du kannst jede Frage stellen, die dir in den Sinn kommt, sie geben dir bereitwillig Antwort. Sie scheinen alle sehr glücklich und erfüllt von Frieden.

Du kannst alle deine Gefühle äußern, denn hier bist du geborgen, angenommen und willkommen. Du sagst deinen Lieben, wie sehr du sie vermißt. Du sagst ihnen, wie sehr sie dein Leben beeinflußten, wie nahe du dich ihnen fühlst, und wie schwierig und unerwartet ihr Fortgehen für dich war. Sie verstehen und akzeptieren alles, was du ihnen mitteilst, alles, was du hier äußerst.

Und du erzählst ihnen, wie die Welt ohne sie für dich ist. Wie du dich fürchtest. Du bittest sie um Vergebung, und du empfängst diese in dem Maße, wie du dir selbst vergibst. Dein Geistführer unterstützt und tröstet dich. Und es sind noch weitere da... Wie du fortfährst, sagst du ihnen, daß ihr Leben nicht vergebens war, daß sie dein Leben bereicherten, wieviel sie dir bedeuteten. Du bittest sie, mit dir in Verbindung zu bleiben, dich zu leiten und zu begleiten.

Gleichmäßig atmest und bewegst du dich weiter. Wenn du deine Eltern bereits verloren hast, dann begegnest du hier auch ihnen – und anderen Mitgliedern deiner Familie, Freunden, geliebten Menschen. Dabei atmest du weiter. Und jetzt läßt du alle Trauer, allen Kummer aus dir hinaus. Das Licht wird sie aufnehmen. Es ist in Ordnung, was du jetzt gerade fühlst.

Wenn es notwendig ist, dann gehe auf eine der Gestalten zu und halte dich fest. Lasse dich halten und stützen. Spüre, wie deine Brust sich zu weiten beginnt. Lasse mehr Luft herein. Atme tief und laß alles hinaus.

Nun näherst du dich allmählich dem Ende der Reihe dieser wunderschönen Lichtgestalten, mit denen du verbunden bist. Sie alle winken dir liebevoll zu. Sie lieben dich und verstehen dich ganz.

Du weißt, daß du wieder bei ihnen sein wirst, und daß du jetzt zurückgehen mußt. Du befindest dich immer noch in einem menschlichen Körper, und du hast immer noch Dinge zu erfüllen und Lektionen zu lernen, Arbeit zu vollenden. Wie du ihnen zuwinkst, weißt du, daß du in Sicherheit bist, wie sie in Sicherheit sind, und daß es keine Trennung gibt. Du weißt auch, daß du, wann immer du mit ihnen wieder in Verbindung treten willst, auf die Insel mit dem kristallnen Palast zurückkehren kannst.

Gemeinsam mit deinem Geistführer näherst du dich wieder dem Boot. Das Licht ist immer noch sehr stark und verlockend, aber du mußt umkehren. Zusammen besteigt ihr das Boot, und dieses treibt wieder in die Strömung. Du blickst zurück, und das Licht ist noch sehr intensiv. Der Fluß wäscht alle deine Tränen fort, und allmählich läßt die Kraft des Lichtes nach und wird schwächer. Dein Geistführer dankt dir für deine Bereitschaft, Mensch zu sein, und bringt dich zurück ans Ufer.

Wieder siehst du ganz deutlich dein eigenes Spiegelbild im Wasser, und es ist hell. Jetzt bist du zurück, und die Trauer hast du hinter dir gelassen.«

Behandlung

Heute ist ein neuer, kostbarer Erdentag. Wir werden ihn in Freude leben. Ich bin offen und empfänglich für Stärke, Glücklichsein und Frieden. Ich beschließe, mein Leben auf Hoffnung, Mut und Liebe zu gründen. Ich nehme jetzt alles Gute als normal und natürlich für mich an. Liebe ist eine wunderwirkende Heilungskraft in meiner Welt. Mit Liebe kann ich beginnen, mein Leben neu aufzubauen.

Wir haben die Macht und Kraft, das unüberwindbar Scheinende zu bezwingen. Wir sind eins mit der Macht, die uns erschaffen hat.

Wir sind in Sicherheit, und alles ist gut in unserer Welt.

10

Vergebung: der Weg zur persönlichen Freiheit

Affirmatiom:
Ich bin willens zu vergeben!

Vergebung

Unser höchstes Ziel ist Liebe, und der Weg zur Liebe führt über die Vergebung. Du wirst merken, daß ich im Laufe dieses Buches immer wieder auf die Punkte Liebe und Vergebung zu sprechen komme. Ja, so einfach ist es — und es funktioniert! Liebe ist die heilende Antwort. Wenn wir Schwierigkeiten haben, uns selbst zu lieben, dann liegt das gewöhnlich daran, daß wir beim Vergeben hängen geblieben sind. Wir wiederholen nur unsere Rechtfertigungen und werden allzu leicht selbstgerecht. Mag sein, daß wir ›recht‹ haben, aber wir sind trotzdem nicht glücklich. Wir bleiben stecken, und wir beschuldigen alles und alle, sehen aber nicht unsere mangelnde Bereitschaft, loszulassen.

Ich möchte dir Ausschnitte aus einem Brief zeigen. Ich erhielt ihn von einem jungen Mann, der vor dem nahenden Ende seines Lebens beschloß, allem und allen zu vergeben — und buchstäblich wiedergeboren wurde.

Vor vier Jahren stellte man bei mir Kaposi-Sarkome fest; zum Glück war während der ersten drei Jahre äußerlich nichts bemerkbar. Doch im Januar dieses Jahres brachen Geschwülste im Mund und Gesicht auf. Bis Oktober waren es über hundert geworden.

Nach der Teilnahme an einem deiner Wochenend-Seminare begann ich den New Yorker Heilerkreis zu besuchen und mit deinem Lehrer, Samuel Kirschner, zu arbeiten. Anfang Oktober wurde ich dann sehr krank. Ich wog ohnehin nur noch 55 kg (bei einer Körpergröße von 1,80 m) und lag die ganze Zeit nur im Bett. Ich hatte keine Energie mehr, um mich zu bewegen. Ich wurde von Fieberattacken und Schüttelfrösten geplagt, und als ich schließlich wieder aufstehen konnte, ließ ich mir den Brustkorb röntgen und erfuhr, daß ich PCP (Pneumocystis carinii-Pneumonie) hatte. Der Arzt konnte mir am selben Tage kein Zimmer im Krankenhaus mehr beschaffen und gab mir Bactrim zur oralen Einnahme.

Mein Liebhaber und ich stellten alles Mögliche an, damit ich die Pillen schlucken konnte. Wir zerdrückten sie sogar und füllten das Pulver in kleine Käpselchen, aber ich erbrach die Arznei immer wieder. Ich bekam hohes Fieber und geriet in einen massiven Dehydrierungszustand. Einige Tage später, abends um 23 Uhr, hatte ich mich wieder unentwegt übergeben müssen und sagte mir: »Jetzt habe ich genug.« Ich war fertig mit Ärzten, Pillen und Krankenhäusern. Wenn ich sterben sollte, dann wollte ich dies im eigenen Bett tun, auf meine eigene Weise.

Mein Liebhaber und ich schlossen Frieden miteinander. Er ließ mich los. Er sagte, es würde mir leichter fallen zu sterben, wenn er mich dabei unterstützte. Dann rief ich meine Mutter an, die mir eine gute Kameradin und Hilfe geworden war. Ich teilte ihr mit, daß ich beschlossen hatte, zu Hause und eines natürlichen Todes zu sterben, und ich bat sie, mich in Frieden gehen zu lassen. Sie antwortete: »Ich habe schon einmal die Nabelschnur durchgeschnitten, und das kann ich wieder tun; dann bist du frei zur Wiedergeburt.«

Ich sagte Lebewohl und bereitete mich auf das Sterben vor. Dann dachte ich an alle Menschen, denen ich im Laufe meines Lebens begegnet war, bat sie um Vergebung und

*löste mich von ihnen. Ich arbeitete mich auch durch alle
meine Schuldgefühle, Haß, Kritiksucht, Ängste und andere
negativen Bereiche durch. Die ganze Nacht verbrachte ich
damit. Dann fühlte ich mich leicht und wartete einfach auf
den Hinübergang. Es war ja ganz offensichtlich, daß dieser
Körper es nicht mehr schaffte. Ich tat alles, was du in
deinem Buch* **You Can Heal your Life** *(deutsche Ausgabe:*
Gesundheit für Körper und Seele, *München: Wilhelm
Heyne 1989) empfohlen hast.*

*Am nächsten Morgen, als die Sonne aufging, war ich ganz
ruhig und in vollkommenem Frieden. Plötzlich spürte ich
eine ungeheure Energie. Ich war wirklich guter Stimmung
und fing an zu singen. Im weiteren Verlauf des Tages wurde
ich stärker und kräftiger und fühlte mich immer wohler und
gesünder. Die ganze Zeit war ich eingehüllt und erfüllt von
diesem unvorstellbaren Frieden.*

*An jenem Abend verließen wir die Wohnung und gingen
in den Heilerkreis, wo ich mein Erlebnis vor rund siebzig
Leuten erzählte. Man sagte mir, ich glühe geradezu von
Licht, und es war ein zauberhafter Abend. Inzwischen sind
schon einige Tage vergangen, und ich fühle mich kräftiger
denn je. Die Geschwülste heilen und verschwinden vor meinen Augen. Mein Vater hat mich zum ersten Mal seit Jahren angerufen, und unsere Beziehung ist nun auch völlig geheilt. Ich weiß jetzt, daß Wunder geschehen können, wenn
wir (wie du sagst) willens sind, unsere Arbeit zu übernehmen.*

Diesen Brief habe ich schon vielen Menschen gezeigt, denn
er ist so inspirierend. Der Segen des Vergebens kann bedeuten, daß man sich ein wenig leichter, lichter und freier fühlt
— oder er kann Wunder wie dieses bewirken. Und wir brauchen nicht einmal zu wissen, wie man vergibt. Wir brauchen
nur bereit und willens zu sein.

Die Bereitwilligkeit zur Vergebung öffnet Türen und findet ihren Weg. Manchmal erlebt man sogar, daß der andere

sich meldet oder von sich aus auf das Thema zu sprechen kommt, und so haben dann beide Seiten die Gelegenheit, die Sache zu bereinigen.

Übung zur Vergebung

Alle Probleme in unseren zwischenmenschlichen Beziehungen lassen sich mit einem Mangel an Vergebungsbereitschaft in Verbindung bringen. Diesen wollen wir auflösen. Denke daran: alles, was du tun kannst und zu tun hast, ist, bei dir selbst anzufangen. Hier folgt eine einfache Übung, um dein Vergebungsbewußtsein zu steigern:

1. Frage dich, was zu vergeben dir am schwersten fällt. Wem könntest du am schwersten vergeben? Warum?
2. Wenn du diesem Menschen oder dieser Situation wirklich vergeben wolltest, könntest du es auch; das weißt du. Woran aber willst du noch festhalten?
3. Was wärst du bereit, zum Ausgleich dieses negativen Aspektes zu geben? Könntest du Verständnis aufbringen dafür, daß du verlassen wurdest? Könntest du Mitgefühl aufbringen dafür, daß du ausgenützt und betrogen wurdest? Könntest du einfach Vergebung aufbringen?
4. Bist du willens, deine alten Glaubenssätze (»Ich habe es verdient, ausgenutzt zu werden...«) durch neue zu ersetzen (»Ich bin es wert, geachtet zu werden...)?
5. Wie groß ist deine Bereitschaft, die alten Vorstellungen aufzugeben zugunsten einer neuen Freiheit, die aus der Vergebung erwachsen könnte?

Fallbeispiel Nancy

»Man sagt immer, daß Gott einem nicht mehr aufbürde, als man bewältigen könne. Manchmal wundere ich mich nur, wieviel mehr ich wohl noch bewältigen kann, aber ich scheine immer wieder die Kraft dazu aufzubringen.«

Diese Äußerung ist typisch für Nancy, die mit ihren vierzig Jahren ein regelrechtes Energiebündel ist. Sie entspricht nicht dem typischen Bild einer Hausfrau in Beverly Hills, obwohl sie in einem atemberaubend schönen Haus am Hang wohnt. Sie ist eine glücklich verheiratete Brünette mit funkelnden Augen und stolze Mutter eines hübschen Töchterchens, das sie erst vor kurzem adoptierte. Sie gehört zu den Initiatoren des AIDS-Projekts Los Angeles (APLA) und hat gerade eine Auszeichnung für ihre unermüdliche Arbeit und Mithilfe erhalten. Ebenfalls erst vor kurzem bekam sie ihre eigene Diagnose mitgeteilt: AIDS.

Im Rückblick auf die Faktoren, die zum Entstehen ihres Befundes beigetragen haben könnten, gesteht Nancy: »Vor ungefähr fünf Jahren hatte ich eine Phase, als ich mein Leben wirklich genießen, ausgehen und meinen Spaß haben wollte. Das tat ich auch, und damals habe ich mich überfordert und bin nächtelang aufgeblieben. Ich habe das Leben immer genossen und alles herausgeholt, was ich mir von ihm erwartete.«

Sie räumt ferner ein, daß sie sich nie bewußt um gesunde Ernährung gekümmert habe. Außerdem hatte sie noch ihre Arbeit im APLA. »Ich hatte ständig mit Tod und Sterben zu tun und mir einfach nicht eingestanden, daß mich dies belastete. Ich gab mir selbst keine Chance zu trauern, und so staute ich innerlich sehr viel an, während ich äußerlich die Widerstandskraft meines Immunsystems erschöpfte. Dabei dachte ich, daß mir das aufgrund meiner Denkweise, meiner Arbeit und meiner Hilfe für andere nicht passieren könne. Als ich mit der AIDS-Arbeit anfing, hatte ich sogar die meisten meiner schlechten Gewohnheiten aufgegeben und durch lohnendere ersetzt.«

Nancy hält inne und fügt fast atemlos hinzu: »Aber hin und wieder gehe ich immer noch gerne zum Tanzen aus. Ich glaube, daß vor allem mein Körper sehr viel Streß aufgenommen hat und ich einfach keine Möglichkeit fand, diesen wieder von mir zu geben.«

Anfang dieses Jahres verletzte Nancy sich beim Training im Fitneß-Studio das Bein, und als sie in einen Stuhl sank, bildete sich rasch ein Bluterguß. Nachdem noch eine Staphylokokken-Infektion dazukam, mußte sie ins Krankenhaus und operiert werden, damit die Verletzung heilen konnte. »Ich dachte damals, daß meine ganze Immunität vernichtet werde, besonders angesichts der massiven Dosierung von Antibiotika, die ich in der Klinik verpaßt bekam.«

Sie kam aus dem Krankenhaus zurück, und die Wunde verheilte recht bald. Eines Abends ging sie wie gewöhnlich die Treppe hinauf: »Ich stieg hoch, und − oh, mein Gott! − ich bekam plötzlich keine Luft mehr. Ich brauchte fast fünf Minuten, bis ich wieder normal atmen konnte. Abgesehen von einem leichten Durchfall hin und wieder hatte ich noch nie irgendwelche Krankheitssymptome gehabt. Ich fühlte mich einfach wohl und sehr aktiv; das Atmen war also mein einziges Problem.«

Am nächsten Tag ging Nancy wegen verschiedener Tests zum Arzt, der nach einer Speicheluntersuchung bemerkte, daß sie eine Pneumocystis hatte. Sie kam wieder zehn Tage ins Krankenhaus und erhielt Bactrim, »das ich mit großen Mengen Megadophilus ergänzte, um meinen Magen zu schützen. Sobald also die Antibiotika die guten Bakterien in meinem Bauch vernichteten, brachte der Megadophilus sie wieder zurück. Ich fühlte mich wohl und empfehle Megadophilus jedem, der sich einer solchen Behandlung unterziehen muß.«

Nach zehn Tagen wurde sie wieder nach Hause entlassen, fühlte sich kräftig und nahm ihr aktives Leben wieder auf. Sie buchte mit ihrem Mann eine Seereise nach Alaska, und als sie nach Hause kam − »fühlte ich mich im Auto schon sehr erschöpft. Mein Mann dachte, ich träumte zu der Musik aus dem Autoradio. In Wirklichkeit hatte ich einen *Grand mal*-Anfall*. Ich kam erneut ins Krankenhaus, aber

---

Großer Anfall bei Epilepsie (Anm. d. Übers.)

dort stellte man fest, daß es sich um einen nicht mit AIDS zusammenhängenden, ›zufälligen‹ und einmaligen Schwächeanfall gehandelt hatte.«

Bald nach der Alaska-Reise begann sie mit der Einnahme des Medikaments Compound S, das noch in der Erprobungsphase stand. »Ich denke, es wird sich bei der Aufmöbelung meines Immunsystems als sehr erfolgreich erweisen. Es besitzt praktisch keine Nebenwirkungen, und ich nehme alle vier Stunden eine Tablette davon. Man muß ganz bestimmte Voraussetzungen erfüllen, deshalb sind es nicht viele Menschen, die diese neue Droge ausprobieren dürfen.«

Ungefähr zur gleichen Zeit begann Nancy unter hohen Fieberschüben zu leiden. Auf einer Reise nach Santa Fe wurde sie dann wegen massiven Flüssigkeitsverlusts im Gewebe wieder in die Klinik gebracht. Nachdem die Ärzte nichts feststellen konnten, wurde sie wieder entlassen, aber dann stieg das Fieber auf über 41° C. »Ich ging ins Krankenhaus zurück, und dort sagte man mir, ich müsse aufs Schlimmste gefaßt sein. Er fragte mich, ob ich ihm etwas zu sagen habe. ›Ich gehe nirgendwohin‹, antwortete ich. ›Wenn wir darüber sprechen müssen, dann sprechen wir darüber, aber ich gehe jetzt nirgendwohin.‹

Ich hatte schlimme Träume, und in jener Krise fiel es mir sehr schwer, mich auf mein geistiges Selbst zu besinnen. Ich sprach viel zu Gott, aber ich leistete nicht die innere Arbeit, die ich normalerweise jeden Tag vollbrachte. Damals hätte ich sie am nötigsten gehabt. Ich machte keinen Gebrauch davon, aber ich wußte immer noch, daß ich nicht gehen müßte.«

Man fand Bakterien namens Emavian und gab ihr weitere Experimentaldrogen vom CDC, die sie zehn Monate lang einnehmen wird, aber heute »Gott sei Dank, fühle ich mich hervorragend«.

Es überrascht nicht, daß Nancy die Experimentaldrogen weiterempfiehlt, die sie selbst eingenommen hat. »Ich stelle eine gewaltige Besserung fest, seit ich diese Medikamente erhalte. Der Infektionsspezialist war erstaunt, wie gut es mir ging, nachdem ich erst eine Woche aus dem Krankenhaus entlassen war. Er sagte, er wolle diese Medikamente auch anderen Patienten geben, weil sie bei mir so gut wirkten. Ich erwiderte, das sei auch darauf zurückzuführen, daß ich unbedingt wieder gesund werden wollte.«

Vitamine und die Ernährung scheinen bei Nancys Heilungsprozeß eine immer wichtigere Rolle zu spielen. Sie konsultiert einen Phytotherapeuten und nimmt planmäßig Vitamine ein. »Ich schlucke auch B- und C-Vitamine, Immunoplex, Aminosäuren und ein Multivitamin-Präparat. Ich esse jetzt nicht mehr so viel minderwertige Kost, habe meine Ernährung aber noch nicht völlig umgestellt. Statt einer Tasse Kaffee nehme ich nun ein pflanzliches Anregungsmittel, wenn ich einen Energieschub brauche.«

Nancy erhält sehr viel Hilfe aus ihrer Umgebung. »Ich habe die stärkste Unterstützung vermutlich in mir selbst gefunden. Außerdem habe ich das Glück, unter Menschen zu leben, die spirituell ihre Mitte gefunden haben. Ich mußte mich von vielen meiner Bekannten zurückziehen, die immer noch in ihrer schnellebigen Hektik stecken, denn ich bin leicht neidisch, und es fällt mir schwer, darauf zu verzichten. Ich weiß, daß es für mich besser ist, zu Hause zu bleiben, zu lesen und andere Dinge zu tun, als mich wieder in das Leben zu stürzen, das ich früher geführt habe.

Viele meiner Freunde, die immer noch oft ausgehen, kommen allmählich dazu, auch ihre spirituellen Aspekte zu entdecken, und ich bin froh, daß sie diesen Ausgleich finden. Das ist es doch, was du brauchst: einen Ausgleich im Leben. Ich glaube nicht, daß irgend etwas für sich allein funktionieren kann. Es geht doch immer um eine Kombination vieler verschiedener Dinge. Da jeder einzelne Mensch auf seine Weise anders ist, kannst du nicht sagen: ›Nun, dieses Rezept muß für diesen Menschen optimal sein.‹ Vielleicht ist es etwas ganz anderes. Ich denke, es ist sehr wichtig herauszufinden, was jedem einzelnen entspricht.«

Nancy empfiehlt auch, sich mit möglichst viel Liebe zu umgeben. »Ich kann noch gar nicht glauben, wieviel Liebe ich in meinem Leben gefunden habe. Als ich in der Klinik war, betete die Gemeinde der Church of Religious Science jeden Morgen in ihrer Fürbitte für mich. Ich meine, es ist doch wunderbar, daß Menschen bereit sind, sich Zeit für andere zu nehmen.«

Viele Monate lang war es Nancy nicht möglich, ihre Familie über die Krankheit aufzuklären. »Ich glaube, es war die Angst vor Ablehnung und Unfähigkeit zur Vergebung, aber als der Ernst meines Zustandes beim letzten Krankenhausaufenthalt offensichtlich wurde, hielt ich es für besser, darüber zu sprechen. Ich stieß auf überraschend viel Hilfsbereitschaft. Zwei Tage, nachdem ich in die Klinik gegangen war, flogen sie her und blieben so lange, bis sie sicher sein konnten, daß ich über dem Berg war. Jetzt rufen sie mich alle paar Tage an und sind einfach wunderbar. Du mußt so etwas deinen Angehörigen sagen, wenn du selbst soweit bist. Wenn die Zeit richtig ist, dann ergibt es sich schon.«

Meditation und die Lektüre metaphysischer Werke waren schon lange vor der Diagnosestellung ein Bestandteil von Nancys Leben, und das half ihr, die Kraft ihres Inneren zu erkennen. »Ich begann, die Mittwochabend-Treffen zu besuchen, als sie noch im Wohnzimmer stattfanden und nur ungefähr zehn Leute kamen. Louise hat etwas an sich, das einfach beruhigend auf mich wirkt. Ich meditiere jedenfalls dreimal täglich, und die Affirmationen verwende ich auch. Sally Fisher und AIDS Mastery waren mir auch eine Inspiration. Die Lehren von Ernest Holmes, der die Church of Religious Science gründete, waren sehr gut. Auch der *Course in Miracles* hat mir enorm geholfen. Zur Zeit lese ich gerade *I Come As A Brother* über den Geist Bartholomew, und dadurch wird alles ganz klar.

Ich war noch nie von so viel Frieden erfüllt wie jetzt. Ich denke, wenn du mit einer lebensbedrohlichen Krankheit konfrontiert bist, wirst du gezwungen, dich ernster mit Dingen zu beschäftigen, die du sonst gerne immer wieder auf die Seite schiebst. Ich glaube, ich brauche das, um zu einer Bestandsaufnahme meines Lebens zu kommen. Solange ich das nicht alles erledigt habe, werde ich nicht den Übergang erreichen und herausfinden, was danach kommt. Ich glaube an die Reinkarnation, und das gibt mir sehr viel Seelenfrieden. Obwohl ich immer noch Tage erlebe, an denen ich schreckliche Angst habe, arbeite ich jetzt mit meinem Denken, lasse die Angst los und gewinne mehr und mehr die Kontrolle über das, was in mir vorgeht. Ich verwende meine visuelle Vorstellungskraft, um mich von dem abzulösen, was in meinem Körper passiert.«

Auf die Frage nach Ratschlägen für andere — insbesondere für andere Frauen mit AIDS — meint Nancy, daß für jeden das gleiche gelte. »Ich kann mir nicht vorstellen, daß mit mir irgend etwas passiert, das mich von anderen Leuten unterscheidet. Lies keine Statistiken, sondern bleibe dabei: dein Fall ist deine höchstpersönliche, eigene Angelegenheit. Du kannst erfahren, wie es anderen Leuten geht, aber es ist immer eine sehr individuelle Sache. Als ich die Kaposis im Mund entdeckte, entschloß ich mich zur Chemotherapie. Manche Leute erzählen die schlimmsten Geschichten darüber, aber ich erfahre von anderen auch gute, erfolgreiche, hoffnungsvolle Dinge. Erkenne, daß du ein Individuum bist, und daß deine Krankheit deine individuelle, persönliche Krankheit ist. Die einen sterben daran, die anderen leben weiter. Du selbst hast die Verantwortung, ob du leben oder sterben wirst. Ich habe mich im vollen Bewußtsein dieser Verantwortung für das Leben entschieden.«

Behandlung

Heute ist ein neuer, kostbarer Erdentag. Wir werden
ihn in Freude leben. Niemand wird mir je das nehmen
können, was rechtmäßig mir gehört. Auch wenn ich
nicht weiß, wie man vergibt, bin ich bereit und willens,
den Prozeß zu beginnen. Ich weiß, daß ich Hilfe aus
jedem Bereich meines Lebens erhalten werde. Ich beschließe, jedem zu vergeben, der mir je etwas Negatives getan hat. Dieser Tag ist mein Tag der Vergebung.
Ich vergebe mir selbst für alle Verletzungen, die ich
mir und anderen zugefügt habe. Ich löse und befreie
mich von aller Last der Schuld und Scham.

Ich löse mich von der Vergangenheit und lebe freudig und annehmend in diesem Augenblick. Jene sind
frei, und ich bin frei. Wir sind eins mit der Macht, die
uns erschaffen hat.

Wir sind in Sicherheit und alles ist gut in unserer
Welt.

11

Eine positive Einstellung entwickeln

Affirmation:
Ich beschließe, diesen kostbaren Tag zu genießen!

Mit AIDS zu leben, ist eine gewaltige Lektion ›anzuneh-men, was da ist‹. Es wird wohl keine Erfahrung sein, die wir uns bewußt wünschen würden. Aber es gibt nun einmal AIDS, und auch wir können es bekommen. Nachdem wir die ersten Stufen von Angst, Leugnen, Wut und hoffnungs-loser Resignation hinter uns haben, müssen wir in eine posi-tivere Phase weitergehen. AIDS ist eine Zeit des Lernens. Was können wir aus dieser Krankheit lernen, und wie kön-nen wir unseren Gesundheitszustand bessern? Wir können wütend über die Krankheit sein und diese Wut als motivie-rende Kraft verwenden, sie auszumerzen. Wir dürfen aber nicht auf uns selbst wütend sein. Selbst wenn wir deutlich sehen, wie wir selbst zu unserer Erkrankung beigetragen haben, dürfen wir unsere Probleme durch den Zorn auf uns selbst nicht noch vergrößern.

Spiegel-Arbeit

Zu den Dingen, die wir selbst unternehmen können, gehört die tägliche Arbeit mit dem Spiegel. Setze dich vor einen Spiegel, blicke dir selbst liebevoll in die Augen und sage etwas wie: »Ich liebe dich, ich liebe dich wirklich.«

Tue das als erstes am Morgen und als letztes vor dem Schlafengehen. Wiederhole es im Laufe des Tages, so oft du kannst. Wenn unangenehme Gefühle dabei hochkommen, dann lasse sie zu, lasse sie durch dich fließen. Das sind nur die alten Gedanken, die dir in der Vergangenheit Grenzen setzen durften. Diese negativen Gedanken werden ausgelöscht durch deine Bereitwilligkeit, dich zu lieben.

Du kannst auch gleich nach dem Aufstehen am Morgen vor den Spiegel treten und sagen: »Ich liebe dich. Was kann ich heute für dich tun, um dich glücklich zu machen?« Dann lausche auf deine inneren Bedürfnisse. Vielleicht ist es an diesem Tag nur eine Kleinigkeit. Indem du in dich hinein horchst, fängst du an, dir zu vertrauen. So wird es dir leichter fallen, auch anderen zu vertrauen.

Wenn dir etwas Unangenehmes widerfährt, dann tritt sofort vor den Spiegel und sage: »Es ist alles in Ordnung. Ich liebe dich immer noch.« Du wirst dich immer wieder daran erinnern, daß deine Liebe zu dir selbst wichtiger ist als alles, das geschehen mag. Was auch immer geschieht, wird vorübergehen; deine Liebe aber kann bestehen.

Wenn etwas Schönes geschieht, dann tritt vor den Spiegel und sage: »Danke.« Zolle dir selbst Anerkennung für das Gute in deinem Leben. Je mehr du dich selbst schätzt, desto mehr wird dir begegnen, das du wertschätzen kannst.

Blicke dir in die Augen und sage: »Ich vergebe dir und ich liebe dich.« Wir alle haben Dinge, die wir uns vergeben müssen. Wir sind so streng mit uns selbst, so verurteilend und kritisch. Wir maßregeln uns wegen jeden Fehlers, wie klein er auch sei. Wir alle können die Vergebung Tag für Tag üben.

Verwende einen Spiegel auch, um zu anderen zu sprechen. Du kannst vor dem Spiegel anderen Menschen Dinge mitteilen, die du dich nicht traust, ihnen persönlich zu sagen. Du kannst alte Rechnungen begleichen. Du kannst anderen vergeben. Du kannst um Liebe und Zustimmung bitten.

Spiegel-Arbeit zur Selbstheilung

Eine weitere Verwendungsmöglichkeit für den Spiegel haben wir bei unserem Bemühen um Selbstheilung. Der Spiegel sagt uns immer die Wahrheit über uns. Und wenn wir ihm erzählen, was wir wollen, kann er nur diese positiven Dinge widerspiegeln. Du fängst zum Beispiel an und sagst etwa:

»Ich werde gut für dich sorgen. Gemeinsam werden wir alles unternehmen, was uns möglich ist, um uns zu heilen. Ich bin willens, alles zu lernen, was ich zu lernen habe. Ich bin willens, mich zu verändern und zu wachsen. Ich werde jetzt alles anziehen, was ich als Hilfe zum Heilungsprozeß auf der physischen Ebene brauche. Ich segne diesen Zustand namens AIDS mit Liebe, und ich bin willens, ihn loszulassen und gehen zu lassen. Ich liebe mein Immunsystem und tue alles, was ich kann, um es kräftig und gesund zu machen. Es fällt mir leicht, den neuen Regeln der Gesundheit zu folgen. Mein Körper wird von Tag zu Tag kräftiger. Ich fühle mich besser, und ich sehe besser aus. Ich bin im Frieden. Alles ist gut in meiner Welt.«

Den Tag so zu beginnen, wird uns in eine positivere gedankliche Atmosphäre versetzen. Der einzige Weg, der uns zu einer Antwort und Lösung unseres Problems führen wird, ist das Annehmen einer positiven Einstellung. Wir können nicht darauf warten, daß der medizinische Berufsstand eine chemische Heilmethode entdeckt. Wir müssen herausfinden, was wir für uns selbst tun können, das unser Immunsystem stärken wird. Gute Ernährung wird dazu beitragen.

Bewegungsübungen werden helfen, unser Immunsystem zu kräftigen, auch Meditation und Visualisierungen. Eine positive gedankliche Einstellung ist ein sehr wirkungsvolles Kräftigungsmittel. Und im übrigen natürlich Liebe, Liebe zu uns selbst und zu anderen; sie ist das stärkste bekannte Anregungsmittel für das Immunsystem.

Wie ich schon oft gesagt habe, besteht der Grund, warum viele von uns Schwierigkeiten mit dem Spiegel haben, darin, daß Spiegel uns die Wahrheit sagen. Wir gewahren, was wir wirklich über uns denken, wenn wir in den Spiegel blicken. Wenn wir nicht lieben, wer wir sind, dann wird es uns schmerzlich schwerfallen, uns selbst in die Augen zu blikken. Dann kritisieren wir unser Aussehen. Ich habe beobachtet, daß selbst die schönsten Menschen ihr Aussehen kritisieren, wenn sie sich nicht selbst lieben.

Andererseits sind Spiegel die besten Werkzeuge, wenn wir wirklich positive Veränderungen in unser Leben einführen wollen. Einfach in den Spiegel zu blicken und sich positive Dinge zu sagen oder ›Spiegel-Arbeit‹ zu leisten, wie ich es nenne, reduziert die Zeit, die nötig ist, um Veränderungen zu verwirklichen.

Ich habe schon zahlreiche Menschen kennengelernt, die ihr Leben veränderten, indem sie in den Spiegel blickten und sagten: »Ich liebe dich, ich liebe dich wirklich.« Im ersten Moment erscheint einem das unwahr oder sogar etwas abwegig. Bei dieser Übung können Wut, Traurigkeit oder sogar Angst hervorkommen. Doch wenn wir die einfache Affirmation jedesmal wiederholen, wenn wir vor einem Spiegel sitzen oder stehen, dann beginnt sich unsere innere Energie zu bewegen; sie löst destruktive Gedanken und Verhaltensformen. Im Laufe der Zeit stellen wir fest, daß wir uns tatsächlich lieben.

Du kannst den Spiegel auch benutzen, um anderen Leuten Dinge zu sagen, die du dich scheuen würdest, von Mensch zu Mensch auszusprechen. Sprich zu deinen Eltern, einem Liebhaber, Chef, Arzt − zu jedem, mit dem es noch Angelegenheiten zu bereinigen gibt. Übe so, aus dir herauszugehen, um eine Lohnerhöhung zu bitten oder jemandem mitzuteilen, daß du ihn liebst oder bereit bist, ihm zu vergeben. Es ist ganz verblüffend, wie du so die Atmosphäre reinigen kannst, und wenn du den betreffenden Menschen das nächstemal siehst, wird sich etwas verändert haben. Wenn du deinen Eltern entfremdet bist, dann nimm den Spiegel, um den Raum, der zwischen euch liegt, zu klären. Blicke in den Spiegel und spreche etwa folgendes: »Vater (oder Mutter), ich möchte, daß du erfährst, wer ich wirklich bin.« Und sage ihm (ihr) das dann. Sage ihnen, wie wunderbar du bist. Sage ihnen, was du von ihnen willst. Sage ihnen, wie du dir die Beziehung zwischen euch wünschst. Und schließe immer damit, daß du sie wissen läßt, wie sehr du ihre Liebe und Zustimmung wünscht. Wenn du das zwei bis drei Wochen lang täglich übst und die Eltern dann anrufst oder besuchst, wirst du überrascht sein, wieviel sich zwischen euch verändert hat.

Der positive Umgang mit dem Negativen

Wenn du AIDS hast oder eine Krankheit, die mit AIDS in Verbindung steht, dann setze dir nicht das Ziel, an den Punkt zurückzugelangen, an dem du standest, bevor du krank wurdest. Das war kein guter Punkt, denn sonst hättest du die Krankheit nie bekommen können. Angesichts einer so langen Inkubationszeit könnte man fast sagen, daß die Krankheit, nachdem du der Ansteckung ausgesetzt warst, geduldig in deinem Organismus wartete, bis du dein Immunsystem so weit erschöpft hast, daß sie sich ausbreiten konnte. Die Krankheit tragen heute viele Menschen in sich, in denen sie nie zum Ausbruch kommen wird, weil ihr Immunsystem kräftig genug ist und kräftig bleiben wird. Wenn ihr Immunsystem aber einmal geschwächt ist, dann wird es nicht so weit erschöpft, daß AIDS zur akuten Krankheit werden kann.

Um damit umzugehen, wird es notwendig sein, daß du dein Immunsystem so stark machst, daß nicht einmal die geringste Erkältung eine Chance hat, sich in deinem Organismus festzusetzen. Das ist deine Verantwortung. Oft geben wir unsere Macht und Verantwortung ab auf der Suche

nach einer Pille, die uns auf der Stelle gesund machen soll —
nur damit wir dann wieder zu genau dem Tun und den Verhaltensweisen zurückkehren können, die die Schwächung
unseres Gesundheitszustandes eigentlich verursacht hatten.

Wir suchen nach Wundermethoden — nach der ›magi-
schen Spritze‹, dem schnellen Weg. Bei der Krebskrankheit
wollen die Menschen Laëtril oder andere Mittel, die sie
schnell gesund zu machen versprechen. Ja, solche natürlichen und chemischen Mittel können gut sein, aber sie bieten
nur einen Aspekt der Heilung. Körper, Seele und Geist gehören aber zusammen. Wenn man morgen die Wunderdroge
entdeckte, die imstande wäre, das AIDS-Virus zu besiegen
— würdest du dann wirklich geheilt und heil werden? Oder
würdest du die Heilung deines Körpers annehmen und dich
sofort wieder deiner alten Lebens- und Denkweise zuwen-
den — nur um etwas anderes zu verursachen, das nun an die
Stelle der Krankheit AIDS tritt?

Es ist dein Leben. Was du mit ihm anfängst, ist deine
Sache. Keine Therapie und kein Heiler werden bei dir Erfolg
haben, solange du es nicht willst. Wenn du dich entschließt,
eine aktive Rolle in deinem Heilungsprozeß zu übernehmen,
dann tue dies mit Freude und Liebe. Du hast die Gabe, über
deine eigene Macht etwas zu erfahren. Ich lernte viele Menschen kennen, die AIDS überwunden haben und nun bereit
sind, anderen etwas über ihre Kraft der Selbstheilung mitzuteilen.

Fallbeispiel Tom

»Am Sonntag, den 19. August 1984, ertönte pünktlich um
8.00 Uhr der Startschuß für den alljährlichen San Francisco
Marathon. Gemeinsam mit zehntausend anderen Läufern
starteten auch ich und einige Mitglieder meines Lauf-Ver-
eins. Während des Rennens machte ich mir Gedanken über
einen purpurroten Fleck auf meiner Wange, der schon vor

zwei Monaten aufgetaucht und nicht wieder verschwunden war. Ich brachte einen guten Lauf hinter mich, überquerte die Ziellinie und war begeistert, daß ich diese Distanz nun schon zum siebten Mal überwunden hatte.

Bald nach jenem Marathon beschloß ich, eine Biopsie des Flecks auf meiner Wange vornehmen zu lassen. Die Untersuchung ergab ein Kaposi-Sarkom. Ich erinnere mich noch, wie ich wie vor den Kopf gestoßen im Wartezimmer des Dermatologen saß und dachte: ›Das kann doch nur ein Alptraum sein.‹ Doch nun hat sich jener schlimme Alptraum in die lebendigste, bedeutungsvollste Zeit meines Lebens verwandelt. O ja, natürlich hatte ich Phasen, in denen ich an Selbstmord dachte, in denen ich wütend, depressiv, schokkiert und entsetzt war – ›warum ausgerechnet ich?!‹ Die vierundzwanzig Stunden nach der Diagnose verbrachte ich damit, ein dutzendmal mein Testament zu formulieren. Ich stellte mir sogar meine Beerdigung vor und wer dazu kommen würde!

An jenem Abend erhielt ich die Kassette *The Healing Journey,* die von Dr. Emmett Miller besprochen war. Während ich mir das Band anhörte, spürte ich plötzlich ganz bewußt, daß ich mein Leben selbst in die Hand zu nehmen hatte. Am nächsten Morgen ging ich nach draußen und bemerkte die Palmen, den blauen Himmel, die Blumen, den Wert meines eigenen Lebens und die Liebe, die mir doch zufloß, und ich erkannte, was für ein kostbares Geschenk es war, auf dieser Erde hier leben zu können. Mein Leben wandelte sich in jenem Augenblick um in ein Genießen des Augenblicks, des Hier und Jetzt, wie ich es früher nie kennengelernt hatte.

Mein Liebhaber schenkte und schenkt mir weiterhin seine Liebe und Unterstützung. Als er von meiner Diagnose erfuhr, waren seine ersten Worte: ›Das ändert nichts zwischen dir und mir. Ich liebe dich, und ich werde für dich dasein.‹ Das war die Krönung jenes Tages! Er erlaubte mir, den Dingen nachzugehen, die wichtig für mich und andere waren, und kümmerte sich allein um den Haushalt. Ich liebe ihn zutiefst und bin ihm sehr dankbar für seine Mühe.

Da ich mich körperlich wohl fühlte, beschloß ich, daß die Tatsache, daß ich diese Krankheit bekommen hatte, zu einer Veränderung in mir und für die Welt führen müsse; ich wollte angesichts eines Leidens, das die ganze Welt entsetzte, Hoffnung in mir und anderen keimen lassen. Mein erster Plan bestand darin, ein bereits angesetztes AIDS-Seminar aufzupolieren und es positiver, hoffnungsvoller und spiritueller zu gestalten. Ich brachte viel mehr als die schockierenden statistischen Daten, die ein erbarmungsloses Bild der Krankheit AIDS zeichneten. Mein Beitrag war, das Seminar von zehn auf hundert Teilnehmer auszudehnen und das Publikum aufzurufen, vor AIDS nicht zu resignieren und zu kapitulieren. Vielmehr sollte der Glauben geweckt werden, daß wir uns des Lebens gerade jetzt und trotz der Krankheit gemeinsam erfreuen und schließlich das Ende von AIDS herbeiführen können. Ich stellte vier solcher Veranstaltungen auf die Beine.

In jener Zeit lernte ich Louise Hay bei einem Seminar von Gerald Jampolsky kennen. Ich erkannte sofort die Liebe und den Zauber, die sie erfüllten, und schwor mir, ihr AIDS-Tonband zu kaufen und regelmäßig mit ihr in Verbindung zu treten. Sie half mir, tief im Innern zu erkennen, daß ich als Schwuler nicht schlecht war, und daß auch Sex nichts Schlechtes war. Ich begann zu erkennen, wie ich einige Ansichten anderer Leute übernommen und mich nach diesen fremden Maßstäben selbst bestraft hatte. Nachdem ich begonnen hatte, mich davon zu lösen, öffnete sich mein Leben über alles das hinaus, was ich bisher für möglich gehalten hatte. Ich fing eine Reinigungsdiät an, ließ mich anschließend akupunktieren, machte darüber hinaus Imaginationsübungen und konsultierte Louise einmal wöchentlich. Jetzt fühle ich mich glänzend.

Dann ergab sich eine andere großartige Gelegenheit. Die City of West Hollywood und die Shanti Foundation riefen an und baten mich, der Leiter der ersten jährlichen 5- und 10-km-Läufe zu sein. Die Einnahmen aus beiden Veranstaltungen sollten AIDS-Hilfsorganisationen zufließen. Es meldeten sich 850 Läufer und 350 Geher an. Unter anderen setzte sich auch Patty Duke mit ihrem prominenten Namen dafür ein, die Aufmerksamkeit der Menschen auf die Notwendigkeit der Unterstützung und Aufklärung über AIDS zu lenken.

Da ich selbst allmählich zu einer örtlichen Berühmtheit wurde und bei Fernseh- und Rundfunkshows, in Zeitungen und Illustrierten erschien, beschloß ich endlich, meine eigene Familie über meine Diagnose in Kenntnis zu setzen. Als ich mich ihnen 1979 mit meiner Homosexualität offenbart hatte, war eine Frontlinie entstanden, und ich fürchtete nun, daß sich so etwas wiederholen würde. Am Tage des Rennens kamen sie aus allen Teilen des Landes nach Los Angeles — nicht um meinen homosexuellen Lebensstil gutzuheißen, aber um mich als ein geliebtes Mitglied der Familie voll und ganz zu unterstützen.

Während der bewegenden Eröffnungszeremonien der Party nach dem Rennen teilte ich der zweitausendköpfigen Zuhörerschar mit, was es für mich bedeutete, daß meine Familie am großartigsten Tag meines Lebens hier war. Dann erklärte ich meiner Familie, daß ich sie liebte. Der Bürgermeister, der Stadtrat, Patty Duke und das ganze Publikum erhoben sich und applaudierten. Ich war ›eins‹ mit allen Anwesenden. Das war ein unglaubliches Erlebnis! Gleich darauf verkündete Bürgermeister John Heilman seine Gratulation zu der Arbeit, die ich hier leistete, und stellte mich als Leitbild heraus, das ich für Menschen mit AIDS und die Gemeinde insgesamt darstellte. Ich wurde als vorbildlicher Bürger von West Hollywood bezeichnet. Das war wirklich ein Gipfelerlebnis!

Mein neuestes Projekt ist die Vorbereitung für den New York Marathon. Ich wurde von den Zeitschriften *People* und *Esquire* sowie von der *London Times* um Beiträge gebeten. Ich werde ihnen mitteilen, daß das Ziel meines Lebens im Eintreten für ein ganzes, liebe- und hoffnungsvolles, entschlossenes Leben besteht. Ich bemühe mich tagtäglich, diesem Ziel näherzukommen und es anderen mitzuteilen. Ich bin dankbar für meine Beziehungen zu Doug, meinen Eltern, meinen Angehörigen, Louise Hay und den Mitgliedern der Schwulen-Gemeinschaft. Ich habe gelernt, mich zu lieben, und das hat mir den Weg eröffnet, meine Träume zu realisieren und zu erkennen, daß ich eine Veränderung in der Welt bewirken kann.«

Tom hat in der Zwischenzeit diesen Planeten verlassen, aber wir können aus seiner positiven Einstellung zu AIDS viel lernen. Gibt es überhaupt eine Krankheit, die es wert wäre, daß man sein Leben für sie aufgibt? Tom lebte jede Minute von jedem einzelnen Tag. Und das können wir alle auch tun.

Behandlung

Heute ist ein neuer, kostbarer Erdentag. Wir werden ihn in Freude leben. Positive, heilende Gedanken sind es, die ich in mir bewegen will. Wie alle Sterne und Planeten auf ihrer vollkommenen Umlaufbahn sind und in der göttlich-richtigen Ordnung, so bin auch ich es. Der Himmel ist vollendet geordnet, so bin auch ich es. Ich verstehe mit meinem begrenzten menschlichen Denken vielleicht nicht alles, was vorgeht. Aber ich weiß, daß ich auf kosmischer Ebene am rechten Platz stehe, zur rechten Zeit und dabei das Rechte tue.

Dies zu erleben, ist ein Meilenstein zu neuem Gewahrsein und größerer Herrlichkeit. Wir sind eins mit der Macht, die uns erschaffen hat.

Wir sind in Sicherheit, und alles ist gut in unserer Welt.

12

Lerne dein Immunsystem kennen

Affirmation:
Mein Immunsystem wird von Tag zu Tag stärker!

Das Immunsystem ist der Hüter unseres Körpers. Es ist tatkräftig und dient uns treu. Dieses System war schon im Dienst, bevor wir geboren wurden. Es vernichtet Eindringlinge und erhält uns gesund. Um bei guter Gesundheit zu sein und zu bleiben, brauchen wir ein starkes Immunsystem. Hast du dich bei deinem Immunsystem je bedankt? Falls nicht, dann nimmt dir jetzt einen Augenblick Zeit und hole es nach.

Wir sind dabei zu lernen, daß Liebe das stärkste bekannte Anregungsmittel für unser Immunsystem ist. Wenn Liebe das Immunsystem kräftigt — wodurch wird es dann geschwächt und erschöpft? Groll, Angst, Depression, Wut, Eifersucht, Verzagtheit, Selbstmitleid, Ablehnung, Bedauern und Selbsthaß. Wie oft und wie lange gibst du dich solchen Emotionen hin, die dein Immunsystem entkräften? Es ist für alle Emotionen normal und natürlich, daß sie zur geeigneten Zeit kurz durch uns fließen. Wenn du es aber vorziehst, in schwächenden Gefühlszuständen zu verweilen, dann trägst du nicht zur Heilung deines Immunsystems bei.

Wie können wir den Zustand unseres Immunsystems ändern? Indem wir uns selbst verändern. Indem wir das Bild von uns verändern. Indem wir lieben, wer wir sind. Indem wir willens sind, die Vergangenheit hinter uns zu lassen und zu vergeben. Unser Körper ist immer eine Widerspiegelung vom Zustand unseres Bewußtseins zur jeweiligen Zeit. Vergiß nicht: In dem Maße, wie wir ändern, was wir glauben, müssen wir auch uns selbst — körperlich und emotional — verändern. Wenn wir uns verändern, brauchen wir die alte Krankheit oft nicht mehr. Das alles gehört zum Heilmachen und Heilen unserer selbst.

Wenn wir negative Denkmuster haben, die zur Gewohnheit geworden sind, dann ist jetzt genau der richtige Zeitpunkt gekommen, um diese Muster zu ändern. Wenn wir uns aber von etwas lösen, dann muß etwas Neues an seiner Stelle wachsen.

Wir könnten etwa folgendes tun. Sei bereit, in dir zu ersetzen:

Groll	durch	Verständnis
Angst	durch	Frieden
Depression	durch	Vergebung
Wut	durch	Liebe
Eifersucht	durch	Freude
Verzagtheit	durch	Hoffnung
Selbstmitleid	durch	Selbstverantwortlichkeit
Ablehnung	durch	Akzeptieren
Selbsthaß	durch	Selbstliebe

Wir beginnen diesen Prozeß, indem wir bewußt die Wahl treffen. Wenn wir Groll in uns finden, sagen wir: »Nein, ich entscheide mich für Verständnis.« Wenn wir deprimiert sind, wollen wir bereit werden zu vergeben. Wenn wir zornig oder wütend sind, wollen wir bereit sein, diese Gefühle in Liebe zu verwandeln. Wenn wir eifersüchtig sind, wollen wir uns freuen über das Glück des anderen. Wenn wir verzagt sind, wollen wir uns zur Hoffnung durchringen. Statt uns selbst als arme Opfer zu bemitleiden, wollen wir die Verantwortung für uns selbst übernehmen. Unsere Ablehnung kann sich in Akzeptieren verwandeln. Und Selbsthaß kann zu Selbstliebe werden, wenn wir dies zulassen.

Nein, natürlich geschieht das nicht alles an einem einzigen Tage. Die alten Denkmuster verschwinden nicht so schnell. Du weißt selbst, daß diese Muster sich im Laufe von Jahren in uns aufgebaut haben, also wird es einige Zeit dauern, sie durch neue zu ersetzen. Aber wenn wir ausdauernd üben, werden die Resultate sich allmählich einstellen. Nach einer Weile merken wir, daß wir anders denken. Wir stellen fest, daß unsere Reaktionen auf Situationen und Begegnungen friedlicher sind. Wir scheinen uns nicht mehr so aufzuregen wie früher. Und die Geschehnisse selbst verändern sich. Wir bringen positivere Erfahrungen in unser Leben ein. All dies bedeutet eine positive Stimulation für unser Immunsystem und damit für die Gesundheit unseres Körpers.

Fallbeispiel Peter

»Ich bin Künstler und drücke mich durch mein Leben aus in allem, was ich tue. Ich denke, jeder sollte sich selbst zum Ausdruck bringen und nichts zurückhalten.« Peter ist einer der wenigen Menschen, denen man eine solche Aussage abnimmt. Schon körperlich ist er ein Kunstwerk. Ständig wird er von Fotografen verfolgt, die seine gute Figur für ihre Kunst ablichten wollen. Eine Karriere als Fotomodell wäre für Peter ein leichtes, aber er hat anderes vor. Er will in Kürze mit dem Projekt eines gewaltigen Wandgemäldes in drei Teilen am Hollywood Bowl beginnen und damit Geld für das AIDS-Projekt Los Angeles beschaffen.

Aber so war es nicht immer gewesen. Vor sechs Jahren ging Peter durch eine gesundheitliche Krise, die sein ganzes Leben veränderte. »Ich habe wirklich das Gefühl, daß die Krankheit durch meinen Gemütszustand verursacht war, und daß ich die Rolle ihres Opfers spielte. Seinerzeit war es noch zu früh um festzustellen, ob es sich um AIDS oder ARC handelte, weil man damals darüber noch nichts wußte.

Aber wer kennt sich heute schon aus. Doch im Grunde geht es gar nicht darum. Der springende Punkt war vielmehr, daß ich mich in einer Phase meines Lebens befand, in der ich sehr krank war, und ich stand vor der Entscheidung zu leben oder zu sterben.«

Peter hatte ungefähr ein halbes Jahr lang eine chronische Mononukleose gehabt, und ein Lymphknoten am Hals, in den Achseln und der Leiste waren erheblich geschwollen. Sein Zustand besserte sich jedoch, bis er dann nach weiteren sechs Monaten einen Rückfall erlitt. Er verlor drastisch an Gewicht, hatte nächtliche Schweißausbrüche, Schwindelanfälle und Bewußtseinstrübungen, Taubheit und das Gefühl, ständig erschöpft und schwach zu sein. In jener Zeit konsultierte Peter einen Arzt nach dem anderen, aber keiner konnte mehr mit ihm anfangen, als Tests und Untersuchungen durchzuführen. Peter verlor seine Arbeitsstelle. Er befand sich in einer destruktiven Beziehung, und sein Selbstwertgefühl hatte darunter sehr zu leiden. »Ich war einfach unterlegen. Alle diese Dinge forderten ihren Preis. Ich war unglücklich mit mir selbst, meinem Leben, meiner Beziehung, und so wurde ich immer kränker. Im Grunde drehte sich alles darum, daß ich mich selbst überhaupt nicht mehr mochte.«

Sein Gewicht sank auf 56 kg (bei einer Körpergröße von über 1,83 m). Er verlor seine gesunde Hautfarbe und wurde grau. Er verlor seinen Glauben an die Ärzte, weil sie »nicht erkannten, was mit mir los war«. In jener Phase suchte Peter einen Augendiagnostiker auf. »Augen sind die Fenster der Seele«. Dieser betrachtete Peters Augen und sah, daß sein Körper ganz aus dem Gleichgewicht war. Der Augendiagnostiker erklärte sich bereit, Peter unter der Voraussetzung zu behandeln, daß dieser den Willen aufbrachte, selbst etwas für sein Gesundwerden zu unternehmen.

Die Behandlung begann mit einer Fastenwoche, während der Peter nur Karottensaft, destilliertes Wasser und Kräuter zu sich nehmen durfte. Peter sprach sehr gut auf den Karottensaft an, der ihn regelrecht verjüngte. Er gewann seine Farbe wieder zurück. Dann stellte er sich zum Wiederaufbau des Organismus auf die konzentrierte Einnahme von Mineralstoffen um, die er sich in Form bestimmter Nahrungsmittel zuführte. Zu jener Zeit ließ er sich auch Darmspülungen machen. »Wenn du fastest, beginnst du einen Prozeß, den man Autolyse, d. h. Selbstverdauung, nennt. Dabei werden zuerst die schwachen oder kranken Zellen verdaut.« Zugleich schüttet die Bauchspeicheldrüse Enzyme aus, die solche Zellen ebenfalls angreifen. Man hatte einige Sorge, daß Peters Bauchspeicheldrüse nicht ausreichend Enzyme produzierte, deshalb wurde er bei regelmäßigen Besuchen seines Ernährungsspezialisten sorgfältig überwacht.

Diese ganze Behandlungsmethode gefiel Peter, denn sie erforderte seine direkte Mitarbeit zum Gesundwerden. »Wenn du zu einem Arzt gehst, dann erwartest du, daß er dir sagt, was dir fehlt, und dabei fühlst du dich so machtlos. Er gibt dir vielleicht Medikamente, Antibiotika oder überhaupt nichts.« Peter erhielt zwar Antibiotika, die aber nicht verhindern konnten, daß sich eine schwere Hefepilz-Infektion in seinem Hals ausbreitete. Auch diese wurde durch diätetische Maßnahmen unter Kontrolle gebracht.

Um die gleiche Zeit machten die Ärzte eine Biopsie von einem der Tumore in Peters Leiste; es handelte sich um eine gutartige Geschwulst. Diese Diagnose bedeutete einen Wendepunkt in Peters Krankheitsgeschichte. Die Ärzte bezeichneten sein Leiden als eine Störung des Lymphsystems, als ein Lymphom. Daraufhin entzog sich Peter völlig der ärztlichen Behandlung. »Ich stand vor einer Weggabelung, und auf einmal hatte ich eine Alternative: die Ernährungswissenschaft. Ich entschied mich für die Diät-Spezialisten, denn sie gaben mir Hoffnung. Nun konnte ich selbst etwas verändern.«

Um jene Zeit entdeckte Peter auch, daß sein Weg zur Gesundheit vereinte Anstrengungen von Denken, Körper und

Geist erforderte. Sein Diät-Spezialist war ein Mönch, von dem er auch spirituell beraten wurde. »Wenn du eine Krankheit hast, dann vergiftet sie dein Denken, und dein Denken ist so mächtig, daß es einen hohen Preis fordert, wenn du nicht genügend Liebe zum Leben besitzt. Wenn du aus dem Raum der Liebe kommst, dann wird dein Körper ansprechen und sich schützen. Ich gelobe meinem Körper, meiner Seele und meinem Geist: Wenn sich mein Zustand bessert, werde ich dafür sorgen, daß mir so etwas nie wieder zustößt.«

Der Weg zurück zur Gesundheit bedeutet für Peter also Arbeit an allen Aspekten seines Lebens. Er fing an, sich mit der Ernährung zu beschäftigen und die Zeit zu nehmen, sich selbst die richtige Kost zuzubereiten. Er bekam eine neue Arbeitsstelle, die ihm wirklich Freude machte. Er fing an, seinen Körper zu trainieren, hart zu arbeiten, und er nahm wieder an Gewicht zu. Er verließ seinen Freund und zog ins Haus seiner Eltern zurück. »Es war eine Zeit des Erwachens für mich. Ich fing an zu wachsen und mein Leben von neuem wiederaufzubauen.«

Ein wichtiger Aspekt seiner Bemühungen war die Heilung seiner familiären Beziehungen im Sinne einer Wiederherstellung der Liebe. Er hatte mit seinen Eltern lange nicht gesprochen, weil die Schwierigkeiten hatten, Peters Sexualität zu akzeptieren. »Meine Krankheit hat uns in gewissem Sinne wieder zusammengebracht, denn sie erkannten, daß es besser war, einen schwulen Sohn zu haben als einen toten Sohn. Sie haben mich großgezogen, aber sie müssen nicht mein Leben führen. Wir sind durch die Liebe Teil voneinander. Jetzt spreche ich regelmäßig mit ihnen, und wir unterstützen und lieben einander. Das war ein großes Plus zugunsten meiner Heilung.«

Daß andere seine Sexualität akzeptierten, war für ihn so wichtig wie das eigene Akzeptieren. »Ich wollte mein Leben nicht anders haben, als es ist. Ich will nicht heterosexuell sein. Mich selbst zu lieben, dazu gehört auch meine Sexualität zu akzeptieren, mein Schwulsein zu akzeptieren und damit glücklich zu sein. Als Kind war ich sehr sensibel, und deshalb war ich meist ein Einzelgänger. Ich paßte nicht zu den anderen Kindern, und sie spotteten immer über mich. Schließlich erkannte ich, daß ich das gar nicht war, und ich hörte nicht mehr auf ihre Kritik. Ich weigerte mich auch zuzulassen, daß ihr Spott weiterhin körperliches Leiden bei mir bewirkte. Als ich am Ende merkte, daß ich in Ordnung war, konnte ich wieder heil werden.«

Auf die Frage nach seinen spirituellen Lehrern antwortete Peter, daß der stärkste Einfluß wohl seine innere Stimme sei. Diese Stimme ist in jedem, und viel mehr Menschen könnten lernen, sich ihr zu öffnen. »Das ist sehr wichtig, denn wir gehen auf ein neues Zeitalter zu, und es ist doch Liebe, wonach sich so viele von uns zutiefst sehnen. Doch wenn sie direkt vor uns steht und in Reichweite ist, dann greifen die Menschen nicht zu. Es sind so viele, die zu den unterschiedlichsten Gruppen gehen und versuchen, Antworten auf die Fragen des Lebens zu finden. Das befremdet mich, denn ob du nach oben oder nach unten schaust, in die Ferne oder in die Nähe – die Antworten liegen in dir selbst.«

Peter räumt ein, daß es viele wunderbare spirituelle Lehrer gibt, aber er meint, daß nur wenige Menschen willens seien, sich selbst zuzuschreiben, daß sie einen Lehrer gefunden haben oder auf die Suche nach ihm gegangen sind. »Ich habe meine Geistführer zeit meines Lebens in mir getragen. Ich hatte immer eine innere Stimme vernommen. Man muß zum Frieden mit sich selbst finden, sonst wird das ganze Leben ein Chaos, denn dein Kopf sagt dir das eine, dein Herz dagegen etwas anderes. Ich lausche jetzt auf beide, aber sie lauschen auch auf einander. Ich war immer jemand, der seinem Herzen folgte, und je mehr ich darauf vertraue, desto mehr Fehler bleiben mir im Leben erspart. Da wird das Leben müheloser.«

Peter hebt auch die Wichtigkeit des Vergebens hervor, besonders, wenn er sich als einen Menschen charakterisiert, der so neugierig ist wie eine Katze. » Ich möchte alles erleben. Dann hast du erst die Wahl, nicht aus Ignoranz, sondern aus dem Wissen um die Möglichkeiten. Mit Scheuklappen durch das Leben zu gehen bedeutet, die Hälfte zu verpassen. Wenn du auf deinem Weg bist und stolperst, dann stehe wieder auf und vergib dir. Du hast immer die Wahl. Du selbst wählst, ob du im Himmel oder in einer Hölle lebst, und alles, was du tust, spiegelt sich in dieser Entscheidung wider. Es geht nicht um Richtig oder Falsch. Es geht darum, daß du die Wahl triffst. Ich habe in der Hölle gelebt, und das ist nicht mehr das richtige für mich.«

Peters Wandgemälde wird den Titel ›Blue Moon Triology‹ tragen. Den ersten Teil nennt er ›Eve of Conception‹; er steht für das neue Gewahrsein, daß Gesundheit und Glück aus der Liebe in uns erwachsen. »AIDS hat diesem neuen Gewahrsein wirklich eine neue Dringlichkeit gegeben.« Der zweite Teil wird heißen ›Dawning of a New Age‹, und er steht für die Zeit, in der die Pforten zu Selbsterkenntnis, Hilfe und Liebe sich öffnen und die Menschen ›die gewaltigen Heilungskräfte erkennen, die wir alle besitzen‹. Den letzten Teil wird er ›A Glorious Revelation‹ nennen, und Peter sieht dieses Geschehen im Jetzt.

»Je mehr wir uns alle vereinen, desto schneller werden wir die Antworten finden, die wir alle suchen, um das Dilemma zu heilen, vor dem wir stehen. Wir sind alle eins, und wenn wir uns in Liebe miteinander verbinden, kann uns nichts mehr von dieser gewaltigen, heilenden Kraft trennen.«

Behandlung

Heute ist ein neuer, kostbarer Erdentag. Wir werden ihn in Freude leben. Ich weiß, daß Liebe das stärkste bekannte Anregungsmittel für das Immunsystem ist. Also unternehme ich alles, was in meiner Macht steht, um die Liebe zu stärken, die ich für mich und andere empfinde. Ich lasse bereitwillig alle negativen Gedankenmuster los, die das Fließen der Liebe verhindern oder unterdrücken. Ich bin völlig immun gegen alle negativen Vorstellungen oder Erlebnisse in meiner Umgebung. Für Nicht-Vergeben oder Groll habe ich keine Zeit zu verschwenden.

Heute lasse ich meine Krankheit los, denn ich habe keine Verwendung mehr für sie. Ich bekräftige nun, daß jede Zelle meines Körpers sich mit neuer Stärke füllt. Jeden Augenblick dieses Tages werde ich von innen erneuert. Wir sind eins mit der Macht, die uns erschaffen hat.

Wir sind in Sicherheit, und alles ist gut in unserer Welt.

13

Entspannung, Meditation, Visualisierung, Affirmation

Affirmation:
Ich besitze die Mittel, um mir selbst zu helfen!

Entspannung und Meditation

Entspannung ist wesentlich für den Heilungsprozeß. Es ist kaum möglich, den Heilungsenergien zu erlauben, in uns zu fließen, solange wir verspannt und furchtsam sind. Es braucht nur ein bis zwei Augenblicke, mehrmals täglich, um den Körper zur Entspannung zu bringen. Du kannst jederzeit kurz die Augen schließen, zwei- bis dreimal tief durchatmen und dabei loslassen, was du an Spannung gerade in dir hast. Wenn du mehr Zeit hast, dann setze oder lege dich ruhig hin und führe deinen Körper in Gedanken in einen Zustand vollständiger Entspannung. Sage dir innerlich: »Meine Zehen entspannen sich... meine Füße entspannen sich... meine Knöchel werden ganz locker...« usw., und gehe durch den ganzen Körper von unten nach oben; ebensogut kannst du natürlich auch am Kopf beginnen und dich zu den Füßen hin entspannen.

Am Ende dieser einfachen Übung wirst du eine Zeitlang in Frieden und Ruhe sein. Wenn du die Übung häufig wiederholst, vermagst du so einen Zustand des Friedens in dir erzeugen, den du die meiste Zeit aufrechterhalten kannst. Es handelt sich also um eine sehr positive körperliche Meditationsform, die du jederzeit und überall praktizieren kannst.

Wir Menschen in der westlichen Welt haben aus der Meditation etwas Geheimnisvolles und schwer Erreichbares gemacht. Dabei ist sie einer der ältesten und einfachsten Vorgänge, die wir selbst durchführen können. Ja, wir können es freilich auch komplizieren, indem wir z. B. spezielle Atemtechniken und Mantras verwenden. Solche Meditationen sind gut für Fortgeschrittene, die entsprechende Erlebnisse wünschen. Aber es ist für jedermann möglich zu meditieren, und es ist ganz einfach.

Alles, was wir zu tun haben, ist, ruhig zu sitzen oder zu liegen, die Augen zu schließen und einige Male tief ein- und wieder auszuatmen. Der Körper entspannt sich dabei von selbst, wir brauchen nichts zu tun, um dies zu erzwingen. Wir können die Worte ›Heilung‹ oder ›Frieden‹ oder ›Liebe‹ oder etwas anderes wiederholen, das uns sinnvoll erscheint. Wir können auch einfach sagen: »Ich liebe mich.« Wir können in Gedanken fragen: »Was ist es, das ich wissen sollte?« Oder: »Ich bin bereit zu lernen.« Dann sind wir einfach ganz still.

Antworten können auf der Stelle kommen, vielleicht dauert es aber auch einen Tag oder länger. Fühle dich nicht unter Zeitdruck, sondern erlaube den Dingen zu geschehen. Erinnere dich: Es ist die Natur des menschlichen Geistes zu denken, also wirst du dein Denken nie ganz abschalten können. Laß die Gedanken zu, laß sie durch dich hindurchfließen. Vielleicht stellst du fest: »Oh, jetzt habe ich Angst- oder Wut- oder Unglücks-Gedanken etc.« Miß diesen Gedanken nicht zuviel Bedeutung bei, sondern lasse sie einfach vorüberziehen wie Wolken am Sommerhimmel.

Es heißt, wenn du weder Arme noch Beine überkreuzt hast und die Wirbelsäule nach Möglichkeit gerade hältst, steigere sich die Qualität der Meditation. Das mag sein. Probiere es aus, wenn es dir möglich ist. Wirklich wichtig ist aber, daß du regelmäßig meditierst. Die Übung der Meditation ist kumulativ: je regelmäßiger du meditierst, desto besser sprechen Körper und Seele auf die Vorzüge der Meditation an, und desto rascher erhältst du die Antworten auf deine Fragen.

Eine andere Methode der Meditation besteht einfach darin, deine Atemzüge zu zählen, während du mit geschlossenen Augen still sitzt. Zähle ›eins‹ beim Einatmen, ›zwei‹ beim Ausatmen, ›drei‹ beim Einatmen usw. Zähle so von eins bis zehn. Nachdem du bei ›zehn‹ ausgeatmet hast, fängst du wieder von vorn an. Wenn dein Denken abgleitet und du dich dabei ertappst, wie du bis achtzehn oder dreißig weiterzählst, dann beginne wieder bei eins. Wenn du bemerkst, daß du dir Gedanken über deinen Arzt, die Medikamente oder den Einkaufszettel machst, dann führe dich sanft wieder zum Einatmen bei eins zurück.

Du kannst nicht falsch meditieren. Wie du mit dem Meditieren beginnst, ist es richtig für dich. Außerdem kannst du Bücher finden, die dir mehrere Methoden vorstellen. Vielleicht besuchst du einen Kurs, in dem du gemeinsam mit anderen Menschen Meditationserfahrung sammeln kannst. Fange irgendwo an. Und wenn es dir möglich ist, dann laß es zur Gewohnheit werden.

Wenn die Meditation etwas Neues für dich ist, dann würde ich dir empfehlen, mit jeweils nur fünf Minuten zu beginnen. Menschen, die auf Anhieb zwanzig oder dreißig Minuten meditieren, langweilen sich bald und lassen es bleiben. Ein- oder zweimal täglich fünf Minuten ist ein guter Anfang. Wenn es dir möglich ist, mehr oder weniger zur gleichen Tageszeit zu meditieren, dann beginnt dein Körper, sich darauf einzustellen und sich auf die regelmäßige Meditation zu freuen. Die Meditation schenkt dir kleine Ruhephasen, die der Heilung deiner Emotionen und deines Körpers höchst zuträglich sind.

Du siehst, wir alle haben einen Schatz an Weisheit in uns selbst. In jedem von uns sind die Antworten auf alle Fragen, die wir je stellen könnten. Leider sind wir die meiste Zeit so eifrig damit beschäftigt, das Melodrama zu inszenieren, das wir als unser Leben bezeichnen, daß wir gar nicht dazu kommen, auf die Weisheit zu lauschen, die wir im Innern tragen. Meditation schafft den Raum, in dem wir uns zur Ruhe führen und auf unser inneres Selbst lauschen können. Du hast keine Ahnung, wie weise du tatsächlich bist. Du kannst dich um dich selbst kümmern. Du hast die Antworten, die du brauchst. Stelle die Verbindung her. Du wirst dich sicherer und stärker fühlen.

Visualisierung

Visualisierungen bilden wir zu jeder Zeit. Visualisieren heißt, sich etwas bildlich vorzustellen. Wir stellen uns Dinge vor, die in der Vergangenheit geschehen sind, oder Dinge, die wir in der Zukunft wünschen oder befürchten. Jeder kann sich Dinge vorstellen oder visualisieren. Wenn du das nicht glaubst, dann schließe die Augen und beschreibe mir dein Badezimmer. Natürlich kannst du das tun, und das ist Visualisieren.

Wenn wir davon sprechen, ›eine Visualisierung zu üben‹, dann verstehen wir darunter die Erschaffung oder Beschreibung eines positiven Gedankenbildes von einem Ereignis, das wir uns wünschen. Auch dies können wir alle tun, und es funktioniert auch.

Menschen haben schon ganze Bücher über Visualisierungen und deren Vorzüge bei der Heilung von Krankheiten geschrieben. Dr. Carl Simonton und Shakti Gawain bauen in ihren Werken vor allem auf Visualisierungsmethoden auf. Gehe in eine Bücherei und lies alles, was du dort zum Thema finden kannst. Da erkennst du, daß der Körper, der von Natur aus eine Anhäufung von Auswirkungen ist, deinem Denken folgen muß, das die Ursachensphäre solcher Auswirkungen ist. Wenn wir unsere Gedankenbilder ändern, müssen sich körperliche Veränderungen einstellen.

Diese können positiv oder negativ sein, das ist abhängig von der Weise, wie wir denken oder was wir uns vorstellen. Solche Veränderungen werden sich sowohl in unserem Erleben als auch in unserem Körper widerspiegeln.

Es gibt zahlreiche Bilder und Visualisierungen, mit deren Hilfe wir uns gedanklich auf unseren Körper beziehen können. Oft ist es am besten, Bilder zu gebrauchen, die das Kind in dir ansprechen. Es ist nicht notwendig, in technischen Einzelheiten zu wissen, wie ein bestimmter Teil des Körpers aussieht oder funktioniert. Eine visuelle Vorstellung reicht aus. ›PacMan‹ ist ein beliebtes Bild, wo es darum geht, kranke Zellen aufzufressen. Als ich Krebs hatte, stellte ich mir vor, wie kühles, klares Wasser durch meinen Körper floß und allen Schutt wegspülte. Dein Immunsystem könnte genausogut auch eine Armee sein, die dich beschützt, oder eine Putzkolonne, eine Schar Gärtner, die Unkraut beseitigt, oder irgendein anderes Gedankenbild, das dich anspricht.

Eine positive Visualisierung wird aus drei Teilen bestehen:

1. Ein Bild des Problems, des Schmerzes, der Krankheit oder des gestörten Körpergebiets.
2. Ein Bild der positiven Kraft, die das Problem beseitigt.
3. Ein Bild des Körpers, der zur vollendeten Gesundheit wiederaufgebaut wird, und dann mit Leichtigkeit und voll Energie durchs Leben geht.

Bei einem körperlichen Problem ist es am besten, eine Visualisierung aufzubauen, die für dich persönlich sinnvoll ist. Dann nimm dir dreimal am Tage einige Minuten, um dich still hinzusetzen. Entspanne deinen Körper durch tiefes Atmen. Lasse Frieden in dich einkehren und dich erfüllen. Vielleicht schaltest du eine sanfte, ruhige Musik an. Du kannst auch deine Visualisierung auf Tonband speichern oder sie in Gedanken neu aufbauen. Wenn du fertig bist, laß dir einige Augenblicke Zeit, um dein positives Erlebnis ganz

150

aufzunehmen. Die Zellen deines Körpers werden auf deine Gedankenbilder ansprechen. Die häufige Wiederholung der Visualisierung verstärkte ihre Wirkung. Mache dir keine Sorgen, wenn dir die Visualisierung nicht gelingt. Gehe sie einfach in Gedanken durch. Es wird auf jeden Fall seine Wirkung haben.

Folgende Visualisierung zum Aufbau der T-Zellen im Immunsystem gefällt mir besonders gut. Du kannst jeden Teil davon so variieren, daß er deinen bevorzugten Gedankenbildern entspricht.

T-Zellen-Visualisierung

Du weißt, wie wunderbar dein Körper ist. Er ist ein großartiges Wunder. Dein Körper ist so intelligent. Dein Körper ist so klug. Dein Körper weiß, wie er zum Heilungsprozeß beitragen kann. Dein Körper weiß, wie er T-Zellen aufbauen kann. Dein Körper hat seit der Zeit seines Entstehens T-Zellen aufgebaut. Wir wollen an den Ort gehen, an dem die T-Zellen erzeugt werden; wir wollen in das T-Zellen-Zentrum gehen. Wir wollen die Arbeiter in diesem T-Zellen-Bauzentrum wieder einstellen. Die Fabrik stand jetzt vielleicht eine Zeitlang still, aber jetzt wird der Betrieb wieder eröffnet. Wir stellen viele neue Arbeiter ein, eine Reihe nach der anderen, alle sind bereit und willens und fähig, die besten T-Zellen zu produzieren. Diese Arbeiter sind darauf spezialisiert, die gesündesten, glücklichsten, tüchtigsten und fähigsten T-Zellen herzustellen. Die Arbeiter sind gut vorbereitet. Ihre Ausrüstung ist in erstklassigem Zustand, und alles ist bereit. Die Pfeife ertönt, und es ist Zeit, an die Arbeit zu gehen.

Hunderte von Arbeitern hast du in deiner Fabrik im Innern. Sie alle sind tüchtig und geschwind damit beschäftigt, vollkommene, neue T-Zellen zu produzieren. Du kannst die neuen T-Zellen beobachten, wie sie, eine nach der anderen, vom Fließband kommen. Sieh, wie perfekt sie sind. Sieh, wie gesund sie sind. Sieh, wie kräftig sie sind. Sieh, wie bereitwillig jede neue T-Zelle ist, ihrer Aufgabe nachzugehen.

Wohlan, erinnere dich, daß du der Besitzer dieser Fabrik bist. Du hast das Kommando. Sieh zu, daß diese neuen T-Zellen von allem das Beste bekommen. Die beste Atmosphäre zum Arbeiten, gute Luft zum Atmen, die beste Ernährung, die feinste Kleidung, die beste Ausrüstung. Laß sie von Licht und Freude umgeben sein. Laß sie wissen, daß du sie sehr schätzt. Sie sind die besten, und du behandelst sie, wie sie es als solche verdienen.

Weise diese neuen T-Zellen nun an, auf ihre Posten zu gehen. Sage ihnen, daß es Zeit ist, an die Arbeit zu gehen. Sieh, wie sie an ihre Arbeitsplätze abmarschieren. Sie sind glücklich, gesund und kräftig. Sie haben endlose Energie, und sie lieben dich. Sie wollen ihr Bestes für dich tun. Sie sind deine Beschützer.

Die T-Zellen sind nun an ihren Einsatzplätzen. Sie spüren die Verstecke der Viren auf. Nun erklingt der Schlachtruf, und sie schlagen los. Es ist nicht notwendig, daß du sie begleitest. Diese T-Zellen sind die besten Profis, und sie wissen genau, was sie tun. Sie sind bereits jetzt dabei, alles aus dem Weg zu räumen, was nicht in deine Blutbahnen gehört. Du bist voller T-Zellen, die dich lieben und für dich sorgen. Sie treten gerade jetzt für deine Rechte ein. Entspanne dich und laß dies zu.

Das ist jedoch nicht die einzige Visualisierung. Die besten Visualisierungen kommen aus deinem eigenen Innern. Scheue dich nicht, deine eigenen, speziellen Heilungswerkzeuge zu entwickeln. Manche Leute stellen sich einen gewaltigen Radiergummi vor, der das Virus einfach auslöscht. Andere denken an einen ›PacMan‹, der das Virus verschluckt. Wähle du selbst, was für dich am besten ist. Du wirst immer genau wissen, was du brauchst.

Denke daran, daß du ein wunderbares Vorstellungsvermögen besitzt. Mache auf positive Weise davon Gebrauch, um zu deiner eigenen Heilung beizutragen. Vergeude nicht deine Zeit damit, dir das Schlimmste vorzustellen, wenn du mit der gleichen Energie eine positive Szene aufbauen kannst, die wiederum dazu helfen wird, wunderbare Veränderungen für dich manifest werden zu lassen.

Affirmationen

Affirmationen sind wie die Visualisierungen etwas, das wir praktisch immer gebrauchen. Affirmationen sind die Worte und Sätze, die wir dauernd denken und sprechen. Von morgens bis abends gebrauchen wir Affirmationen. Was war das letzte, das du dir kurz vor dem Einschlafen gestern abend gesagt hast? Es war eine Affirmation, und es trug zu der Art und Qualität deines Schlafens und Träumens bei. Was war das erste, was du heute morgen zu dir sagtest, nachdem du aufgewacht bist? Auch dies war eine Affirmation, und es bestimmte diesen Tag. In der Regel sind es mehr negative als positive Affirmationen, die uns durch den Sinn gehen.

Wenn wir davon sprechen ›mit Affirmationen zu arbeiten‹, dann verstehen wir darunter bestimmte Aussagen, die erwünschte, positive Veränderungen in unserem Leben bewirken sollen. Natürlich werden Affirmationen nicht auf der Stelle zur Realität, sobald wir sie nur einmal ausgesprochen haben. Wenn das gewünschte Ziel in deinem Leben bereits vorhanden wäre, bräuchtest du andererseits keine Affirmationen einzusetzen, um es zu bewirken. Eine Affirmation ist wie ein Samenkorn, das man in die Erde pflanzt; es braucht Zeit, um zu keimen und zur Fülle seiner Bestimmung auszuwachsen. Wiederholung läßt die Affirmation vom Samen zur voll erblühten Pflanze emporwachsen. Blokkiere dich nicht selbst mit Gedanken wie: »Jetzt habe ich die Affirmation dreimal gesprochen, und sie hat nicht gewirkt.« Gib dir Zeit, um das Neue zu erschaffen. Fange damit an und übe dich.

Jeder Gedanke, der uns bewegt, und jedes Wort, das wir aussprechen, ist eine Affirmation. Viel zu oft sind sie negativ, und wir sind uns nicht bewußt, daß diese Worte unser zukünftiges Erleben bestimmen.

Wenn wir jedoch davon sprechen, ›mit Affirmationen zu arbeiten‹, verstehen wir darunter die Formulierung bestimmter Sätze, die etwas Neues in unser Leben einführen oder etwas anderes ausschalten sollen, das wir nicht länger mehr bei uns wünschen. Es ist wichtig zu wissen, wie wir das erreichen. Wenn ich meine Arbeitsstelle nicht mag und gerne eine andere hätte, dann kann ich nicht mit der Affirmation arbeiten »Ich hasse diesen Job« und erwarten, daß mir daraus etwas Gutes erwächst. »Ich hasse diesen Job« ist eine negative Affirmation und wird nur dafür sorgen, daß ich da hängen bleibe, wo ich nicht sein mag. »Ich hasse diesen Job« wird mir keinen neuen, wunderbaren Job bringen.

Wenn du etwas in Wut und Haß hinter dir läßt, so wirst du auch aufs neue Wut und Haß erzeugen, denn dein Unterbewußtsein meint, du wolltest dies. Das gilt für Arbeitsstellen ebenso wie für zwischenmenschliche Beziehungen und deinen Körper. Wenn du deinen Körper haßt, wird es schwieriger sein, eine Heilung von Dauer herbeizuführen.

Die positive Weg zu einem guten, neuen Job wäre zum Beispiel die Verwendung einer Affirmation wie die folgende:

»Ich segne diese Stellung mit Liebe, und ich überlasse sie nun jemandem, der hier noch besser arbeiten wird als ich. Ich öffne mich jetzt für eine wunderbare, neue Stellung, die mich schöpferisch ausfüllt. Ich werde an einem schönen Ort arbeiten, mich mit meinen Kollegen gut verstehen und gut bezahlt werden. Es gibt jemanden, der genau nach dem sucht, was ich zu bieten habe. Wir werden jetzt auf die erfreulichste Weise zusammengeführt. Ich danke dafür, daß dies so ist.«

Oder du sagst einfach: »Ich lasse diese Erfahrung mit Liebe gehen und öffne mich nun einer wunderbaren, neuen Stellung.«

Manchmal sind Affirmationen in Form eines kurzen Satzes höchst hilfreich, denn man kann sie leichter wiederholen. »Ich nehme jetzt eine wunderbare, neue Stellung an«, kann man sich im Laufe des Tages wiederholen; dabei stellt man sich selbst auf neue Gelegenheiten ein. Ich singe Affirmationen gerne, oder ich verknüpfe sie mit einer eingängigen Melodie, die mich durch den Tag begleitet. Manche Leute schreiben ihre Affirmationen zehn-, dreißig-, hundertmal nieder. Gleichgültig, für welche Methode du dich entscheiden wirst: sie wird funktionieren, wenn du deine Affirmation an die Stelle des negativen Denkens in der jeweiligen Angelegenheit treten läßt.

»Ich bin willens zu vergeben« ist eine großartige Affirmation. Wir alle haben viel Vergebungsarbeit zu leisten, und die meisten von uns wollen überhaupt nicht vergeben. Zu sagen, daß wir ›willens‹ sind, öffnet uns die Tür zur Loslösung von einem großen, schweren Teil unserer Vergangenheit.

Wenn wir uns fürchten, können wir daran gehen, zu wiederholen: »Ich lasse Frieden in mir zu.« Diese Affirmation sagt deinem Unterbewußtsein, daß du die Verantwortung übernimmst und willens bist, eine neue Atmosphäre zu erschaffen. »Ich fürchte mich nicht« wäre keine positive Affirmation, die in dieser Situation einen Wert hätte. Denn im Augenblick fürchtest du dich, und diese Affirmation ersetzt deine Ängstlichkeit nicht durch etwas Positives. Eine Affirmation muß immer Negatives durch Positives ersetzen. Du ziehst das Unkraut aus der Erde und setzt gleich darauf die gewünschte Pflanze ein.

Wenn wir Groll hegen, können wir die Affirmation verwenden: »Ich bin willens, über dieses Erlebnis hinweg zu gelangen« oder: »Ich bin willens zu vergeben.« So geben wir unserem Unterbewußtsein (oder unserem inneren Selbst oder dem Universum — wie auch immer du es nennen möchtest) die Erlaubnis, einen neuen Weg zu finden, um das Erlebnis der Vergangenheit hinter sich zu lassen.

Wenn wir Affirmationen gebrauchen, um unsere Gesundheit wiederherzustellen, dann können wir Sätze wie folgende verwenden:

»Ich bin mit meinem Körper in Frieden.«

»Ich nehme vollkommene Gesundheit für mich an.«

»Ich liebe meinen Körper und erlaube ihm zu heilen.«

»Die Zahl meiner T-Zellen steigt von Tag zu Tag.«

»Ich bin stark und immun.«

»Ich bin furchtlos in allen negativen Situationen.«

»Mein Geist ist vollkommen, heil und ganz.«

»Mein Körper spiegelt die Vollkommenheit des Geistes wider.«

»Mein Haar ist üppig und kräftig und wächst aus einer gesunden, entspannten Kopfhaut.«

»Die Speisen, die ich auswähle, sind von hoher Qualität und nähren meinen Körper.«

»Ich scheide alle Abfallstoffe meines Körpers mit Leichtigkeit und vollkommener Regelmäßigkeit aus.«

»Meine Drüsen sind die vollendeten Hüter meines Organismus.«

Der Zweck von Affirmationen ist, uns zu befreien und ein besseres Leben aufzubauen. Sie sind keine Bestrafung oder Schinderei.

Verwende deine Affirmationen mit Freude und Begeisterung, dann werden sie schneller wirken. Vor allem aber: übe sie! Sei dir deiner Worte und Ausdrücke bewußt, denn auch sie sind deine Affirmationen.

Gebet

Die Macht des Gebetes wurde schon zu allen Zeiten eingesetzt. Für viele Menschen ist es ganz natürlich, in Zeiten der
Not beim Gebet Zuflucht zu nehmen.

Ich würde empfehlen, daß du, wenn du betest, dies auf positive Weise tust. Einen zornigen alten Mann oben im Himmel anzuflehen, wird nicht zu guten Resultaten führen.
Spüre deine Verbundenheit, dein Einssein mit dem Universum und allem, was ist, bevor du beginnst, deine Wünsche
anzubringen.

Stelle dir vor, partnerschaftlich mit Gott verbunden zu
sein, und dann werdet ihr gemeinsam eine Lösung ausar-
beiten.

Behandlung

Heute ist ein neuer, kostbarer Erdentag. Wir werden
ihn in Freude leben. Heute bin ich ein neuer Mensch.
Ich entspanne und befreie meine Gedanken von jedem
Druck. Kein Mensch, Ort oder Gegenstand kann mich
reizen oder stören. Ich bin im Frieden. Ich bin ein
freier Mensch und lebe in einer Welt, die eine Widerspiegelung meiner Liebe und meines Verstehens ist.

Ich bin gegen nichts eingestellt. Ich bin vielmehr für
alles, das die Qualität meines Lebens steigern wird. Ich
gebrauche meine Worte und meine Gedanken als
Werkzeuge zur Gestaltung meiner Zukunft.

Ich gebe meiner Dankbarkeit häufig Ausdruck und
blicke aus nach Dingen, für die ich dankbar sein kann.
Ich lebe ein dankbares Leben. Wir sind eins mit der
Macht, die uns erschaffen hat.

Wir sind in Sicherheit, und alles ist gut in unserer
Welt.

14

Heilung der Familie

Affirmation:
Wir alle sind Teil der Familie der Liebe!

Ich glaube, daß — wie die Kinder sich ihre Eltern aussuchen — auch die Eltern ihre Kinder auswählen. Kinder sind uns große Lehrer und Träger kostbarer Gaben. Erdenleben um Erdenleben kehren wir wieder, um geistige Bildung und Wachstum zu vertiefen. Wir treffen immer wieder mit den gleichen Seelen zusammen. Wir arbeiten immer an einem neuen, weiteren Aspekt unseres Wachstums. Wenn etwas in einem Leben unvollendet bleibt, dann wird es in einem weiteren zu dem Versuch kommen, die Aufgabe abzuschließen.

Da stellen sich nun interessante Fragen: Welche Entscheidungen haben wir getroffen, bevor wir in die derzeitige Inkarnation gingen? Was kann einen veranlaßt haben, in diesem Leben homosexuell zu sein? Warum sollte ein homosexueller Mensch sich ausgerechnet seine derzeitigen Eltern ausgesucht haben? Warum haben eben diese Eltern sich auf kosmischer Ebene für die Erfahrung entschieden, ein homosexuelles Kind zu bekommen? Welche Lektion haben wir alle daraus zu lernen? Warum wird ein Kind wählen, sich zur heutigen Zeit zu inkarnieren, wenn die Chancen so groß sind, sich eine Krankheit namens AIDS zuzuziehen?

Wie gehen wir mit den Schuldgefühlen um, ein Kind abzulehnen, weil es nicht ›wie wir‹ ist oder eine Krankheit hat, vor der wir uns fürchten? Warum verschließen wir unsere

Herzen? Was bedeutet dies für jene, die abgelehnt werden, und für die anderen, die ablehnen? Vor welchen Erfahrungsmustern und Lektionen werden sie in der nächsten Inkarnation stehen, wenn sie einander erneut begegnen?

Es ist so leicht abzulehnen, wovor wir uns fürchten. Wir laufen oft vor unseren Lektionen und Aufgaben davon, auch wenn wir tief im Innern wissen, daß sie etwas später wieder unseren Weg kreuzen werden. Wir verschließen uns vor dieser Gewißheit mit Fragen wie: »Was sollen die Nachbarn denken?« oder: »Werden sie mich ablehnen, wenn ich meine Liebe zu einem Kind bezeuge, das anders ist?« oder: »Sind mir meine äußeren Wertmaßstäbe denn wichtiger als die Menschen, die ich liebe?« oder: »Wo sind meine Prioritäten? Und wem bin ich schuldig, sie zu vertreten?«

Es gibt auf diese Fragen keine richtigen oder falschen Antworten. Jeder muß seinen eigenen Weg beschreiten. Einige von uns sind auf diese Erde gekommen, um Ablehnung, Schmerz, Einsamkeit oder Krankheit zu erleben. Alle diese Umstände sind Gelegenheiten, sich wieder für die Liebe zu entscheiden und spirituell zu wachsen. Ich glaube nicht, daß wir bei irgendeiner unserer negativen Entscheidungen stehen bleiben müssen. Wir können der Botschaft des Herzens folgen und über jedes negative Erlebnis hinauswachsen, das uns begegnen kann.

AIDS ist ein Geschenk

Eltern von Menschen mit AIDS sei gesagt: Wisset, daß dies ein Geschenk ist, das euch gegeben wird. Es ist eine Gelegenheit für euch, eure Liebesfähigkeit zu erleben. Setzt euch über die äußere Erscheinung hinweg, setzt euch hinweg über das, was ihr im menschlichen Körper seht, und gebt der gewaltigen Liebe Ausdruck, die ihr zu schenken imstande seid. Familien, die Herzen und Arme für ihre Kinder öffnen, erleben selbst eine mächtige Heilung.

Das Wichtigste, was ihr für eure Kinder tun könnt — ob sie nun AIDS haben oder nicht —, ist, sie bedingungslos zu lieben. Haltet die Kommunikationsverbindungen offen, so daß sie euch alles mitteilen können, ohne eure Mißbilligung fürchten zu müssen. Ja, sie sind anders als ihr, und ihr seid anders als sie. Trotzdem könnt ihr einander noch lieben und unterstützen und aus euren Erfahrungen wachsen.

Wenn ich höre, daß Eltern sich über ihre Kinder beklagen, die inzwischen erwachsen sind und sich nicht mehr melden, dann frage ich mich, wann die Eltern wohl die Kommunikationsverbindung abgeschnitten haben. Man kann zu einem Kind nicht allzu oft sagen: »Sage so etwas nicht«, »Denke nicht so«, »Tue das nicht«, »Sei nicht so«, ohne daß es sich zurückzieht und sein Leben für sich führt, ohne darüber weiter Mitteilung zu machen. Wenn wir vorgeworfen bekommen, was, wer und wie wir sind, dann beenden wir die Kommunikation. Zu viele Familien haben ihre Konversation auf Essen und Wetter beschränkt. Andere Gesprächsthemen stoßen auf Mißbilligung. Das hat nichts mit Liebe und Freude zu tun.

Wie Homosexuelle oft isoliert wurden, hat man auch ihre Eltern häufig isoliert, weil sie homosexuelle Kinder haben. Beide haben ähnlich zu leiden. Scham und Schuld verlangen einen schrecklichen Preis. Aus der Isolation hervorzukommen, ermöglicht Eltern wie Kindern, die Liebe wieder neu fließen zu lassen.

Fallbeispiel Andrew

»Man diagnostizierte Burkitt-Lymphome, Kaposi-Sarkome und dann am 10. Januar 1984 AIDS. Daraufhin begab ich mich sofort zur Behandlung ins Cedars-Sinai Medical Center in Los Angeles. Ich bekam zunächst ein Bett für anderthalb Monate, dann wurde ich für zwei Tage entlassen. Danach kam ich für drei Wochen zurück, und so ging es etwa ein dutzendmal für insgesamt fünf oder sechs Monate im Jahre 1984.

Die einzigen Drogen, die ich erhielt, waren chemotherapeutische Mittel für meinen speziellen Lymphom-Typ. Es war eine recht aggressive Behandlungsart, weil Burkitt-Lymphome eine aggressive Art von Krebs sind. Sie wachsen sehr rasch, und einige der Medikamente, die man mir verabreichte, waren noch im Stadium der klinischen Prüfung. PB16 und Vincristine zum Beispiel werden experimentell bei Kaposi-Sarkomen eingesetzt, aber bei meinen Kaposis richteten sie überhaupt nichts aus. Ich hatte statt dessen recht unangenehme und ernste Nebenwirkungen wie Übelkeit, Brechreiz, Haarausfall, Hautpigmentierung, Geschwülste in Mund und Schleimhäuten. Am unangenehmsten war die ständige Übelkeit. Die Chemotherapie sollte schnellwuchernde Zellen angreifen — und das sind Krebszellen —, aber darunter hatten auch andere, von Natur aus schnell wachsende Zellen wie Haarfollikel, Magenschleimhaut und Haut zu leiden.

Im Vergleich zum letzten Jahr geht es mir jetzt offensichtlich besser. Seit März 1984 bin ich völlig frei vom Burkitt-Lymphom. Mein Blutbild ist besser. Man hat zwar die T-Zellen nicht gezählt, also weiß ich nicht, wie es um diese bestellt ist, aber meine Leukozyten haben sich in jüngster Zeit erholt, und mein Onkologe sagte in seinem Bericht, daß mir im Gegensatz zu vorher, als ich primär AIDS und sekundär drei Kaposi-Sarkome hatte, nun klinisch nichts mehr fehle. Ich bin kein Kranker mehr.

In bezug auf meine Ernährung habe ich nichts Spektakuläres unternommen. Ich weiß, was ich meinem Körper gebe. Ich versuche, gute, nahrreiche Kost zu bekommen, die meinen Vitaminbedarf ganz erfüllt. Ich nehme keine großen Dosen irgendwelcher Ersatzstoffe. Ich habe mich auch entschlossen, kein massives Vitamin-Einnahmeprogramm zu absolvieren, auch kein anderes Programm. Ich achte lediglich darauf, was ich esse. Ich bin in keiner Hinsicht fanatisch eingestellt. Ich esse immer noch gelegentlich ein Steak, aber nur recht selten, weil ich gemerkt habe, daß ich mich nicht immer in Topform fühle, nachdem ich rotes Fleisch gegessen habe. Aber im Moment ist es eben so, daß ich darauf achte, was ich esse und wie ich mich fühle, und dabei versuche ich, guten Ernährungsrichtlinien zu folgen.

Meine Familie hat mich mit meiner Krankheit von Anfang an sehr unterstützt, und sie haben sich wirklich sehr um mich gekümmert. Ich bekam ständig reichlich Besuch. Meine Mutter kam jeden Tag ins Krankenhaus zu mir, auch mein Ex-Liebhaber, und dazu noch eine Unzahl anderer Leute. Mein Vater war da, mein Stiefvater war da, und meine Schwestern kamen aus Nordkalifornien. Ich bekam jede Menge menschliche Unterstützung. Ich hatte also keine Schwierigkeiten, mir eine Hilfstruppe aufzubauen, denn eine solche war von Anfang an vorhanden.

Was ich selbst für mich tat? Ich las ein Buch mit dem Titel *Getting Well Again* (deutsche Ausgabe: *Wieder gesund werden;* Reinbek: Rowohlt ⁵1988) von Carl Simonton. Als ich das Buch meinem Arzt im Cedars-Sinai zeigte, meinte dieser, wenn ich mich für diese Richtung interessierte, könne er mir die Wellness Community in Santa Monica empfehlen. Das ist eine kostenlose, gemeinnützige Organisation, die sich der Hilfe für Krebspatienten gewidmet hat.

Also fuhr ich hin, sah mir die Sache an und wurde Teil der Community. Das war gut für mich und diente dem Zweck, bis ich meine Chemotherapie im April abgeschlossen hatte und weiterziehen wollte. Ich hatte das Gefühl, daß weitere regelmäßige Besuche bei dieser Gruppe für mich im Grunde bedeuten würden, am Krebs festzuhalten.

In jener Phase traf ich einen guten Freund, der mich in die Mittwochabend-Gruppe einführte, die ich dann regelmäßig besuchte. Ich hatte von diesen Treffen vermutlich schon ein Jahr zuvor gehört; ein Freund aus San Francisco — er selbst hatte AIDS — erzählte mir davon und gab mir die Kassette *AIDS: A Positive Approach.* Ich war sehr glücklich, ein Teil dessen zu werden, was sich hier entwickelte. Ich habe in dieser Gruppe sehr viel gelernt, aber es war im Grunde nichts, was ich nicht bereits gewußt hatte. Es bestätigte und bestärkte jedoch einiges von dem, was ich in bezug auf das Leben und den Zweck unseres Hierseins glaubte. Es zeigte mir auch, wie man die Krankheit auflösen konnte, indem man sich ganz und gar in innere Harmonie brachte, Körper und Denken aufeinander ausrichtete. Das ist ein Prozeß, der immer weiter geht, und ich bin nach wie vor dabei.

Seit einiger Zeit bin ich auch mit Paramahansa Yogananda in Verbindung, der die Self Realization Foundation gründete. Was er lehrte, entspricht weitgehend dem, was Louise — wenn auch auf etwas andere Weise — sagt. Ich fühlte mich auch vom Buddhismus angezogen, von dessen Vorstellung vom Weltfrieden und dem Bemühen, in Kontakt zu kommen mit dem sogenannten Buddha-Geist im Innern, mit der Mitte oder einfach mit sich selbst. Im Äußeren gehörten dazu bestimmte Gesänge und häufige, organisierte Zusammenkünfte.

Schließlich trennte ich mich davon, weil ich nicht den Eindruck hatte, es bringe mir etwas über das hinaus, was mir als meine Wahrheit ohnehin schon bekannt war. Ich hatte das Gefühl, die gleichen Dinge durch Meditation erreichen zu können — was ich auch tat —, und dieser Weg ist für mich effektiver. Damit will ich allerdings nicht abwerten, was jene Leute für sich tun, aber ich denke einfach, daß es für sie genauso richtig und wertvoll ist wie für mich das, was ich selbst tue.

Was alternative Therapien betrifft, so glaube ich wirklich, daß alles, was jemand gerne tut und woran er glaubt, das Richtige und Wahre für ihn ist.

Eine weitere Sache, mit der ich zu tun hatte, nennt sich Reiki. Auf einen Artikel in *Newsweek* hin nahm ein Mann aus Cedar Rapids, Iowa, Verbindung mit mir auf. Als ich nach New York reiste, nahm ich den Rückweg über Chicago und traf mich mit diesem Menschen. Er hatte einen Reiki-Marathon organisiert; fünf verschiedene Leute mit verschiedenen Reiki-Graden arbeiteten drei Stunden lang gleichzeitig an mir.

Reiki ist eine Energie-Lehre und beruht grundsätzlich auf dem Handauflegen, aber darauf muß es nicht unbedingt beschränkt bleiben. Es kann auch über die Entfernung hin praktiziert werden, und so erhielt ich es von jenen Leuten. Es machte mir einen sehr starken Eindruck. Ich fühlte mich tief entspannt, während ich behandelt wurde, aber einige Stunden danach bekam ich hohes Fieber, was mich leicht beunruhigte, denn ich hatte schon seit Monaten kein Fieber mehr gehabt. Aber man sagte mir, daß dies zuweilen geschehe, wenn jemand soviel Energie bekomme, wie ich an jenem Abend erhalten habe.

Ich weiß, daß es Niederlassungen der Reiki-Organisation in Los Angeles und anderen großen Städten gibt, und überall auch Menschen, die das praktizieren. Ich möchte nicht sagen, daß Reiki die Antwort auf alle Fragen sei. Vielleicht ist es die Antwort für einige Menschen. Aber ich glaube, daß es ein fortwährender Prozeß ist, herauszufinden, was für einen selbst richtig ist; und alles, was wir für unser Wohlbefinden tun können, ist richtig und korrekt.

Norman Cousins' Buch *Der Arzt in uns selbst* half mir in dieser Hinsicht und brachte mich auch zu der Erkenntnis, daß eine positive Einstellung und das Lernen, sich selbst wieder zu lieben, bei der Genesung eine sehr große Rolle spielen. Ich glaube, daß die Verbindung mit sich selbst, die Heilung von innen und das Bewahren einer positiven, unterstützenden, liebevollen Einstellung die wichtigsten Elemente auf diesem Wege sind.«

Als Andrews Mutter sich bereit erklärte, als Gast bei der Show *Today* mitzuwirken und in der Zeitschrift *Newsweek* zu erscheinen, um ihrem AIDS-kranken Sohn zu helfen, war das für beide Seiten heilsam. Andrew erhielt Hunderte von Briefen von Söhnen und Töchtern und Eltern. Jeder war berührt von der Mutter, die sich öffentlich an die Seite ihres AIDS-kranken Sohnes stellte und erklärte. »Ich liebe ihn.« Nun folgt ihre Geschichte.

Fallbeispiel Helen Clare

Helen Clare scheint eine typische, reiche südkalifornische Hausfrau zu sein. Aber sie ist auch ein Beispiel dafür, wie sehr die äußere Erscheinung täuschen kann. »Ich war sechsundvierzig Jahre lang Leiterin einer Kindertagesstätte, dann ging ich vorzeitig in den Ruhestand, weil ich noch andre Dinge tun wollte. Ich beteilige mich an zahlreichen freiwilligen Aktivitäten. Ich bin Direktorin von ›Mahlzeiten für die Älteren‹. Ich bin im Vorstand der Bibliothek und der Kindertagesstätte der hiesigen Hochschule. Darüber hinaus bin ich Aufsichtsführende bei staatlichen Prüfungen, d. h. wenn es darum geht, daß Krankenschwestern, Rechtsanwälte, Architekten oder Ingenieure ihre Zulassung erhalten. Deshalb wollte ich in den Ruhestand, um Zeit für einige dieser anderen Aktivitäten zu haben, zu denen ich nie gekommen war.«

Sie war auch mit Hingabe die Mutter von Andrew, dessen AIDS-Erkrankung am 10. Januar 1984 diagnostiziert wurde und der als MMA in der Show *Today* und in einem Artikel der Zeitschrift *Newsweek* erschien.

»Ich denke, aus irgendeinem Grund hatte Andy nie ein allzu gutes Bild von sich selbst. Er war immer ein sehr liebes, sanftes Kind gewesen, und seine Zwillingsschwestern — sie sind dreieinhalb Jahre älter als er — waren sehr beliebt und glänzende Schülerinnen, die in jeder Hinsicht viel erreichten. Vermutlich konnte er mit diesen Vorbildern kaum Schritt halten. Ich glaube, daß AIDS für ihn die Chance war, etwas Selbstvertrauen zu gewinnen. Zu wissen, daß er solchen Erfolg haben kann, wie er ihn erreichte, hat ihm zu einigem Selbstwertgefühl verholfen.

Daß er homosexuell war, wußte ich tatsächlich schon,

bevor er es mir mitteilte. Ich dachte, daß dies seine Entscheidung sei, und es hatte gewiß keine negative Auswirkung auf unsere Beziehung. Es tat mir leid, daß er vielleicht auf sehr viel verzichtete, was er im Sinne einer eigenen Familie und eigenen Kindern hätte haben können, aber das war seine Entscheidung, und wir akzeptierten sie.

Zu jener Zeit hatte ich das Gefühl, daß seine Entscheidung vielleicht etwas mit mir zu tun haben könnte, und ich unterzog mich einer Therapie, um mit meinen Schuldgefühlen klar zu kommen. Aber jetzt habe ich diesen Eindruck nicht mehr. Ich bin nun seit zwölf Jahren mit seinem Stiefvater verheiratet, und als Andy sich ›offenbarte‹, kam er damit zu uns. Er steht seinem Stiefvater sehr nahe. Sein eigener Vater ist im Bilde. Er war in der Nähe und ist in Ordnung, aber Andy hat keine so ›enge‹ Beziehung zu ihm wie zu meinem Mann. Sein leiblicher Vater hat mich sehr unterstützt. Er wußte, daß ich die Hauptlast zu tragen hatte, und er besuchte Andy im Krankenhaus.

Andy hatte, bevor er krank wurde, ein sehr schlimmes Jahr bei den Fluggesellschaften, für die er arbeitete. Sie gingen bankrott, und er mußte gehen und wußte nicht, was er tun sollte; außerdem hatte er eine Hepatitis, die ihn sehr mitnahm. Ich glaube, daß all dies sehr viel mit seiner späteren AIDS-Erkrankung zu tun hatte. Ich denke, es ist etwas in dir, das dich krank werden läßt. Natürlich gibt es auch Krankheitserreger und Viren, aber wenn du emotional geschwächt bist, dann läßt dein Immunsystem dich im Stich. Das merkst du nicht bewußt, aber wenn du später zurückblickst, kannst du fast genau den Zeitpunkt feststellen, an dem es anfing. Ich glaube das wirklich. Andy ist sogar noch mehr davon überzeugt als ich! Das ganze Jahr, bevor er krank wurde, war so schlimm für ihn. Als er die ersten Leibschmerzen bekam, dachte er zunächst, es sei ein Magengeschwür, nach all dem Streß, unter dem er stand, und der Unsicherheit, die ganze Lebensweise ändern zu müssen, weil er nun plötzlich keine Arbeit mehr hatte.

Wir wußten bereits vor der Diagnosestellung, daß Andy AIDS hatte, da er alle Symptome zeigte. Wir waren alle zu einem Familientreffen in San Francisco, und am Heiligabend kam Andy zu uns. Er war in einem schrecklichen Zustand, und obwohl er es leugnete, wußte ich, daß er krank war. Also schlug ich vor, daß er eine Zeitlang zu uns nach Südkalifornien nach Hause käme, was er auch tat. Er ging dort dann auch zum Arzt, und innerhalb weniger Tage lag er im Krankenhaus.

Andy war ganz außer sich. Er hatte so entsetzliche Schmerzen und war unter dem Einfluß all der Medikamente so benommen, daß er ganz vergaß, daß er AIDS hatte. Er hatte diesen Tumor im Bauch und sechs Wochen lang unter extremer Übelkeit zu leiden. Als ich etwas über AIDS sagte, fragte er: ›Ich habe AIDS?‹ Er war so entsetzt, daß ich mich schrecklich fühlte. Er fing an zu weinen. Mir war nicht klar geworden, daß er es nicht mehr gewußt hatte. Wir hatten lange nicht darüber gesprochen, weil es ihm so schlecht ging, und so konnte er sich an vieles nicht erinnern, was in den ersten paar Monaten seiner Krankheit geschehen war.

Einige Male ging es ihm so miserabel, daß es wirklich auf Messers Schneide stand. Andys Freunde waren alle sehr gut zu ihm und immer zu Besuch da. Wenn sie ihn wieder verließen, rief er mich, um sich bei mir auszuweinen. Intellektuell verstand ich wohl, daß ich der einzige Mensch war, bei dem er sich erleichtern konnte, aber es war doch schmerzlich. Es fiel mir schwer, daß er seinen Mißmut bei mir abließ und mit seinen Freunden heiter war. Aber ich wußte ja den Grund, und wir sprachen auch darüber.

Er hatte so viele scheußliche Dinge zu erleben, daß er jemanden brauchte, der ihm etwas davon abnahm, und es ging ihm allmählich immer besser. Wenn man Chemotherapie bekommt, muß man beim ersten Mal eine positive Reaktion haben, wenn die Sache Erfolg haben soll. Bei ihm verschwand der Tumor während der ersten Serie. Er hatte einen riesigen Tumor gehabt, der eine Niere blockierte, was ihm höllische Schmerzen bereitete. Dann bekam er eine Lungenentzündung, und die weißen Blutkörperchen waren aufgrund der AIDS-Erkrankung und der Chemotherapie so schwach, daß ihm buchstäblich nichts blieb, um die Infektion zu bekämpfen.

Bevor er mit der Chemotherapie anfing, fragte ich den Arzt, wie groß seine Chancen wirklich seien, weil ich nicht wollte, daß er diese Qual für nichts und wieder nichts auf sich nähme. Der Arzt meinte, daß Andy es einmal versuchen könne und diese Chance eigentlich verdient hätte. Er meinte das ehrlich, und ich glaubte ihm, und nachdem wir einmal ja dazu gesagt hatten, gab es kein Zurück mehr; es war ein Kampf bis zum Ende.

Es war schrecklich, den anderen Mann im Krankenhauszimmer zu beobachten, dem es immer schlechter und schlechter ging, bis er schließlich starb. Seine Familie wollte überhaupt nichts von ihm wissen, jedenfalls nicht bis zu den letzten wenigen Wochen. Ein anderer hatte seiner Mutter mitgeteilt, er sei ins Krankenhaus gegangen um zu sterben, sein Körper sei am Ende. Die Mutter sagte zu mir: ›Er hat genug gelitten. Sein Körper ist verbraucht, es ist an der Zeit, daß sein Leiden aufhört.‹

Ich dachte so etwas anfänglich auch einige Male in bezug auf Andy, als er eine Woche lang jede halbe Stunde brechen mußte. Das war sehr schlimm mitanzusehen, aber aufgeben wollte ich ihn selbst damals nicht. Einmal jedoch sagte er zu mir: ›Ich frage mich, wozu ich das alles tue.‹

Wenn es ihm schlimmer ging, sprach ich ihm Mut zu, aber wenn es mir schlimmer ging, ließ ich ihn das nie spüren. Ich haßte es, ihn leiden zu sehen. Es war ein harter Weg von den schwersten Krankheitszeichen und dem Versuch, seinen Körper wieder zum Funktionieren zu bringen, bis zur Rückkehr in die reale Welt. Aber jetzt hat er es geschafft. Er hat nun seit sechs Monaten keine Medikamente mehr erhalten, nichts. Und ich denke, Louise hat ihm ungeheuer geholfen; sie ist eine wunderbare Frau.

Andy besuchte die Wellness Community, eine Krebshilfegruppe in Santa Monica, aber er zog sich dann wieder zurück, als er keinen Krebs mehr hatte. Ich denke, Louise Hays Gruppe entspricht eher dem, was er jetzt braucht. Ich glaube, der ganze Ansatz von Louise ist wunderbar: sie ermutigt die Menschen mit AIDS, sich selbst zu mögen und ihr Selbstwertgefühl zu steigern. Ich habe in meinem Leben selbst einige Probleme damit gehabt und kann das verstehen.

Auf jeden Fall meine ich, daß mein Glauben und Vertrauen durch all diese Dinge gewachsen ist. Ich glaube, ich bin selbst innerlich gewachsen, auch wenn es eine schreckliche Art zu wachsen war: durch die Schmerzen eines anderen. Aber ich denke, ich bin auch in der Beziehung gewachsen, daß ich mir über Kleinigkeiten keine Sorgen mehr mache. Ich erkenne, daß sehr viele Dinge, die mich früher bekümmerten, gar nicht wichtig sind. In mancher Hinsicht fühle ich mich viel wohler, Andy und ich sind in letzter Zeit so viel zusammen gewesen, daß wir viele Stunden damit verbrachten, Dinge zu klären, und dabei hat er mir geholfen. Er sagt, man könne zuviel Energie mit negativen Gefühlen über Leute, Ereignisse usw. vergeuden, und ich kümmere mich um solche Sachen jetzt gar nicht mehr. Es lohnt nicht, sich darüber Sorgen zu machen.

Ich glaube, daß ich vielen Menschen aufgrund meiner eigenen Erfahrungen mit Andy als homosexuellem und AIDS-krankem Sohn etwas beibringen konnte. Weil unsere Gemeinde hier mit solchen Dingen wirklich nicht viel konfrontiert wird, glaube ich nicht, daß es hier viele MMAs gibt, obgleich man immer wieder überrascht ist, was hin und wieder bekannt wird. Ich sprach mit einer netten Frau, die ich beruflich über die Hochschule kennenlernte, und sie sagte, daß sie den Artikel gelesen hatte, in dem ich erschien, und daß sie das angeregt habe. Sie erzählte, daß ihr Bruder im November letzten Jahres an AIDS gestorben sei. Ich wußte zwar, daß sie ihren Bruder verlor, hatte aber keine

Vorstellung, wie es dazu gekommen war. Eine andere Frau aus dem Ort schrieb mir einen lieben Brief und teilte mir mit, wie sehr sie jenen Artikel schätzte. Ihr Bruder sei homosexuell, und sie meinte, falls sie je so etwas durchmachen müsse wie wir, hoffte sie, dabei soviel Mut und Tapferkeit aufzubringen wie wir. Ich hätte vermutlich nie erfahren, daß ihr Bruder homosexuell ist. Man hätte ja nie darüber gesprochen.

Ich denke, daß ich als Mutter das Beste tat, was ich damals wußte, und ich glaube, daß man das innerlich akzeptieren muß und sich nicht schuldig fühlen soll. Ich hörte einen Psychiater sagen, daß viele Mütter sich schuldig fühlten, weil sie irgendwie spürten, daß sie es waren, die ihre Söhne töteten, weil diese homosexuell geworden sind und AIDS bekommen haben. Nun, ich bin da anderer Ansicht.

Ich habe in bezug auf Andys gesundheitliche Zukunft ein wirklich positives Gefühl. Er sieht so gut aus und fühlt sich so wohl, und in mancher Hinsicht ist er gar nicht wie ein typischer AIDS-Patient. Er hatte zwar Halsschmerzen und eine Erkältung, aber damit wird er fertig. Er landet nicht mehr im Krankenhaus. Als er das letztemal in die Klinik ging, war sein weißes Blutbild schon wesentlich besser. Ich glaube nicht, daß Andy von AIDS geheilt ist, aber ich meine, daß er die Krankheit unter Kontrolle hat. Sein Immunsystem ist nicht völlig ruiniert; einiges ist noch übrig. Und ich glaube, wenn er seine positive Einstellung beibehält, kann er das Immunsystem noch weiter aufbauen.«

Zum Schluß gibt Helen Clare noch einen Rat: »Deine Kinder gehören dir nicht. Du bist ihr Erzeuger, aber sie wachsen heran und sind Menschen für sich. Wenn du sie nicht als solche annimmst, dann verlierst du sie. Ich kann nicht verstehen, wie Eltern ihr Kind nicht akzeptieren können. So viele Leute in der Gruppe und Freunde von Andy sind zu mir gekommen und sagten: ›Ich wünschte, ich hätte Eltern wie Sie‹ oder: ›Ich wünschte, meine Eltern würden mich akzeptieren, wie ich bin.‹ Und das tut mir wirklich leid für sie, denn dabei entgeht den Eltern, was das wirklich Besondere an ihrem Kind ist, und dem Kind, daß es bereits besondere Eltern besitzt.«

Was Eltern − und auch ihrem Kind − mit am schwersten fällt, ist die ›Offenbarung‹, das heißt die Mitteilung über ihre Homosexualität. Für die meisten ist ihr Geständnis bestenfalls hart, bei anderen kommt es zum Schlimmsten und öffnet eine Kluft innerhalb der Familie, die destruktiv wirkt. Aber es muß nicht so sein. Wie bei AIDS bietet die ›Offenbarung‹ eine große Lektion: anzunehmen, was *ist*. Und wenn wir lernen, unsere Kinder als die einzigartigen, wunderbaren Geschöpfe anzunehmen, die sie sind, dann können wir anfangen, sie wirklich zu lieben.

Behandlung

Heute ist ein neuer, kostbarer Erdentag. Wir werden ihn in Freude leben. Ich umgebe mich, meine Freunde, meine Familie und mein Zuhause mit Harmonie und Liebe. Ich lasse jeden Gedanken los, der mich irgendwie verletzt, auch wenn er von jenen stammt, die ich liebe. Ich erhebe mich, über die Beschränkungen meiner Lieben hinweg, in ein neues Gefühl der Freiheit für mich selbst. Ich erlege auch anderen meine früheren Beschränkungen nicht mehr auf, und sie sind nun frei, sie selbst zu sein. Ich gebe anderen, was ich zu empfangen wünsche.

Lieben und Annehmen fließen frei zwischen mir und jedem, den ich kenne. Wir sind eins mit der Macht, die uns erschaffen hat.

Wir sind in Sicherheit, und alles ist gut in unserer Welt.

15

Als Homosexueller in der Familie

Affirmation:
Wir sind gesegnet mit einer besonderen,
kostbaren Gabe!

Die Offenbarung

Dem Homosexuellen fällt es oft recht schwer, seinen Eltern und anderen Familienmitgliedern die eigene Art der Sexualität zu offenbaren. Das ›Hervortreten aus dem Schatten des Schweigens‹ bedarf großen Mutes, denn nur zu häufig trifft man auf Feindseligkeit und Ablehnung. Bedingungslose Liebe fällt dann rasch unter den Tisch oder wird von falschen Moralvorstellungen überschattet, und von der Angst: »Was werden denn die Nachbarn denken?«

Jeder Mensch auf diesem Planeten ist gleich einer einzigartigen Blume und lebt hier, um sich seinen spirituellen Weg emporzuarbeiten. Wir können einander nicht be- oder gar verurteilen, ohne unser eigenes Wachstum zu behindern. Ich glaube, wenn Eltern ein homosexuelles Kind haben, ist dies etwas, das sie auf seelischer Ebene selbst gewählt haben, um ihre Lektion zu lernen, ihr Herz zu öffnen. Das heißt nicht, daß wir die Eltern für die Homosexualität ihres Kindes verantwortlich machen, sondern es geht darum, zu verstehen und zu lernen, welche Lektion aus dem uneingeschränkten Akzeptieren erwächst — und die Kinder dafür zu lieben.

Es ist viel leichter, mit seinen Eltern offen und ehrlich zu sein, wenn wir uns über uns selbst im klaren sind. Wenn wir das Gefühl haben, nicht gut genug zu sein, dann ist es schwierig, andere davon zu überzeugen, daß sie uns annehmen sollen, wie wir sind. Sind wir uns unserer Selbstliebe sicher, dann können wir von diesem Standpunkt der Stärke ausgehen, wenn wir zu anderen sprechen. In unserer Selbsthilfegruppe sind viele Menschen, die ihren Eltern nicht nur mitzuteilen haben, daß sie homosexuell sind, sondern auch, daß sie AIDS haben. Ein solcher Schlag trifft doppelt hart, und er ist für Eltern und Kind gleichermaßen schmerzvoll. Viele Eltern wollen mit ihrem Wissen ganz für sich bleiben und nie mit anderen darüber sprechen.

Oft höre ich die Worte: »Nein, das kann ich meinen Eltern nicht sagen; sie würden es nicht ertragen«, oder: »Es würde ihnen zu sehr wehtun.« Das ist sehr unfair. Denn damit tust du nichts anderes, als zu versuchen, ›ihr Leben für sie zu leben‹. Du behauptest, genau zu wissen, was in ihnen vorgehen würde. Laß sie doch ihr eigenes Leben leben und ihre eigenen Reaktionen haben. Wie können sie spirituell wachsen, wenn du ihnen dieses wichtige Erlebnis vorenthältst? Jemandem mitzuteilen, wer du bist, tut dem anderen nicht weh. Wenn du meinst, sie fühlten sich verletzt, dann haben sie selbst diese Art der Reaktion gewählt. Es gäbe noch viele andere Gefühle, unter denen sie wählen könnten. Erlaube deinen Eltern, ihr Leben selbst zu leben.

Wir empfehlen, daß jeder, der davor steht, seine Homosexualität seiner Familie mitzuteilen, dies zunächst eine Zeitlang vor dem Spiegel übt. Stelle dir im Spiegel den Elternteil vor, mit dem zu sprechen es am schwierigsten wäre, und erkläre dich ihm oder ihr. Beim ersten Mal dürfte sehr viel an Emotionen hochkommen, und das ist in Ordnung so, denn du bist allein und nur vor dem Spiegel. Beim zweiten Mal ist es nicht mehr so traumatisch, und wenn du diese Übung eine Zeitlang täglich wiederholst, wird sie dir leichter und leichter fallen. Wenn der Besuch oder Telefonanruf schließlich stattfindet, kannst du feststellen, daß die Schwingen zwischen den Familienmitgliedern wesentlich offener und empfänglicher sind. Wenn du vor deiner ›Offenbarung‹ ungefähr drei Wochen Zeit hast, kannst du vor dem Spiegel viel geübt haben.

Fange an mit den Worten: »Mutter (oder Vater), es gibt etwas, das du wissen solltest.« Dann sag ihm/ihr, wer du bist. Du kannst z. B. sagen: »Ich hatte Angst, dir das schon früher zu sagen, weil…« Sage ihnen, was du von ihnen willst. Nicht, was du *nicht* willst, sondern was du *willst.* Sage nicht: »Ich will nicht, daß ihr mich ablehnt«, sondern vielmehr: »Ich will, daß ihr mich liebt, akzeptiert und unterstützt.« Jeden Tag wird dir vor dem Spiegel klarer werden, was du sagen willst.

Schicke deinen Eltern Gedanken der Liebe zu, wann immer sie dir in den Sinn kommen. In der Zwischenzeit bemühe dich, dich selbst lieben zu lernen, denn das ist noch wichtiger als alles andere.

Wenn deine Eltern auf deine Enthüllung hin verärgert reagieren und dich ablehnen, dann bedenke, daß dies ihre ›erste Reaktion‹ ist. Laß sie zu. Gib ihnen ein wenig Zeit zum Verdauen. Als deine Eltern hatten sie vermutlich ohnehin einen *vagen Verdacht,* deshalb laß sie sein, wer sie sind, so wie du von ihnen willst, daß sie dich sein lassen, wer du bist. Sende ihnen weiter Gedanken der Liebe zu und bekräftige dir innerlich: »Du hast eine wunderbare, liebevolle, tragende Beziehung zu deiner Familie.« Wir haben herausgefunden, daß sich diese Art ›mentaler Arbeit‹ in jedem Falle auszahlt. Es kommt immer zu einer Verbesserung der innerfamiliären Beziehungen, manchmal sogar zu einer überraschenden Wende. Die Liebe ist da, und du kannst ihnen helfen, sie zu finden.

Wenn du auf totale Ablehnung stößt, dann stelle dir deine eigene Familie aus dem Kreis der Menschen zusammen, die dich lieben. Wenn dich niemand liebt, dann fange du an, indem du andere liebst. Finde oder gründe eine Hilfsgruppe.

Solche Selbsthilfegruppen können zu Ersatzfamilien werden. Erinnere dich: was du gibst, das wirst du auch selbst wieder erhalten.

Von den Eltern kannst du also Reaktionen erleben, die so verschiedenartig sind wie die Menschen selbst. Viele homosexuelle Männer, die sich selbst ihren Eltern gegenüber nie geoffenbart hatten, weil sie sich vor deren Reaktionen fürchteten, bekommen nun die Gelegenheit zu sagen: »Mutter und Vater, ich bin schwul, und ich habe AIDS — und ich brauche eure Liebe und Unterstützung.« Es stimmt wohl, daß manche dann abgewiesen wurden, andere aber waren überrascht angesichts der Reaktionen und der Liebe, die ihnen entgegengebracht wurde.

Wenn Eltern mit Wut und Ablehnung reagieren, geschieht dies aus ihrer eigenen Angst heraus. Menschen, die furchtsam sind, werden eine — oft sogar sehr heftige — Neigung zum Fortlaufen zeigen. Angesichts der zahllosen dunkelschwarzen Nachrichten, die von den Medien verbreitet werden, ist es kein Wunder, daß uninformierte Menschen so reagieren, wie sie es tun. Das entspringt ihrem natürlichen Selbstschutz-Instinkt, einem Abwehrmechanismus, wenn du so willst.

Ganz gleich, wie Vater oder Mutter reagieren, es ist in deinem Interesse, sie mit Liebe zu segnen. Was auch immer du gibst, das wirst du auch selbst wieder erhalten. Es wäre also sinnlos, gereizt oder wütend zu reagieren, denn so kannst du die Situation nicht heilen. Sie ist eine große Lern-Gelegenheit für jeden Menschen mit AIDS — die gewaltige Heilungskraft der Liebe zu entdecken.

Ich empfehle dir dabei keinesfalls, dich wie ein Radfahrer oder Fußabtreter zu verhalten. Vielmehr sage ich: Verschwende deine kostbare mentale Energie nicht darauf, Wut und Groll zu hegen. Ganz gleich, wie berechtigt es dir auch scheint, werden deine zornigen oder grollenden Gedanken nur deinen eigenen Körper verletzen. Und das sind sie nicht wert.

Laß deinen Eltern Zeit, ihre erste, spontane Reaktion hinter sich zu bringen. Halte deinerseits die Tür geöffnet. Gib ihnen eine Chance, dich wieder zu lieben.

Fallbeispiel Jeff

Jeff, einer unserer schönen jungen Männer aus der Mittwochabend-Gruppe und von Beruf Krankenpfleger, hatte sehr große Schwierigkeiten, an seinem Selbstheilungsprogramm festzuhalten. Er hatte schon etliche Infektionen gehabt, war aber nie als AIDS-krank diagnostiziert worden. Jeff war heimlich homosexuell und hegte sehr viel Wut gegen seine Familie, besonders den Vater; er hatte sich ihnen noch nie ›offenbart‹.

Eines Tages dann kam die Diagnose: AIDS. Das war mit das Beste, was ihm passieren konnte. Es ermöglichte ihm, mit dem Versteckspiel aufzuhören und den Entschluß zu fassen, sich ganz seiner Heilung zu widmen.

Einer seiner ersten Schritte nach der Diagnosestellung bestand darin, daß Jeff sich seiner Familie erklärte. Ich weiß, daß ihm dies nicht leichtgefallen ist. Er rief seine Mutter an und sagte: »Ich tue das nicht, um dich zu verletzen, aber mir ist bekannt, daß die fünf Prozent Homosexueller mit AIDS, die wieder gesund wurden, sich ihren Eltern anvertraut haben, und ich will leben. Mutter, ich will, daß du weißt, daß ich schwul bin und AIDS habe.« Seine Mutter nahm diese Nachricht überraschend gut auf.

Dann rief Jeff alle achtundzwanzig Mitglieder seiner Familie an und überbrachte einem nach dem anderen diese Neuigkeit. Als er alle Anrufe hinter sich hatte, war ihm, als sei ihm ein zehn Tonnen schweres Gewicht von den Schultern genommen. Jetzt steht er viel aufrechter da. Seine Züge sind entspannt, und sein Blick ist viel klarer. Er sieht wesentlich besser aus. Seine Aufmerksamkeit gilt nun hundertprozentig der Beschäftigung mit dem Weg zur Gesundheit. Er ißt nichts mehr, was nicht auf seinem Ernährungsplan steht. Seine Fähigkeit, sich selbst lieben zu lernen, wächst von Tag zu Tag. Jeff wird es schaffen, und das ist herrlich zu beobachten.

Wir haben schon viele Erfolgsgeschichten mit den Familien von Mitgliedern unserer Gruppe erlebt. Mit jenen, die sich ihren Familien noch nicht offenbart haben, üben wir das Gespräch mit Mutter oder Vater vor dem Spiegel. Das bedeutet, in den Spiegel zu blicken und zu sagen: »Mutter, es gibt etwas, das du wissen solltest.« Die Übung endet immer mit den Worten: »Was ich wirklich will, ist deine Liebe und Billigung.« Liebe und Billigung ist es, was wir von allen wollen. Das üben wir täglich einige Wochen oder einen Monat lang. Während dieser Zeit geschieht etwas Positives. Irgendwie bekommt die andere Person die Veränderungen in Form von Schwingungen mit.

Das ermöglicht uns auch, mehr von einem liebevollen Standpunkt, aus unserer Mitte heraus, zu sprechen. Entweder schreiben wir dann einen Brief, machen einen Telefonanruf oder einen persönlichen Besuch — was jeweils am passendsten erscheint. Und tatsächlich ist der Empfang dann viel offener und liebevoller, als er früher ausgefallen wäre. Wir können jetzt zumindest einen Teilerfolg erzielen beim Öffnen der Bahnen, auf denen Liebe zwischen allen Familienmitgliedern fließen kann.

Fallbeispiel Luke

Luke ist ein gut aussehender junger Mann, der in einer Familie von Mormonen aufwuchs, die glauben, daß Homosexualität eine Sünde sei. Lukes Familie stellt auch Älteste für die Kirchengemeinde, und das erschwerte seine Position noch zusätzlich. Er begann, ihnen täglich all seine Liebe zuzusenden und ihnen ihre und seine eigenen Vorurteile der Vergangenheit zu vergeben.

Luke brauchte einige Monate, in denen er dies ständig praktizierte, sich seine Familie vom Licht der Liebe umgeben vorstellte und wie sie ihn mit offenen Armen willkommen hießen. Dann erhielt er eines Tages einen Anruf von Tante und Onkel, die ihm mitteilten, daß nicht alle seine Verwandten anti-homosexuell eingestellt seien, und fragten, ob sie ihm bitte eine Geburtstagsparty veranstalten dürften. Er sagte zu, und acht Mitglieder seiner Familie erschienen, durchweg standhafte Mormonen. Er lud acht seiner engen Freunde ein, und ich war darunter. Die Geburtstagsparty wurde zu einem unvorstellbaren Erlebnis von Liebe und Unterstützung.

Je mehr Liebe wir geben, je mehr wir das Liebe-Schenken üben, desto mehr Liebe fließt zu uns zurück. Luke bekam an jenem Abend seine Liebe zehnfach zurück. Nach dem Essen sang sein Onkel, sangen seine Vettern, sangen wir alle. Es war ein sehr heilsamer Abend. Wir setzten uns sogar auf den Fußboden und bildeten einen Heilungskreis um Luke, legten ihm die Hände auf und schickten ihm Liebe und heilende Energie. Ich erinnere mich, daß ich zu seiner Familie sagte: »Wenn ihr wirklich glaubt, daß eure Liebe seinen Körper heilen kann, wieviel würdet ihr ihm dann geben? Bitte gebt es ihm jetzt.«

Jener Abend einte diesen Teil der Familie auf eine Weise, wie die Anwesenden es noch nie gekannt hatten. Jetzt arbeiten wir am Rest der Familie, und es ist nur eine Frage der Zeit, bis auch die anderen Angehörigen ihre Herzen öffnen.

Manchmal ist es sehr schwierig, unablässig Liebe auszusenden, wenn man auf massiven Widerstand oder Wut stößt oder gar Ablehnung erntet. Wenn du aber dabei bleibst, dann funktioniert es. Mehr und mehr Menschen können das mittlerweile bestätigen. Wir helfen inzwischen, viele Herzen mit Liebe zu erschließen.

Weißt du, wie vollkommen du als kleines Baby gewesen bist? Babys müssen nichts tun, um vollkommen zu werden. Sie sind bereits vollkommen und sie handeln, als ob sie das wüßten. Babys wissen, daß sie der Mittelpunkt des Universums sind. Sie scheuen sich nicht, um das zu bitten, was sie brauchen. Sie lassen ihren Emotionen freien Lauf. Wenn ein Baby zornig ist, weißt du das — ja, die ganze Nachbarschaft kann es hören. Wenn ein Baby glücklich ist, weißt du das auch, denn sein Lächeln erhellt einen ganzen Raum. Die Kleinen sind so erfüllt von Liebe.

Kleine Babys sterben, wenn sie keine Liebe erhalten. Wenn wir erst älter sind, lernen wir, ohne Liebe zu leben, aber Babys könnten das nicht ertragen. Babys lieben auch jeden Teil ihres Körpers, selbst ihren eigenen Kot. Sie haben keine Scham- und Schuldgefühle.

So warst auch du einmal. Wir alle waren einmal so. Dann fingen wir an, auf die Erwachsenen um uns zu hören, die gelernt hatten, Angst zu haben, und wir begannen, unsere eigene Großartigkeit zu leugnen.

Du bist nicht die Summe der Meinungen deiner Eltern über dich. Du bist nicht, wofür die Gesellschaft dich verdammt. Du bist nicht das Krankheits-Urteil, das das ärztliche Establishment über dich fällt. Vielleicht fühltest du dich von der Gesellschaft und sogar von der eigenen Familie verdammt. Verdamme dich aber jetzt nicht auch noch selbst wegen deines Verhaltens und deiner Einstellung. Das alles hat mit einem Glaubensgebäude zu tun. Denn dies ist das einzige, was du zu verändern hast — DEIN GLAUBENS-GEBÄUDE!

In meinen Seminaren sind jetzt immer Homosexuelle mit einigen Heterosexuellen und Menschen mit AIDS gemischt. Ich spreche offen darüber, wie man AIDS bekommt und wie nicht, und gebe den Leuten die Möglichkeit, ihre Ängste zu äußern, wenn sie solche haben. Innerhalb von ein bis zwei Stunden sind die meisten Ängste verschwunden. Die Leute stellen fest, daß Homosexuelle Menschen wie andere auch sind, und sie öffnen ihnen ihr Herz. Jene, die am meisten bigott und verängstigt sind, entwickeln bis zum Ende des Seminars fast die größte Bereitwilligkeit, Menschen mit AIDS zu helfen. Liebe heilt. Ich habe das wieder und wieder erlebt. Liebe heilt Herzen, und das ist alles, was der Heilung bedarf. Alles andere ergibt sich dann von selbst.

Was wir in der Familie glauben

Noch während wir sehr klein sind, lernen wir aus den Reaktionen der Erwachsenen um uns, wie wir über uns selbst und das Leben zu empfinden haben. So lernen wir auch, was wir über uns und über unsere Welt zu denken haben. Wenn du nun unter Menschen lebtest, die sehr unglücklich oder ängstlich waren, voller Schuldgefühle oder Ärger, dann hast du viel Negatives über dich und deine Welt gelernt. »Ich mache nie etwas recht.« »Es ist alles meine Schuld.« »Wenn ich zornig werde, bin ich ein schlechter Mensch.« Solches zu glauben, führt zu einem frustrierenden Leben.

Wenn wir aufwachsen, haben wir die Tendenz, die emotionale Umgebung unserer ersten Lebensjahre wiederherzustellen. Das ist nicht gut oder schlecht, nicht richtig oder falsch; es ist einfach, was wir innerlich als unser ›Zuhause‹ kennen.

Wir neigen auch dazu, in unseren zwischenmenschlichen Beziehungen jene Verhältnisse wiederherzustellen, die uns mit Mutter oder Vater verbanden oder diese miteinander. Denke nur selbst darüber nach, wie oft du schon einen Partner oder Chef hattest, der ›genau wie‹ deine Mutter oder dein Vater war.

Wir behandeln uns selbst auch so, wie unsere Eltern uns behandelten. Wir tadeln und strafen uns auf die gleiche Weise. Wenn du darauf achtest, kannst du fast den gleichen Wortlaut wiedererkennen. Wir lieben und ermutigen uns auch auf die gleiche Weise, falls wir als Kinder schon geliebt und ermutigt wurden.

»Du machst nie etwas recht.« »Alles ist deine Schuld.« »Du bist ein schlechter Mensch.« Wie oft hast du dies zu dir selbst schon gesagt? – »Du bist wunderbar.« »Ich liebe dich.« Wie oft sagst du dir so etwas?

Aber wir wollen unseren Eltern keine Vorwürfe machen. Wir alle sind die Opfer von Opfern, und die Eltern hätten uns unmöglich etwas lehren können, was sie selbst nicht wußten. Wenn deine Mutter sich selbst nicht zu lieben wußte oder dein Vater sich nicht lieben konnte, dann muß es ihnen unmöglich gewesen sein, dir solches beizubringen. Sie machten das Beste, was sie konnten, aus dem, was sie selbst als Kinder gelernt hatten. Wenn sie gezwungen waren, einer bestimmten Form gerecht zu werden, um ihren Eltern zu gefallen, dann erwarteten sie auch von dir, daß du ihren Vorstellungen entsprachst. Wenn du deine Eltern besser verstehen willst, dann laß sie über die ersten zehn Jahre ihrer eigenen Kindheit sprechen. Wenn du voll Mitgefühl zuhörst, wirst du erfahren, woher ihre Ängste und starren Vorstellungen kommen. Diese Menschen, die dir ›all das angetan‹ haben, waren genauso verängstigt und furchtsam wie du selbst. Aber wenn du dein Gewahrsein dafür steigerst und zu lieben beginnst, dann können auch sie anfangen, diese Liebe widerzuspiegeln.

Behandlung

Heute ist ein neuer, kostbarer Erdentag. Wir werden ihn in Freude leben. Nicht jeder hat die spezielle Familie, die ich habe. Es hat auch nicht jeder diese zusätzlichen Gelegenheiten, sein Herz auf die Weise zu öffnen wie meine Familie. Wir sind nicht begrenzt durch das, was die Nachbarn denken, oder durch die zur Zeit populären Vorurteile der Gesellschaft. Wir sind viel mehr als das. Wir sind eine Familie, die aus der Liebe kommt, und wir akzeptieren voll Stolz jedes einzigartige Mitglied.

Wir sind alle etwas Besonderes, und wir alle sind der Liebe wert. Ich liebe und akzeptiere jedes Mitglied meiner wunderbaren Familie, und diese wiederum mögen und lieben mich. Wir sind eins mit der Macht, die uns erschaffen hat.

Wir sind in Sicherheit, und alles ist gut in unserer Welt.

Die Wahl unserer Eltern

Unsere Entscheidungen verstehen

Ich glaube, wir wählen unsere Eltern selbst. Jeder von uns beschließt, sich auf diesem Planeten an seinem Ort in Zeit und Raum zu inkarnieren. Wir haben entschieden, hierher zu kommen, um eine bestimmte Lektion zu lernen, die uns auf unserem spirituellen Entwicklungsweg weiterbringen wird. Wir wählen unser Geschlecht, unsere Hautfarbe, unser Land, und dann blicken wir uns um nach dem Elternpaar, das genau jenes Muster widerspiegelt, das wir mitbringen, um in diesem Leben daran zu arbeiten. Wir wählen diese Eltern, weil sie für uns perfekt sind. Sie sind das perfekte Paar und ›Experten‹ auf dem Gebiet, das zu lernen wir uns ausgesucht haben. Die Lektionen, die wir hier lernen sollen, scheinen ganz genau zu den ›Schwächen‹ unserer Eltern zu passen.

Ja, du hast dir die richtigen Eltern ausgesucht, andernfalls wärst du jetzt nicht hier. Wäre bei der Wahl deiner Eltern wirklich ein Fehler vorgekommen, hättest du diesen Planeten schon sehr bald wieder verlassen. Ich denke, das ist der Grund, warum es Totgeburten und plötzliche Kindstode gibt. Sie bieten eine einfache Möglichkeit, den Planeten wieder zu verlassen. Entweder kam die Wesenheit zu früh für ihre Lektionen an, oder es handelte sich um einen Fehler bei der Wahl der Eltern.

Unser Glaubensgebäude errichten wir schon als kleine Kinder, und dann gehen wir durchs Leben und erzeugen die Erlebnisse und Erfahrungen, die zu dem passen, was wir glauben. Blicke auf dein bisheriges Leben zurück, und du wirst bemerken, wie oft du das gleiche Erlebnis wiederholt hast. Ich glaube, daß du solche Erlebnisse wieder und wieder erzeugt oder angezogen hast, weil sie etwas widerspiegelten, das du über dich selbst glaubtest. Es spielt im Grunde keine Rolle, wie lange wir ein Problem hatten, wie groß es ist oder wie das Leben uns behandelt hat. Wisse aber, daß jeder negative Zustand, der in der Vergangenheit existierte, jetzt verwandelt werden kann.

Wir kommen auf diesen Planeten, und bevor wir kommen, wählen wir eine Lektion, mit der wir uns beschäftigen werden. Wir wissen, was wir jeweils an Arbeit antreffen wollen. Und gleichgültig, aus welcher Perspektive wir unsere Lektion auch betrachten: es dreht sich immer um die Liebe. Wie sehr können wir uns selbst lieben, ungeachtet dessen, was wir in unserem Leben sonst geschaffen haben? Ich glaube, das erste, was wir wählen, nachdem wir unsere Lebenslektion bestimmt haben und bevor wir auf den Planeten kommen, ist unsere Sexualität. Welche Sexualität soll uns diesmal begleiten? Werden wir eine Frau, weil wir als Frau gewisse Erfahrungen zu sammeln haben, oder werden wir ein Mann, weil uns da andere Erfahrungen bevorstehen? Werden wir uns für die Heterosexualität entscheiden und die Erfahrungen, die sie mit sich bringt, oder werden wir homosexuell sein und damit oft ganz anderen Erlebnissen begegnen?

Was wollen wir diesmal erleben? Und dann, meine ich, wählen wir unsere Hautfarbe. Welche Farbe werden wir diesmal tragen? Denn auch mit den verschiedenen Hautfarben sind unterschiedliche Erlebnisbereiche verknüpft. Danach entscheiden wir noch, wo wir auf diesem Erdenplaneten geboren werden. Denn auch dadurch werden verschiedenartige Erlebnissphären bestimmt. Wenn wir in Afrika geboren werden, gelangen wir in ganz andere Bedingungen als beispielsweise in Liverpool, Australien, Alaska oder Los Angeles. Jede dieser Umgebungen ist mit anderen Aufgabenbereichen verbunden.

Nachdem wir dies alles hinter uns haben, sehen wir uns sorgfältig um, um das vollkommene Elternpaar zu finden, das uns genau die Muster bietet, an denen wir in diesem Leben arbeiten wollen. Ich weiß, daß die meisten von uns, wenn wir älter werden, unsere Eltern betrachten und sagen: »O nein, das habt ihr mir angetan. Das ist alles eure Schuld!« Aber ich meine, wir wählen unsere Eltern, weil sie genau richtig für uns sind. So, wie sie auch uns wählen.

Ich glaube ganz ehrlich, daß Eltern, die ein homosexuelles Kind haben, dieses auswählten, weil sie sich damit die Gelegenheit geben, ihre Herzen sehr weit zu öffnen. Wieviel Liebe sind sie bereit zu geben — ohne Rücksicht auf das, was die Nachbarn sagen werden? Was die Nachbarn sagen, scheint auf diesem Planeten eine große Rolle zu spielen. Und es kommt nicht darauf an, in welcher Gesellschaft du lebst: was nur die Nachbarn dazu sagen?!

Wieviel Liebe wollen wir geben? Wie weit sind wir bereit, unserem wahren Wesen treu zu bleiben? Und zu lieben und zu schätzen, wer wir sind? Alles, was wir haben, ist ein Mittel zum spirituellen Wachstum. Vorurteile sind so lächerlich. Unser Erleben ist weder gut noch schlecht. Was wir erleben, haben wir auf seelischer Ebene selbst gewählt.

Und oft werden wir ärgerlich, wenn wir gesagt bekommen, daß wir unsere Eltern selbst gewählt haben. Warum ich? Ich hätte sie nie als Eltern genommen. Und ich weiß, was ich sage, denn ich habe das gleiche hinter mir. Aber ich denke, wenn du einen Fehler bei der Wahl deiner Eltern gemacht hättest, dann hättest du unseren Planeten sehr bald wieder verlassen. Ganz bestimmt vor Ende deines ersten Lebensjahres. Möglicherweise schon innerhalb der ersten

Stunden. Wenn du heute bis dahin gelangt bist, wo du jetzt stehst, dann hast du genau die richtigen, vollkommen passenden Eltern für dieses Leben, für das ganze Leben. Und was auch immer du mit ihnen aus- oder aufarbeiten mußt, wirst du mit ihnen gemeinsam erledigen.

Zum Urlaub nach Hause

Die Ferien waren für mich in der Praxis immer eine sehr betriebsame Zeit. Oft kommen alte Kindheitsschmerzen an die Oberfläche. Die Angst vor oder der Widerstand gegen den Besuch im Elternhaus. Die Angst, keinen ›schönen‹ Urlaub zu haben oder allein zu sein. Wenn jemand AIDS hat, dann sind solche Ängste noch verstärkt. Die früher glücklichen Ferienzeiten sind jetzt vielleicht eine Phase der Schmerzen und Einsamkeit. Ich richte es so ein, daß ich am Erntedankfest und an Weihnachten die Krankenhäuser besuchen kann, denn das sind unter Umständen besonders schwierige Tage für Menschen mit AIDS.

Wir alle brauchen Liebe und Unterstützung.

Du wirst die Qualität deiner Besuche im Elternhaus heben, wenn du den Willen aufbringst, deiner Familie zu gestatten, genau die zu sein, die sie sind. Höre auf mit dem Versuch, sie ›zu ändern‹. Du magst es nicht, wenn sie dich ändern wollen. Also laß sie in Ruhe. Bemühe dich allein darum, dich selbst zu ändern und zu lieben. Das ist ohnehin ein Vollzeitjob. Wenn du sie wirklich ändern willst, dann ändere dich. Dann werden sie sich ändern in der Art, wie sie auf dich reagieren, denn du wirst anders sein.

Wir wollen immer, daß unsere Familien uns vergeben und uns lieben, wie wir sind. Zu oft aber sind wir selbst nicht gewillt, ihnen die gleiche Liebe und Vergebung entgegenzubringen. Wenn unsere Kindheit schmerzhaft war, dann fällt es uns schwer zu vergeben. Wir bleiben im Erleben des Fünfjährigen stecken, anstatt im Jetzt zu leben. Wir vergessen, daß jeder immer das Beste gibt, das er kann, mit dem Wissen, Verständnis und Bewußtsein, das er zum jeweiligen Zeitpunkt besitzt. Menschen, die sich schlecht benehmen, sind Menschen, die es gelernt haben, so zu sein. Sie wissen nicht, wie sie es anders tun sollten. Wut und selbstgerechter Groll werden sie nicht ändern. Sie werden ebenso stur sein wie du. Liebe und Vergebung aber wirken Wunder.

Die Affirmation »Ich bin willens, dir zu vergeben, und ich befreie mich selbst«, läßt uns die Situation in der richtigen Perspektive sehen. Denn wenn du ihnen vergibst, *bist du frei*. Diese Art innerer, mentaler Arbeit wird selbst die hartnäckigsten Sprünge im Familiengefüge heilen. Versuche es einfach, du kannst nicht verlieren: Es kann auch für dich funktionieren, wie schon für viele andere vor dir.

Zum Urlaub nach Hause zu fahren, wird am besten gehen, wenn du keine Erwartungen mitnimmst. Nimm einfach jeden Augenblick an, wie er kommt. Liebe dich auch im Kreise deiner Familie. Das bedeutet, Affirmationen zu wiederholen wie: »Ich liebe und billige mich«, oder: »Ich bin immer geborgen und wohl und geliebt, ganz gleich, was auch geschieht.« Laß sie sein. Wenn sie irgendwann zu verrückt werden, dann liebe dich genug, um dich eine Zeitlang still aus ihrer Gegenwart zu entfernen. Erwarte nicht, daß es so sein wird, wie es gewesen ist, als du noch klein warst. Heute ist eine andere Zeit. Gib dir Zeit, auszuruhen und dich aufzubauen. Achte darauf, daß du die Nahrung bekommst, die dein Körper jetzt braucht, auch wenn du sie selbst mitbringen, besorgen oder zubereiten mußt. Deine Gesundheit ist wichtiger als die Gefühle deiner Familie. Du kannst jederzeit sagen: »Mein Arzt will, daß ich dies esse.« In der Regel wird die medizinische Autorität respektiert.

Denke daran, daß jedes Problem, das du mit deiner Familie hast, sich auf einen Mangel an Liebe und Vergebung zurückführen läßt. Wenn wir etwas nicht mögen, das uns ›angetan‹ wurde, dann sind wir nicht willens, dem anderen zu vergeben, was für ihn zu dem betreffenden Zeitpunkt das

Richtige war. Der Urlaub im Elternhaus kann eine erfreuliche Zeit für dich werden, um diese Lektion zu lernen. Wenn wir vergeben und lieben, dann kann es nur inneren Frieden für uns geben.

Behandlung

Heute ist ein neuer, kostbarer Erdentag. Wir werden ihn in Freude leben. Ich wählte genau diese Menschen, die nun meine Eltern sind, schon vor langer Zeit, weil ich wußte, wie wichtig sie für mein spirituelles Wachstum sein würden. Ich weiß auch, daß sie mich aus dem gleichen Grunde wählten. Wir erarbeiten uns unsere Lektionen, so gut wir können – und lieben einander, so gut wir können, in jedem Augenblick. Wir sind eins mit der Macht, die uns erschaffen hat.

Wir sind in Sicherheit, und alles ist gut in unserer Welt.

17

Unsere Sexualität

Affirmation:
Ich bin im Frieden mit meiner Sexualität;
sie ist für mich perfekt!

Wenn die Gesellschaft diktiert, wir seien ›schlecht‹ oder
›falsch‹ so, wie wir sind oder so, wie wir uns äußern, dann
können wir nur schwerlich überleben. Wir fangen an, uns
zu verbergen oder ›werden jemand anderes‹, um den anderen zu gefallen. Das aber funktioniert nie und wird uns
immer schaden.

In der Homosexuellen-Gemeinschaft haben wir eine
große Gruppe von Männern und Frauen, die aus eben diesen Gründen gesagt bekommen, sie seien schlecht oder nicht
gut genug. Und solche Verurteilungen fordern ihren Preis.

Als Kinder und Heranwachsende entwickeln wir alle
unser eigenes, göttliches, einzigartiges Sexual-Verhalten.
Leider wurden die normalen und natürlichen sexuellen Gefühle mancher Menschen verspottet und abgewertet. In den
meisten Fällen gaben die Eltern zu verstehen, daß die Homosexualität völlig unannehmbar sei, und deshalb begannen ihre Kinder zu verbergen, wer sie waren. Ein Gefühl
von Schuld und Scham machte sich breit. Dann kam es zur
unvermeidlichen Trennung von den Eltern, die es erschwerte, je wieder offen und aufrichtig gegenüber den Mitgliedern
der eigenen Familie zu sein.

Die meisten Menschen erkennen jedoch nicht, daß wir es
bei der Homosexualität nicht mit einer Verhaltensentschei-

dung zu tun haben; vielmehr sprechen wir hier vom Sein. Wenn man einem Heterosexuellen sagt, er müsse homosexuell werden, um akzeptabel zu sein, fände er dies unmöglich. Doch die heterosexuelle Gesellschaft meint oft, es sei für einen Homosexuellen leicht, ›einfach zu ändern‹, wer er ist, anstatt die Homosexualität und die Heterosexualität gleichermaßen zu akzeptieren.

Aufgrund solcher Denkweisen verbreiteten sich Vorurteile gegen Homosexuelle. Wann werden wir je lernen, daß das Ziel des Lebens darin besteht, bedingungslose Liebe zu besitzen? Es gibt keine Menschengruppe, die besser oder schlechter als andere ist. Wir sind alle genau an der Stelle auf dem Weg des geistigen Wachstums, an der wir uns befinden. Vorurteile halten uns in unserer spirituellen Entwicklung nur zurück.

Die sexuelle Ausrichtung ist nur eine vorübergehende Angelegenheit, sie gilt nur für dieses derzeitige Leben. Ich glaube, wir alle kommen Mal für Mal auf die Erde zurück und lernen im Laufe der Zeit jede Lebenssituation kennen. Mal sind wir schwarz, dann weiß oder gelb, heterosexuell oder homosexuell, reich oder arm, intelligent oder gewöhnlich, schön oder häßlich, mächtig oder bescheiden. So gesehen, halte ich Vorurteile für töricht, denn wenn du bis jetzt noch nicht in einer bestimmten Situation gewesen bist, dann wirst du sie früher oder später erleben — denn alle Situationen sind Lernchancen.

Wir haben nun eine Gruppe vorwiegend junger Männer, die früher vorsichtig verstecken mußten, wer sie waren, und vorgeben mußten zu sein, wer sie nicht waren. In den letzten paar Jahren hat der Druck auf die Homosexuellen ein wenig nachgelassen, und sie konnten es wagen, in gewissen Gegenden einiger Städte an die Öffentlichkeit zu treten. Natürlich wird sich diese plötzliche Freiheit nach soviel Unterdrückung wieder zerstörerisch auswirken und in die wildesten Ausdrucksformen explodieren.

Wenn eine Gruppe von Menschen lange Zeit unterdrückt

wurde, dann ist es eine normale Reaktion, wenn sie beim Nachlassen des Drucks etwas über die Stränge schlägt. Als homosexuelle Männer merkten, daß sie in bestimmten Gebieten aus ihren Verstecken hervorkommen konnten und offen dazu stehen durften, wer sie sind, übertrieben sie es ein wenig mit dieser neuen Freiheit. Oft fanden sie sich dann in weniger gesundheitsförderlichen Aktivitäten wieder, nachdem es ihnen so viele Jahre nicht ›erlaubt‹ war, ihren eigenen Instinkten gemäß zu handeln. Wenn nun die neue Freiheit kommt, wissen sie nichts anderes, als sie zu feiern. Es wäre auch überraschend, wenn sie es nicht tun würden. Nach extremem Verhalten in beide Richtungen ist nun die Zeit gekommen, da das Pendel der Sexualität sich ins Gleichgewicht einschwingt.

Schuld und Sexualität

Wenn ich über Schuldgefühle spreche, dann will ich damit nicht andeuten, daß es einen Grund gebe, sich schuldig zu fühlen. Besonders nicht in bezug auf unsere Sexualität. Ganz gleich, was ein anderer gesagt hat, ganz gleich, wie groß seine Autorität auch zu sein scheint, ganz gleich, für wie minderwertig ›man‹ dich hält: Es hat nichts zu tun mit der Realität deines Seins.

Versuche dir einmal einen Augenblick die unendliche Weite des Universums vorzustellen. Sie überschreitet unser Vorstellungsvermögen. Selbst unsere besten Wissenschaftler können mit ihren modernsten Geräten und Methoden die Größe des Universums nicht ausmessen. In diesem Universum gibt es Milliarden von Milchstraßen. In einer entlegenen Ecke einer der kleineren Galaxien gibt es eine recht kleine Sonne. Um diese Sonne drehen sich ein paar Stecknadelköpfe, und einer davon ist unser Planet Erde.

Ich kann es nicht glauben, daß die gewaltige unfaßbare Intelligenz, die dieses ganze Universum erschaffen hat, nichts weiter ist als ein alter Mann, der auf einer Wolke über dem Planeten Erde sitzt und meine Genitalien beobachtet!

Aber wie viele von uns haben solche Vorstellungen als Kinder gelernt?! Es ist wichtig, daß wir törichte, veraltete, begrenzte Vorstellungen loslassen, die uns weder helfen noch nähren. Ich habe das starke Gefühl, daß selbst unser Gottesbild so beschaffen sein muß, daß es *für* uns, nicht *gegen* uns ist. Es gibt so viele verschiedene Religionen, unter denen wir wählen können. Wenn dir keine der derzeitigen Religionen zusagt, dann fange eine neue an. Vergiß nicht: jede Religionsform, die wir kennen, wurde von jemandem begründet, der unzufrieden war mit den in seiner Zeit verfügbaren Religionsformen. Diese Menschen hatten ihre eigenen Vorstellungen über Gott und das Universum und konnten andere um sich scharen, die bereit waren, sich zu ihnen und ihren Gedanken zu bekennen.

Sexualität verstehen

Es reicht nicht aus, daß wir unseren Kindern in der Schule die Mechanik der Sexualität lehren. Wir müssen unseren Kindern auch ermöglichen, sich auf einer sehr tiefen Ebene zu erinnern, daß ihr Körper, ihre Genitalien und ihre Sexualität Gegenstand der Freude sind. Ich glaube wirklich, daß Menschen, die sich selbst und ihren Körper lieben, sich und andere nicht mißbrauchen werden.

Die sexuelle Revolution und die Emanzipationsbewegung haben viele Veränderungen mit sich gebracht. Die Geschlechter nähern sich einander an. Wir stellen fest, daß die meisten Unterschiede in kulturellen und gesellschaftlichen Regeln bestehen. Es ist dies eine Zeit auf unserem Planeten, in der mehr und mehr Frauen die traditionell männlichen Rollen und Berufe kennenlernen. Viele Männer haben auch die Gelegenheit zu erleben, was wir gewohnheitsmäßig für Frauenrollen und -arbeiten gehalten haben.

Ich möchte nicht propagieren, daß jedermann umherläuft und jederzeit ›freien Sex‹ hat. Ich meine aber, daß einige unserer Regeln nicht viel Sinn enthalten, und deshalb brechen so viele Menschen sie und werden zu Heuchlern.

Wenn wir den Menschen die sexuellen Schuldgefühle nehmen und sie lehren, sich zu lieben und zu achten, dann werden sie automatisch sich selbst und andere auf eine Weise behandeln, die für sie am besten und erfreulichsten ist. Warum wir heute so viele Probleme mit unserer Sexualität haben, liegt daran, daß so viele von uns Haß und Abscheu gegenüber sich selbst empfinden, und deshalb behandeln wir uns selbst und andere schlecht.

Mir ist keineswegs daran gelegen, irgend jemand noch zusätzliche Schuldgefühle aufzubürden. Doch es ist nötig, daß wir uns mit den Dingen beschäftigen, die man verändern muß, damit das Leben jedes einzelnen erfüllt sein kann mit Liebe, Freude und Respekt. Vor fünfzig Jahren lebten homosexuelle Männer nur im Verborgenen. Inzwischen wurde es möglich, daß sie wenigstens Nischen im Gefüge unserer Gesellschaft fanden, in denen sie zumindest in relativer Offenheit leben können. Ich finde, es ist traurig, daß viel von dem, was sie geschaffen haben, ihren homosexuellen Brüdern so viel Kummer und Leid bereitet. Es ist zwar oft schändlich, wie Heterosexuelle sich gegenüber Homosexuellen verhalten, aber es ist geradezu tragisch, wie viele Homosexuelle ihresgleichen behandeln.

Zu alt oder nicht attraktiv genug zu sein, ist für Homosexuelle manchmal ein Grund, andere zu ächten. Sie belästigen einander, bis die Tränen fließen. Das ist kein Zeichen von Einigkeit. Das ist ein Zeichen mangelnden Respekts vor sich selbst und innerhalb der Gemeinschaft.

Auch auf andere Weisen zeigen Homosexuelle zuweilen mangelnden Respekt vor anderen und sich selbst, z. B. in ihrer Sexualität. Mit gewaltsamen, manchmal brutalen Methoden wird der Partner gequält. Durch die Art, wie sie ihre Liebe ausdrücken, toben sie ihre persönliche Frustration über die Welt an dem einen aus, den sie lieben. Oder man verschreibt sich der Promiskuität, der anonymen Sexualität. Sex ist eine körperliche Ausdrucksform des emotionalen Erlebens. Warum sollten wir darin Haß, Angst und Ablehnung widerspiegeln?

Sicherer Sex

Ich finde die ganze Thematik ›sicherer Sex‹ sehr wichtig. Jahrhundertelang lag die ganze Last von ›sicherem Sex‹ auf den Frauen. Wenn nicht die Frau die entsprechenden Vorsichtsmaßnahmen ergriff, dann waren allen möglichen Infektionskrankheiten Tür und Tor geöffnet − von einer Schwangerschaft ganz zu schweigen. Zum ersten Mal müssen jetzt Männer, und ganz besonders homosexuelle Männer, verstehen lernen, wie frustrierend so etwas ist. Und schon erhebt sich ein großes Murren und Klagen. Wenn der Körper in der Hitze der Leidenschaft entflammt ist, dann will er nicht auf den Verstand hören, der ihm sorgfältige Sicherheits-Instruktionen gibt und sagt: »Jetzt nicht«, oder »Nicht so.«

Einer der Männer stellte eines Abends in der Gruppe die Frage: »Was würdet ihr sagen, wenn jemand sich weigert, ein Kondom zu benutzen?« Das gleiche fragte er auch die Frauen an seinem Arbeitsplatz, in dem Wissen, daß sie selbst schon oft mit diesem Problem konfrontiert waren. Die Antwort wird immer mit deinem Maß an Selbstwertgefühl zu tun haben.

Wenn deine Selbstliebe und dein Selbstwertgefühl stark sind, wirst du Sex ohne Sicherheit ablehnen. Wenn du von dir selbst nicht viel hältst, wirst du vermutlich ›nachgeben‹ und hoffen, daß alles gut geht.

Wieviel Liebe hast du für dich selbst? Wie weit wirst du dich ausnützen lassen? Weniger und weniger, je mehr deine Liebe zu dir selbst wächst.

Nun scheint die Zeit zu kommen, da Männer verstehen lernen, was Frauen schon seit Jahrhunderten auf dem Gebiet der Sexualität zu bewältigen hatten. Heterosexuelle Männer jammerten und meuterten, als die Emanzipationsbewegung ihre Forderungen äußerte, daß sie Erfahrungen in traditionell weiblichen Rollen und Berufen sammeln sollten. So weit zu gehen, waren sie bisher bereit.

Tantra — in Indien seit Generationen praktiziert — ist eine Form der Sexualität, bei der der menschliche Geist eine große Rolle spielt. Sexuelle Praktiken sind hier nicht bloß wilde, ungezügelte Leidenschaft, sondern werden in feste Rituale gelenkt. Wer Trantra-Sex übt, behauptet, daß dies alle anderen sexuellen Erfahrungen übersteige. Der Geschlechtsakt selbst kann hier Stunden dauern. Vielleicht sollten wir solch einen bewußteren Weg des sexuellen Erlebens lernen.

Ist etwas so Einfaches wie das Küssen sicher? Nicht in allen Kulturen küßt man sich auf den Mund. Zungenküsse sind auch in unserer Kultur erst ein recht junges Phänomen. Wir wissen nie, ob unser Partner Zahnfleischbluten oder eine kleine Verletzung im Mund hat. Und man weiß immer noch nicht mit Sicherheit, ob das AIDS-Virus auch oral übertragen werden kann. Am besten ist es vermutlich, neue Arten des Küssens zu lernen. Vielleicht gehen wir besser zu Küssen auf Hals, Nacken und Wangen über.

Die Forderung nach ›sicherem Sex‹ verlangt von den Menschen, sexuell erfinderisch zu sein. Wenn der ungeschützte Verkehr und das Küssen nicht mehr möglich sind, dann mußt du dir eben etwas anderes einfallen lassen.

Männer hatten schon immer mehr Sexualpartner als Frauen, und wenn Männer unter sich sind, dann wird es natürlich noch mehr Sex geben. Das ist alles schön und gut so. Die Badehäuser dienten der Erfüllung wunderschöner Bedürfnisse — solange wir unsere Sexualität nicht zum falschen Zweck gebrauchten. Manche Männer haben gerne viele Partner, eher um ihr tiefes Bedürfnis nach Selbstachtung zu befriedigen, als nur wegen des Vergnügens. Ich glaube nicht, daß etwas falsch daran ist, mehrere Partner zu haben, und der gelegentliche Gebrauch von Alkohol und gewissen Entspannungsdrogen mag auch in Ordnung sein. Aber wenn wir jede Nacht Amok laufen oder mehrere Partner pro Tag ›brauchen‹, um uns vor uns selbst zu beweisen, dann ist uns das nicht mehr zuträglich. Dann ist es notwendig, daß wir einige mentale Veränderungen durchführen.

Altern

In der heterosexuellen Gesellschaft fürchten sich viele Frauen vor dem Altern aufgrund des Glaubensgebäudes, das wir zur Verherrlichung der Jugend errichtet haben. Männer haben es leichter, denn bei ihnen gilt graues Haar als attraktiv und distinguiert. Ältere Männer werden oft respektiert, und manche blicken sogar zu ihnen auf.

Für die meisten homosexuellen Männer gilt dies nicht, denn hier wurde eine Kultur geschaffen, die auf Jugend und Schönheit ungeheuer viel Bedeutung legt. Während am Anfang des Lebens jeder Mensch wenigstens jung ist, können dem Maßstab der Schönheit nur wenige gerecht werden. Es wurde aber soviel Wert auf die äußere Erscheinung oder die körperliche Gestalt gelegt, daß die Gefühle im Innern zum Teil ganz außer acht blieben. Wenn du nicht jung und schön bist, dann ist es fast so, als zähltest du nicht. Auf die Person also kommt es nicht an, nur auf ihren Körper.

Solches Denken ist eine Schande für die ganze Kultur. Es bedeutet nichts anderes als: »Homosexuell zu sein ist nicht ausreichend.«

Aufgrund der Art, wie Homosexuelle einander oft behandeln, ist das Altern für viele Homosexuelle etwas, wovor sie sich besonders fürchten. Es ist fast besser zu sterben, als alt zu werden. Und AIDS ist eine Krankheit, die sehr häufig tödlich ausgeht.

Zu oft haben homosexuelle Männer das Gefühl, daß sie nutzlos und unerwünscht würden, wenn sie älter werden. Sie halten es fast für besser, sich vorher zu vernichten — und viele haben sich tatsächlich einen sehr destruktiven Lebensstil zugelegt. Manche solcher Vorstellungen und Einstellungen, die einen festen Platz im Leben des Homosexuellen einnehmen — die ›Folterbank‹, das ständige Beurteilen, die Weigerung, einander zu nahe zu kommen usw. —, sind monströs. Und AIDS ist eine monströse Krankheit.

Wir haben so törichte Regeln über das Altern erfunden. Wir haben es fast zum Verbrechen abgestempelt, älter zu werden. Wir behandeln die Älteren geradezu schändlich und erkennen nicht einmal, daß wir einst selbst so behandelt werden, wie wir mit anderen umgehen. Es ist kein Wunder, daß wir über das erste Fältchen oder graue Haar entsetzt sind, denn es muß uns ja schon als Anzeichen des Anfangs vom Ende erscheinen. Eine Zeitlang galt es für viele Jugendliche als ausgemacht, daß alle über Dreißig die besten Jahre bereits hinter sich hätten. Dann wurden die gleichen Jugendlichen selbst dreißig, und sie änderten ihre Meinung. Wir alle werden von Tag zu Tag älter. Wir sind dazu bestimmt, jedes Lebensalter zu erleben. Keiner ist besser als der andere, und alle sind verschieden. Jedes Alter hat seine eigenen Vorzüge.

In der Homosexuellen-Szene tragen die extreme Verherrlichung der Jugend und Schönheit und die Ablehnung des Alters zu den Schwierigkeiten der Mitglieder bei. Wenn einer jung und noch dazu schön ist, dann wird er angebetet und geliebt. Die weniger Attraktiven müssen sich wie Außenseiter fühlen und gelten nie als ganz akzeptabel. Kein Wunder, daß das ›tuntenhafte‹ Verhalten so gepflegt wird. Und selbst die Schönen werden einmal älter und müssen zusehen, wie sich die Aufmerksamkeit ihrer einstigen Bewunderer den Jüngeren und Jüngsten unter den Jungen und Schönen zuwendet. Wir haben so viele Arten, uns selbst zu sagen: »Wir sind nicht gut genug.«

Wenn wir uns davor fürchten, älter zu werden, dann sagen wir im Grunde: »Ich bin nichts wert, nur mein Körper ist wichtig.« Körper aber verändern sich; denke doch nur einmal daran, wie sich dein eigener Körper seit der Geburt gewandelt hat. Unser Geist, unser Wesenskern aber geht weiter von Leben zu Leben. Wir müssen uns den derzeitigen ›kulturellen‹ Vernichtungsurteilen nicht anschließen. Wir haben die Fähigkeit zu erkennen, wer wir wirklich sind. Nicht, was ›sie sagen, wer wir seien‹. Nur wir können unserer Identität Bedeutung verleihen. Wir sind die, die zu sein wir akzeptieren. Welche Identität nimmst du für dich an?

Die Angst vor dem Älterwerden wird den Alterungsprozeß nur beschleunigen. Wenn wir einen Teil von uns ablehnen, erzeugen wir mehr Selbsthaß. Wir könnten uns ebensogut auch jedes Lebensalters erfreuen. Lerne, soviel du kannst, wie du gesund sein und das Heute genießen kannst. Und behandle ältere Leute natürlich so, wie du selbst behandelt werden möchtest, wenn du älter bist.

Menschen, die AIDS bekommen, können ihrem Altern auch nicht entgehen. Hast du jemals einen Menschen am Ende seiner AIDS-Krankheit gesehen? Sein Haar ist schütter oder ganz ausgefallen, er ist abgemagert, die Knochen schmerzen, und häufig ist er sehr vergeßlich. Ich habe in meiner Praxis schon oft Menschen mit AIDS gesehen, die binnen weniger Monate um vierzig Jahre gealtert sind. AIDS zu bekommen, ist keine Möglichkeit, dem Altern zu entgehen. Uns selbst in jedem Alter zu lieben, kann die Pforten zur Freude aufschließen.

Negative sexuelle Verhaltensmuster

Solche Einstellungen und Verhaltensmuster können nur tief-innere Schuldgefühle erzeugen, ganz gleich, was wir uns und anderen vormachen. Das ›tuntenhafte‹ Verhalten kann viel Spaß machen, aber auch extrem destruktiv werden, für den aktiven ebenso wie für den passiven Teil. Es ist nur eine weitere Art, Nähe und Intimität zu vermeiden.

Ich meine, daß Hörigkeit und sado-masochistische Praktiken weniger mit Sexualität zu tun haben als mit der Wut auf die Eltern, besonders den Vater. Das Spiel gilt dem ›Heimzahlen‹ und ›Quittsein‹. Man sagt im Grunde: »Bitte, Papi, tu mir nicht weh; ich verspreche auch, gut und folgsam zu sein. Bitte liebe mich.« Der andere sagt dabei sinngemäß: »Du verdammter Bastard, dir werde ich's zeigen!«

Ich habe festgestellt, daß Menschen, je mehr sie sich selbst lieben lernen, von solchen Praktiken abkommen, die im Grunde für beide Seiten demütigend sind. Wenn wir uns wirklich lieben, können wir uns nicht selbst verletzen, können wir aber auch andere nicht verletzen.

Thema des Mittwochabends: Sex und Sexualität

Louie Nassaney: »Das Thema Sex und Sexualität ist für Menschen mit AIDS ein wichtiges. Als ich vor nahezu vier Jahren diagnostiziert wurde, war fast mein erster Gedanke: ›Ist dann Sex noch möglich? Habe ich meine Krankheit vom Sex bekommen? Habe ich Sex überhaupt noch verdient?‹ Ich lebte gerade seit drei Monaten in einer festen Beziehung. Eine Woche nach der Diagnosestellung und einer Hölle von Angst und Panik, die damit verbunden waren, beschloß ich, mich von meinem Freund zu trennen. Damals ging mir durch den Kopf: Falls ich wieder gesund werden will, dann brauche ich keinen um mich herum. Wenn ich mich mit meinen KS und meinem AIDS beschäftige, muß ich das zwischen mir und Gott ausmachen. Ich wollte mich nicht um Telefonanrufe kümmern, und ich wollte mich nicht um Verabredungen fürs Wochenende kümmern. Ich wollte mich nur noch um Louie kümmern.

Das war ein schwerer Entschluß, und es gab sehr viel Traurigkeit und Tränen; aber es war eine Entscheidung, die ich bewußt traf. Ich faßte diesen Entschluß nicht, weil ich mir Gedanken darüber machte, ob es ›sicher‹ oder ›nicht sicher‹ sei. Ich dachte mir, wenn ich Sex bräuchte, könnte Louie auch Sex mit Louie haben. Schließlich darf es Sex in allen möglichen Formen geben. Es kann Phantasie sein, es kann mit mir selbst sein, es kann mit einem Video sein, es kann ›Lauschen-auf-andere-Sachen‹ sein, es kann auch einfach ›Überhaupt-keinen-Sex-Haben‹ sein.

Ungefähr sieben Monate hatte ich keinen einzigen Orgasmus. Aber das hatte auch sehr viel mit der Behandlung zu tun, der ich mich damals unterzog; ich bekam Interferon. Dann beschloß ich, es wieder abzusetzen und brauchte etwa zwei Monate, um mir darüber klar zu werden, ob ich es wert war, hinauszugehen und mit jemandem Sex oder eine Beziehung zu haben.

Ich weiß, daß ich mit dem, was ich sage, einiges auslösen werde, aber das ist in Ordnung so. Wenn uns etwas auf die Palme bringt, dann können wir daraus vielleicht auch etwas über uns selbst lernen.

Viele Leute mit AIDS haben das Gefühl, einer Beziehung nicht würdig zu sein. Sie trauen sich nicht einmal, hinauszugehen oder wenigstens das Universum wissen zu lassen, was sie brauchen oder wollen. Sie fragen: ›Wer will mich schon, nachdem ich eine Lungenentzündung gehabt habe und nur noch Haut und Knochen bin?‹ oder: ›Wer will mich, wenn ich von Geschwüren bedeckt bin?‹ Sogar einige Leute, die nicht AIDS haben, trauen sich heute nicht mehr, aus Angst vor dem, was sie dabei auffangen könnten.

Das mag für sie richtig sein, das muß jeder selbst entscheiden. Der Zölibat ist in Ordnung, wenn du dich dafür entschieden hast. Auf Nummer Sicher zu gehen, ist auch in Ordnung, wenn du es so wünschst. Aber wir wissen heute noch nicht einmal, was eine ›sichere Nummer‹ ist; die Definitionen sind noch nicht endgültig formuliert. Eine Zeitlang hieß es: keinen Oral- oder Analverkehr. Aber eine Studie der U.C.L.A., die sich über zwei Jahre erstreckt, scheint nun zu ergeben, daß der orale Verkehr verhältnismäßig sicher ist. Von sechzehnhundert Männern haben alle achthundert, die sich nach eigenen Angaben ausschließlich auf oralen Sex beschränkten, negative AIDS-Testergebnisse abgeliefert. Aber nach wie vor handelt es sich nur um ein Indiz für relative Sicherheit. Der Zeitfaktor ist noch eine große Frage bei der Entwicklung und Ausbreitung des AIDS-Virus.

Nachdem ich vom Interferon herunter war, fühlte ich mich in bezug auf mich selbst allmählich besser. Ich beschloß, die Lage zu erkunden. Ich erinnere mich, daß Louise mir sagte, es sei wichtig für mich, ganz ehrlich mit mir selbst zu sein und meinen Partner wissen zu lassen, was bei mir körperlich los sei, bevor wir uns sexuell betätigten. Die meisten von uns suchen ohnehin nur jemand zum Ankuscheln. Aber wenn ich jemand gefunden hätte, und daraus wäre eine Beziehung entstanden, dann hätte ich demjenigen schließlich sagen müssen, daß ich AIDS hatte. Ich konnte es ebensogut gleich zu Beginn sagen, mit dem Risiko, abgelehnt zu werden.

Viele von uns haben die Affären für eine Nacht aufgegeben, weil uns klar ist, daß uns das überhaupt erst in die AIDS-Misere geführt hat. Die Affären für eine Nacht spiegeln auch die Tatsache wider, daß wir uns selbst nicht lieben und ebensowenig den Menschen, mit dem wir die Nacht verbringen. Sie beweisen, daß wir nur nach Sexualpartnern suchen.

Aber wir haben uns verändert, wir haben gelernt. Ich habe von Louise gelernt, daß es sicher ist, ehrlich zu sein, und wenn mich jemand ablehnt, dann ist das in Ordnung und bestens. Früher oder später wird jemand Louie auch wegen seines Herzens lieben, nicht nur wegen seines Körpers oder Haaransatzes.

Dann kam in der Zeitschrift *People* ein wunderbarer Artikel über mich. Ungefähr siebzig Leute meldeten sich bei mir und wollten mich kennenlernen. Die meisten waren aus anderen Bundesstaaten als Kalifornien. Nur einer war aus dem

Gebiet von Los Angeles. Ich beschloß, mich mit ihm zu treffen, und es war großartig, zu jemandem zu gehen, der mir gerade einen Brief geschrieben hatte. Dieser Mann wurde mein Liebhaber, und das ist er nun seit über zwei Jahren.

Aber der Name des Spiels heißt ›Liebe‹. Früher hatte ich Schwierigkeiten, eine Ablehnung zu verkraften, also beschloß ich, es mir eine Zeitlang selbst zu besorgen. Es ist nichts Falsches oder Unanständiges an der Masturbation. Es ist eine Form der Selbstliebe. Ich bekam mein Vorspiel und alles, was ich brauchte, um Louie glücklich zu machen. Ich hatte meinen Videorekorder und meine Al-Parker-Videos. Ich drehte die Musik auf, brachte mich in Stimmung, holte den Dildo hervor und genoß es mit mir selbst. Es war das erstemal, daß ich mir sexuelle Befriedigung tatsächlich selbst verschaffte. Und ich fühlte mich wunderbar dabei.

Ich brauche nicht in eine Bar zu gehen, und ich brauche auch keine Affären für eine Nacht. Masturbation, das ›Liebe-Machen-für-dich-selbst‹, ist eine Möglichkeit, die wir nutzen können.«

Behandlung

Heute ist ein neuer, kostbarer Erdentag. Wir werden ihn in Freude leben. Meine Seele hat kein Geschlecht, und doch habe ich die verschiedenen sexuellen Möglichkeiten auf dieser Erde schon viele Male erlebt. Die sexuelle Wahl, die ich für dieses Leben getroffen habe, ist für mein Wachstum die beste. Ich freue mich meiner Sexualität, die für mich vollkommen ist. Ich bin im Frieden mit dem, der ich sexuell, körperlich, mental und spirituell bin. Wir sind eins mit der Macht, die uns erschaffen hat.

Wir sind in Sicherheit, und alles ist gut in unserer Welt.

18

Andere lieben, uns selbst lieben

Affirmation:
Ich lebe in Liebe und Harmonie mit allen!

Beziehungen

Immer wenn ich über Beziehungen nachdenke, komme ich auf einen bestimmten Aspekt dieses Themas zurück: auf den Aspekt der Liebe zu uns selbst. Wenn du dich nicht selbst liebst, kannst du dich keiner guten Beziehung erfreuen, selbst wenn du eine solche in deinem Leben findest, denn du bist darin zu besorgt. Du sorgst dich so, was er/sie gerade tut, ob er/sie dich wirklich liebt, sich wirklich um dich kümmert? Und wo ist er/sie, warum hat er/sie nicht angerufen, wird er/sie pünktlich nach Hause kommen, und mit wem ist er/sie gerade zusammen?

All diese Spielchen spielen wir mit bzw. gegen uns selbst, wenn wir den nicht lieben, der wir sind. Und wenn wir eine Beziehung mit jemand haben, der sich selbst nicht liebt, dann ist es unmöglich, diesem Menschen je zu gefallen. Du kannst nicht gut genug für jemand sein, der sich selbst nicht liebt. Und nur zu oft stellen wir uns selbst eine Falle in dem Versuch, einem Partner zu genügen, der nicht weiß, wie er uns darin annehmen soll, weil er selbst nicht den liebt, der er eigentlich ist.

Wenn wir über Eifersucht sprechen, dann sprechen wir über jemanden, der sich nicht liebt. Und weil er nicht den liebt, der er ist, schätzt er sich selbst nicht. Dann ist er so unsicher, daß er eifersüchtig wird. Und mehr ist an der Eifersucht nicht dran: sie ist Unsicherheit. Es ist, als sagte man: »Ich bin nicht gut genug, ich bin es nicht wert, geliebt zu werden, warum also solltest du mich lieben. Ich weiß, daß du ausgehst und etwas anstellst.« Das kommt, weil wir uns nicht darum kümmern, wer wir sind. Wenn wir dies schon in unseren zwischenmenschlichen Beziehungen tun, dann muß es sich auch an unserem Arbeitsplatz auswirken.

Beziehungen am Arbeitsplatz

Wir können am Arbeitsplatz keine guten zwischenmenschlichen Beziehungen haben, wenn wir uns nicht darum kümmern, wer wir sind, denn wir werden argwöhnisch. Wir werden eifersüchtig oder wir werden selbstgerecht. Unsere kleine Ecke oder unsere kleine Abteilung wird für uns so wichtig, weil wir entsetzt sind bei dem Gedanken, daß andere Leute sie uns wegnehmen könnten. Wir vergessen, daß für jeden reichlich vorhanden ist.

Wenn wir uns lieben, können wir ruhig und sicher in unserer Mitte bleiben, und unsere Beziehungen am Arbeitsplatz sind herrlich. Wenn du irgendwo arbeiten gehst, dann denke über jene Menschen in deinem Büro nach, die mit den anderen nicht auskommen. Was ist der Grund? Sie kümmern sich nicht darum, wer sie sind. Nun, das heißt nicht, daß sie schlechte Menschen wären, und wenn du nicht den liebst, der du bist, dann bedeutet das auch nicht, daß du ein schlechter Mensch bist. Es bedeutet aber, daß du irgendwelche alten, falschen Vorstellungen glaubst. Du hast von irgendwoher den Gedanken übernommen, du seist nicht gut genug. Und wenn du nicht gut genug bist, was willst du dann am meisten in deinem Leben? Liebe und Bestätigung.

Und wenn du nicht gut genug bist, dann wirst du so etwas glauben wie: »Niemand liebt mich«, oder: »Ich bin nicht liebenswert«, oder: »Ich habe es nicht verdient, geliebt zu werden.« Wenn du es aber nicht wert bist, geliebt zu werden, dann hast du dir einen miserablen Standpunkt fürs Leben gewählt. Deshalb wirst du sehr empfindlich, du wirst frech und sarkastisch. Du wirst sehr verärgert und du zeigst ein Verhalten, daß andere Menschen nicht um dich sein wollen. Und dann sagst du: »Siehst du, ich wußte es doch. Niemand liebt mich.«

Viele Arbeitgeber achten mittlerweile darauf, daß ihre Beschäftigten über AIDS informiert werden. Seitens der Regierung wurde klares, vernünftiges Informationsmaterial zur Verfügung gestellt. Ja, wir gehen ein großes Risiko ein, wenn wir bestimmten Verhaltensweisen nachgeben, sexuellen Kontakt mit infizierten Personen pflegen oder Injektionsnadeln gemeinsam benützen. Ebenso klar wird uns gesagt, daß die gemeinsame Anwesenheit in einem Zimmer, das Händeschütteln oder die gemeinsame Nutzung von Küche oder Bad mit einem AIDS-Infizierten kein Sicherheitsrisiko birgt. Wenn wir klar informiert sind, haben wir keinen Grund mehr, uns vor der Zusammenarbeit mit einem Menschen zu fürchten, der AIDS hat. Wir haben ja auch keine Angst mehr vor dem gemeinsamen Büro oder Arbeitsraum mit einem Zucker- oder Krebs-Kranken.

Wenn du erfährst, daß einer deiner Kollegen ein positives Testergebnis hatte, also als AIDS- oder ARC-krank diagnostiziert wurde, dann behandele ihn bitte so, wie du an seiner Stelle gerne behandelt werden möchtest. Spiele nicht »Ist das nicht schrecklich!« mit ihm, sondern teile ihm mit, daß du dir Gedanken machst und ihm gerne helfen würdest. Frage ihn, auf welche Weise du ihn am besten unterstützen kannst. Wenn deine Mitarbeiter sich fürchten, dann kannst du dazu beitragen, daß korrekte Informationen über die Krankheit verbreitet werden. Bitte deinen Chef um ein Treffen, bei dem jemand mit Erfahrung Fragen beantworten, Ängste zerstreuen und Informationen austeilen kann. In den meisten Städten gibt es mittlerweile AIDS-Beratungsstellen, mit denen man telefonisch in Verbindung treten kann. Die Angehörigen solcher Gruppen kommen gerne in dein Büro oder in die Firma und geben sachliche Informationen weiter. Vor allem aber: widerstehe jeglicher Tendenz, den betroffenen Menschen zu verurteilen, und beteilige dich nicht am Büro-Klatsch. Was wir geben, das kommt auf uns zurück. Gib dir selbst eine Chance, zu lernen und zu wachsen.

Eine neue Beziehung: Anderen sagen, daß du AIDS hast

Wem wirst du sagen, daß du AIDS hast, und wie teilst du es ihm mit? Auch auf diese Frage muß jeder seine eigene, individuelle Antwort finden. Wir alle stehen in unterschiedlichen Lebenssituationen. Es gibt keine Patentantwort für alle Fälle. Aber ich weiß: wenn du nur wenig Selbstwertgefühl besitzt und dir selbst gegenüber sehr kritisch eingestellt bist, dann werden die Menschen, denen du es sagst, dir vermutlich das Leben schwer machen. Wenn du aber stark und sicher in deiner Selbstliebe bist, dann wirst du vermutlich Liebe, Akzeptanz und Unterstützung bei den Menschen in deiner Umgebung finden.

Ehrlich und aufrichtig zu sein, ist immer der beste Weg — wenn er möglich ist. Sage es natürlich schon bei der ersten Verabredung. Gib dem anderen eine Chance, sich zu entscheiden. Wenn er oder sie für dein Leben wichtig wird, dann wird es später viel schwerer fallen, die Tatsache deiner AIDS-Infektion zu offenbaren.

Kläre deine Eltern sofort auf und bitte sie um ihre Liebe und Unterstützung. Gib ihnen eine Chance. Wenn du auf Ablehnung stößt, dann wende dich an deine Freunde und an Selbsthilfegruppen; stelle dir deine eigene Familie zusammen.

Es ist auch gut, Freunde zu unterrichten. Vielleicht verlierst du dabei einige von den Ängstlicheren; dann laß sie liebevoll gehen. Du wirst feststellen, daß du viele starke, hilfreiche Freunde besitzt.

Dem Chef würde ich es nur melden, wenn es notwendig ist, es sei denn, du bist dir seiner Unterstützung sicher.

In unserer Gruppe war ein junger Mann, der für einen großen Betrieb als Buchhalter arbeitete. Als in seiner Firma bekannt wurde, daß er AIDS hatte, versuchte man zuerst, ihn ans Ende des Büros in einen kleinen Verschlag zu versetzen; am liebsten hätte man ihn ganz aus dem Büro befördert. Er kam eines Abends sehr aufgeregt in die Gruppe und hatte Magenschmerzen. Wir erklärten ihm, wie wichtig es ist, jeden in der Firma mit Liebe zu segnen, damit seine eigene mentale und körperliche Gesundheit in gutem Zustand bliebe. Zugleich unterstützten wir ihn bei seinem Plan, mit einem Arbeitsgerichtsprozeß zu drohen für den Fall, daß ihm gekündigt werde. Er war also weder ein verängstigter Fußabtreter noch ein aggressiver Kämpfer. Er hielt sich so ruhig und ausgeglichen wie möglich, als er der Firma seine Erklärung abgab. Ja, sie haben nachgegeben, und er arbeitet immer noch am gleichen Platz. Bei den meisten seiner Kollegen hat er viel Unterstützung gefunden.

Thema des Mittwochabends: Beziehungen

Louise: »Wir sollten heute abend vielleicht über Beziehungen sprechen. Ich habe das Gefühl, daß hier eine ganze Menge Beziehungsgeschichten versammelt sind. Ihr wißt, wenn ihr eine Beziehung in eurem Leben wollt, dann ist das Klagen über die Tatsache, daß ihr keine habt, nicht das geeignete Mittel, um eine Beziehung zu finden. Ihr sollt lieben, wer ihr seid, und wissen, daß ihr liebenswert seid und Liebe verdient. Und daß jeder einen so liebenswerten Menschen wie euch lieben will. Und jetzt bringt ihr ihm einen so liebenswerten Menschen.«

Ted: »Nun, ich erlebte ein Wunder, das ich selbst für unmöglich gehalten hatte; man nennt es eine Beziehung. Ich wünschte, ich hätte jemand sagen hören, was ich jetzt erzählen werde, als ich vor ungefähr einem Jahr hierherkam. Aber ich habe diese kleine Wundergeschichte tatsächlich noch nicht gehört, und deshalb bin ich froh, daß es meine ist, die ich nun von mir gebe.

Ich wurde vor rund anderthalb Jahren diagnostiziert. Ich war nie einen Tag krank gewesen, hatte keine nächtlichen Schweißausbrüche oder sonst etwas. Ich fliege beruflich in der ganzen Welt herum. Das einzige Indiz für meine Krankheit waren die Geschwülste an meinem Körper. Ich habe noch viel mehr davon bekommen, seit die Diagnose gestellt ist. Und weil ich noch mehr bekommen habe, wurde ich wirklich mit meiner Eitelkeit konfrontiert, meiner Vorstellung, ein begehrenswerter Mensch zu sein und all diesen Dingen.

Alles, was ich fürs Schwulsein für wichtig gehalten habe, hing größtenteils davon ab, körperlich attraktiv zu sein. Und kaum gewöhnte ich mich daran, echt gut auszusehen — nachdem ich erst die Teenager-Akne hinter mich bringen mußte, nicht groß genug war usw. —, und entwickelte ein wenig Selbstbewußtsein, da bekam ich AIDS und die Kaposis. Und ich sagte mir ›Verdammt noch mal!‹ Und ich freundete mich gerade mit einem Mann an, als die Diagnose kam, und zehn Wochen später verließ er mich. Das war reichlich zermürbend. Aber was konnte ich erwarten? Wer wird sich schon mit einem abgeben, der AIDS hatte?

Und damals hatte ich noch gar nicht viele Geschwülste, der Bursche hatte einfach Angst. Dann dachte ich mir: Nun, dann kann ich mich nur noch mit denen treffen, die auch AIDS haben. Sie sind die einzigen, mit denen ich mich noch wohl fühlen kann. So wie sie die einzigen sind, die sich mit mir noch wohl fühlen können. Also endete ich bei ein paar kurzen kleinen Affären mit anderen Männern mit Kaposi-Sarkomen. Ich gab mir wirklich Mühe mit jedem von ihnen. Ich sagte mir: ›Das ist eine meiner letzten Chancen. Ich habe nicht mehr so viele Chancen wie früher. Ich werde diesen Mann mögen, ob ich ihn mag oder nicht.‹

Aber es funktionierte nicht. Und vor rund sechs Wochen traf ich mich mit zwei Männern. Ich meine, soviel Pech hatte ich eigentlich gar nicht, aber ich fühlte mich von dem einen körperlich angezogen, und von dem anderen mental. Ohne den einen oder anderen von ihnen wäre es einfach nicht komplett gewesen. Ich versuchte es, so gut ich konnte, zu komplettieren, bis die Beziehung zu dem einen, dem Mentalen, in eine Freundschaft verflachte, die ganz nett war. Aber der andere sagte: ›Ich habe gerade einen neuen Freund im ›Mastery‹ (›Herrschaft, Beherrschung‹; *Master* = Herr, Meister; Anm. d. Ü.) gefunden.‹

Und ich sagte: ›Scheiß-Mastery!‹ Ich hatte mich schon immer gefragt, warum es nicht auch ein anderes Seminar mit dem Titel ›Slavery‹ gab. (Sklaverei, von *slave* = Sklave; Anm. d. Ü.)

Und dann kam Gay Pride Day, der Schwulentag, und ich hatte niemanden. Und es war so ein herrlicher, schöner Tag für die, die mit uns dort waren, ich meine für die, die auf Louise Hays Anregung zum Fest gingen. Und eine ganze Schar von uns tanzte noch bis Mitternacht, und wir gingen zum Essen zum ›Französischen Markt‹ bis zwei, und ich wollte einfach nicht, daß dieser Tag aufhörte. Obwohl es etwas schmerzlich und einsam war, durchs Fest zu wandern und jede Menge Pärchen zu sehen. Ich wollte einfach nicht, daß es aufhörte, weil es der beste Tag war, den ich seit langem erlebt hatte.

Also ging ich nach Hause, und ich dachte: ›Ich will heute nacht nicht allein sein. Ich habe den ganzen Tag soviel Liebe in mir gehabt, ich will nicht allein sein.‹ Die einzige mir bekannte Möglichkeit, nicht allein zu sein, ist, in eine Bar zu gehen. Ich mache das nicht mehr; ich war schon lange nicht mehr in einer Bar. Und mir ist klar, wenn ich in eine Bar gehe und AIDS habe und auch noch sehr sichtbare Geschwülste, dann werde ich nicht so mir nichts, dir nichts jemand aufgabeln und eine Nacht mit ihm kuscheln können. Einfach ist das jedenfalls nicht.

Ich ging also ins ›Cuffs‹, das ist von meiner Wohnung aus gleich um die Ecke, meinem Selbstwertgefühl im jetzigen Augenblick kaum angemessen. Wer es von euch kennt, es ist eine ziemlich heruntergekommene Bar in Silverlake. Jedenfalls, ich ging rein, und ich dachte, da wären viele Leute und würden feiern, weil es immer noch Schwulen-Nacht war. Aber da hingen nur vier Leute im Schatten herum, und ein Mann stand im Licht. Ich kannte ihn vom Training her, aber richtig gekannt habe ich ihn im Grunde nicht.

Ich sagte ganz freundlich ›Hi‹ und ich wollte mich eigentlich auf gar nichts einlassen, weil ich wußte, wie unangenehm es sein würde. Ihr wißt ja, ich hätte sagen müssen: ›Ich habe AIDS‹ und wenn er mich bei Licht betrachtet hätte, wäre er fortgegangen, ›Oouhh!‹.

Ich ging an ihm vorbei, setzte mich und trank ein Bier. Das ist noch etwas, was ich nie mehr tun würde. Ich brach an jenem Abend alle meine Regeln. Und langsam versank ich in Selbstmitleid, was ich mich auch hüten würde, wieder zu tun. Er kam rüber zu mir und setzte sich an den Tisch. Und ich dachte: ›Wie kann ich die Konversation auf einer nicht-sexuellen Ebene halten?‹ denn damit wollte ich erst gar nicht anfangen.

Das erste, was er zu mir sagte, war: ›Ich habe dich bei Louise Hay gesehen. Ich kenne deine Geschichte, und ich möchte heute nacht mit dir schmusen.‹

Und ich dachte: ›Der hat noch nicht alles gesehen. Wir werden nach Hause gehen, und ich ziehe das Hemd aus, und dann wird er alle Flecken sehen und schnell seine Meinung ändern.‹ Am nächsten Morgen, als wir aufwachten, fragte er: ›Was bedeutet Bindung für dich?‹

Und ich fuhr auf: ›Wow — was das erste Rendezvous für mich bedeutet?‹ Nun, der Mann ist ein Rebirther. Ich meine, ich hätte gar keinen spirituelleren Weg kreuzen können. Er ist wie vom Himmel geschickt. Er ist unglaublich. Und jetzt sagt er zu mir: ›Du kannst laufen, wohin du willst. Ich gehe nicht fort.‹

Und das kann ich einfach nicht fassen. Und ich will, daß jeder hier erfährt, der vielleicht noch neu mit AIDS ist und Angst hat, daß seine letzte Chance auf Liebe vertan sei, daß das absolut nicht so ist. Und das eigentliche Wunder für mich ist: der Mann ist HIV-negativ!«

Wann verlasse ich eine Beziehung?

Das ist eine herrliche Geschichte. Aber was passiert, wenn wir eine Beziehung haben und unser inneres Selbst weiß, daß es nicht gut geht? Lassen wir unseren individuellen Geist dann von der Beziehung unterkriegen?

Wenn wir nicht lieben, wer wir sind, dann bleiben wir vielleicht viel zu lange in einer Beziehung. Wir werden in ihr ausgenützt, wir werden mißhandelt, wir werden gedemütigt. Und wenn wir das tun, dann sagen wir immer: »Nun, ich bin es nicht wert, geliebt zu werden, also muß ich hier bleiben und dieses Verhalten akzeptieren, weil ich weiß, daß mich kein anderer haben wollte.« Aber wo ist diese Vorstellung? Sie ist in uns. Sie ist nicht irgendwo draußen, sondern sie ist in uns. Und wenn wir das ändern, was wir über uns selbst glauben, dann werden wir auch anders behandelt. Und ich kann mir wirklich kein Beziehungsproblem, keinen Aspekt zwischenmenschlicher Beziehungen vorstellen, der nicht ganz und gar damit zusammenhängt, wie wir uns in bezug auf uns selbst fühlen. Immer ist das so. Sind wir willens, uns selbst zu lieben?

Und die Frage ist: Wenn du es nicht bist, welche Überzeugung steht dir dann im Wege? Was glaubst du über dich selbst, was dich daran hindert, dich zu lieben? Wir können nicht geheilt und heil werden, solange wir nicht den lieben, der wir sind.

Behandlung

Heute ist ein neuer, kostbarer Erdentag. Wir werden ihn in Freude leben. Ich bin ein Teil der Symphonie des Lebens. Ich vereinige mich mit der Harmonie, und mein Denken ist im Frieden verankert. Ich bin in Harmonie mit allem Leben. Wir alle gehen über die gleiche Erde, wir atmen die gleiche Luft, und wir benutzen das gleiche Wasser. Die Harmonie, die ich für mich selbst erzeuge, strahle ich hinaus zu all jenen, mit denen ich in Kontakt komme. Ich bringe Frieden, Liebe und Harmonie in meine ständig weiterwachsene Welt. Wir sind eins mit der Macht, die uns erschaffen hat.

Wir sind in Sicherheit, und alles ist gut in unserer Welt.

Teil III
HILFE FINDEN

19

Ärzte –
Helfer in unserem Heilungsprozeß

Affirmation:
Gott wirkt auch durch den ärztlichen Berufsstand!

Wenn wir AIDS haben, können Ärzte in unserem Leben sehr wichtig werden. Deshalb ist auch unser Verhältnis zu ihnen für unseren Heilungsprozeß von Belang. Viele Ärzte haben Angst vor AIDS, weil sie nur wenig darüber wissen. Die meisten gehen davon aus, daß AIDS eine unheilbare, tödliche Krankheit sei, und verkünden ihren Patienten Todesurteile. Wir müssen wissen, daß wir uns durch die Beschränktheiten und derzeitigen Unglücksverheißungen des ärztlichen Berufsstandes keine Grenzen zu setzen lassen brauchen. Wir sind keine Statistiken. Wir sind einzigartige, individuelle Ausdrucksformen des Lebens. Wir unterstehen dem Gesetz unseres eigenen Bewußtseins, nicht dem Bewußtsein der medizinischen Kapazitäten. »Das mag für Sie wahr sein, aber für mich ist es nicht wahr«, ist eine gute Affirmation, die du immer dann sprechen kannst, wenn dir Schlimmes verheißen wird.

Es ist sogar möglich, daß du viel mehr über AIDS weißt als dein Arzt. Schließlich bist du es ja, der die Krankheit hat – und nur du weißt, was genau sie dir antut. Deshalb möchte ich dir dringend raten, alles zu studieren, was du über AIDS finden kannst. Du mußt informiert sein, medizinisch wie ganzheitlich. Du willst schließlich, gemeinsam mit deinem ärztlichen Berater, Teil deines persönlichen Behandlerteams sein. Denn das ist ja dein Arzt: ein medizinischer Berater — nicht etwa die höchste Autorität oder Instanz, und ganz gewiß nicht Gott. Respekt muß auf beiden Seiten vorhanden sein. Du willst jemand, der dir zuhört, der deine Ängste und Fragen beachtet. Der dir die verschiedenartigen Behandlungsmethoden und ihre Vorzüge erklärt. Der dir auch die Nebenwirkungen der Medikationen nennen wird und sich nach Alternativen umsieht. Du willst, daß dein Arzt dein Interesse an gesunder Ernährung und anderen alternativen Heilmöglichkeiten unterstützt. Wenn dein derzeitiger Arzt diese Voraussetzungen nicht erfüllt, dann suche dir einen anderen.

Mein Freund, Dr. Bob Brooks, heißt die Patienten besonders willkommen, die eng mit ihrem Arzt zusammenarbeiten wollen. Hier folgt eine kurze Schilderung seiner Erfahrungen bei der AIDS-Behandlung:

»Seit mehr als drei Jahren habe ich nun mit der Diagnose und Behandlung von Menschen mit AIDS zu tun. Manche der Leute, mit denen ich arbeite, leben schon erheblich länger, als man ihnen aufgrund der einschlägigen Statistiken vorausgesagt hatte. Die Menschen, von denen ich spreche, haben eine außergewöhnliche Vitalität und Robustheit, die unvereinbar sind mit dem, was in der medizinischen Literatur und in der Presse verbreitet wird. Als ich anfing, solche Leute kennenzulernen, fragte ich mich, warum manche mit einer so ernsten Krankheit gut zurechtkommen, während es anderen miserabel geht.

Nach dem, was ich bei meiner Ausbildung in Medizin und Biologie gelernt habe, gelangte ich zu dem Glauben, daß solche Unterschiede die Folge genetischer und konstitutioneller Faktoren sein müßten. Doch davon bin ich heute nicht mehr überzeugt. Meiner Meinung nach unterscheiden sich jene Menschen mit AIDS, die sich am besten entwickeln, darin, daß sie anders über ihre Situation denken.

Ich möchte einige der Aspekte nennen, die ich in bezug auf den Heilungsprozeß erfahren habe:

Ich glaube, daß wir in vielen verschiedenen Bereichen gleichzeitig leben. Zwei verschiedenartige Bereiche sind die *physische Realität* und unser *Erleben* des Lebens. Die meisten Menschen betrachten ihr Erleben des Lebens als eine Funktion der äußeren Umstände. Diese Ansicht ist jedoch fragwürdig. Ich glaube, daß unser Erleben eher eine Funktion unserer *Deutung* der äußeren Umstände ist.

Gerade weil wir in einem Meer von Sprache leben, entgeht uns die Macht der Worte. Erst kürzlich haben höchst anspruchsvolle Forschungen auf dem Gebiet der Hypertension ergeben, daß einer der stärksten Anreger zu erhöhtem Blutdruck die menschliche Sprache ist. Einer der besten Wege, den Bluthochdruck langfristig unter Kontrolle zu bekommen, besteht in einer Modifizierung dessen, was man als den zwischenmenschlichen Dialog bezeichnet.

Diese Forschungen gehen über unsere bisherigen Vorstellungen von Ursachen medizinischer Krankheit hinaus und umfassen nun eine weitere Dimension unseres Menschseins, in diesem Falle unser Dasein als sprachbegabte Geschöpfe. Ich habe eine Reihe von Menschen mit AIDS gesehen, die nach ihrer Diagnosestellung neue, romantische Beziehungen aufbauten — manche von ihnen mit Menschen, die nicht AIDS haben —, indem sie die Art wandelten, wie sie über sich selbst sprachen und über das, was ihnen geschah. Ich werde darauf gleich noch eingehender zu sprechen kommen.

Ich bin überzeugt, daß das Wohlbefinden von unserem Erleben des Lebens abhängt. Wir können uns buchstäblich unter allen Umständen wohl fühlen. Umgekehrt aber ist es uns auch möglich, uns unter allen Umständen, selbst als wohlhabende Besitzer eines kräftigen, gesunden Körpers, nicht wohl zu fühlen.

Das ist ein Gedanke, den manche Menschen nur mit großer Mühe begreifen können, denn aus dieser Sicht kann ein Mensch mit AIDS ein großes Maß an Wohlbefinden fühlen, was indirekt meßbar ist an seiner/ihrer aktiven Teilnahme am täglichen Leben, an Sinn und Offenheit für Freunde, Begeisterung oder Liebe. Wenn ihrem körperlichen Zustand nicht begegnet würde, dann könnten sie diese positiven Gemütszustände nicht erleben. Solche starken Lebenserfahrungen nicht zu haben, ist jedoch nicht eigentlich auf das Fehlen bestimmter Umstände zurückzuführen. Es ist viel eher die Folge der Art zu denken, die wir erlernt haben.

Echtes Wohlbefinden ist die Wahl des einzelnen. Dazu gehört eine Verlagerung der Perspektive: von der Ansicht, man sei ein Opfer von Umständen, zu der Erkenntnis, daß man Schöpfer seines eigenen Erlebens ist. Diese Verschiebung setzt eine ungeheure Bereitschaft voraus, individuelle Verantwortung zu übernehmen. Sie verlangt buchstäblich den Willen, sein SELBST als stark genug zu erfahren, um die Ursache des eigenen Erlebens zu sein.

Auf diese Weise über die persönliche Verantwortung zu sprechen, ist sehr schwierig, weil die meisten Menschen Vorwürfe hören, wenn das Wort ›Verantwortung‹ fällt. Diese Reaktion ist die Folge der Behandlung, die wir als Kinder genossen haben. Wenn wir als Kinder etwas taten, das den Eltern nicht gefiel, dann nannten sie das ›unverantwortlich‹ und meinten es als Vorwurf. Wenn ich Patienten begegne, die sich weigern, ihre Verantwortung anzunehmen, dann lehnen sie es im Grunde ab, Vorwürfe anzunehmen. Natürlich können wir Vorwürfe verweigern, aber wir können uns selbst unsere Verantwortlichkeit nicht absprechen. Wir sind einfach verantwortlich, ganz gleich, ob wir zu verwirrt sind, diese Tatsache anzuerkennen oder nicht.

Ich glaube, das ist der Grund, warum verantwortungsbewußte Menschen mit AIDS sich so vehement dagegen wehren, als ›Opfer‹ der Krankheit bezeichnet zu werden. Ihrer eigenen Denkweise entsprechend, sind sie *Menschen mit AIDS,* und sie erleben sich nicht als Opfer oder ähnliches. Sie bauen sich ein Leben auf aus Liebe und Hingabe und mit einem großen Maß an Wohlgefühl.

Die Medizin als eine Disziplin der Naturwissenschaft ist machtlos, wenn es darum geht, echtes Wohlbefinden herzustellen. Die Verhütung einer Krankheit oder die Ausmerzung einer Krankheit sind nicht gleichbedeutend mit Gesundheit oder gar Wohlbefinden.

Um das Wohlgefühl in eine medizinische Behandlung einzubeziehen, müssen wir die Medizin in einen erweiterten Zusammenhang stellen. Ich glaube, daß jeder Eingriff, der ein Wohlgefühl bewirkt, für die im Körper stattfindenden Heilprozesse zuträglich ist. Folgende Aspekte halte ich für notwendig zur Erzeugung dessen, was ich als *heilende Atmosphäre* bezeichnen möchte.

1. *Intention:* Der Schlüssel zu jeder Art von Heilung ist die Intention; sie wurde auch als ›der Wille zu leben‹ bezeichnet. Ohne diese Art von Intention werden kranke Menschen nicht solche Verhaltensarten aufbringen, die das Überleben fördern. Ich habe Patienten gesehen, die im Sterben lagen und plötzlich einen starken Lebenswillen entwickelten; die Folge waren wie Wunder wirkende Genesungen. Ich habe auch Menschen gesehen, die aufgrund ihres gesundheitlichen Zustandes noch wesentlich länger hätten leben können, aber vorzeitig gestorben sind, weil sie einfach nicht mehr weiterleben wollten.

2. *Menschlicher Kontakt und Liebe:* Die Macht des einfachen menschlichen Kontaktes und der Liebe scheint in unserer hoch technisierten Gesellschaft in Vergessenheit geraten zu sein. Psychologen haben die weitreichenden Folgen mangelnden Kontaktes und Liebe im Kleinkindesalter dokumentiert und diesen Zustand als ›Mutterentzugs-Syndrom‹ bezeichnet. Doch ich glaube, daß die meisten Menschen in unserer Welt heute unter einem ›Erwachsenenentzugs-Syndrom‹ leiden, wenngleich wohl in geringerem Maße. Seine Folgen sind nicht auf den ersten Blick erkennbar, doch ich meine, in bezug auf den Gesundheitszustand sind sie nicht

weniger ernst zu nehmen. Wir alle brauchen Liebe und Kontakt. Nirgendwo ist der Mangel menschlichen Kontakts offensichtlicher als in unseren modernen Krankenhäusern, in denen AIDS-Patienten nur allzu häufig buchstäblich in Isolationsstationen gefangen gehalten und gänzlich überflüssig wie die ›unberührbaren‹ Aussätzigen vergangener Zeiten behandelt werden.

Wir verhalten uns allgemein so, als seien diese Grunderfordernisse der menschlichen Existenz irgendwie entbehrlich. In Wirklichkeit aber wird kein technischer Fortschritt je ersetzen können, was elementare Voraussetzung für unser menschliches Dasein ist. Ich denke, das wird allmählich vielen Menschen dämmern und liegt den Ängsten der Menschen zugrunde, die nicht gerne in ein modernes Krankenhaus gehen — als gäbe uns unser Unbewußtes ein Warnsignal: ›für menschliches Leben nicht sicher‹.

3. *Ziel im Leben:* Den Tod zu vermeiden, ist kein überzeugender Grund zu leben, und auch Wissenschaft und Technik werden nie Gründe zum Leben erfinden. Ein Mensch hat die beste Chance, eine ernste oder katastrophale Krankheit zu überleben, wenn er/sie *etwas* hat, *für das es sich* seiner Meinung nach *zu leben lohnt.* Solche Gründe zum Leben kommen aus anderen Bereichen als dem der Wissenschaft, nämlich aus jenen sehr privaten Bereichen, die uns so einzigartig menschlich machen. Gute Ärzte wissen das, auch wenn sie nicht in der Lage sind, darüber zu sprechen. Wir alle, die wir in der Medizin arbeiten, haben schon Patienten erlebt, die mit überwältigender Hingabe mit etwas oder jemandem verbunden waren und aus dieser Bindung eine Heilung hervorbrachten oder eine Phase der Besserung, die viel länger andauerte, als man unter den gegebenen Umständen angenommen hätte. Man kann solche Dinge nicht in wissenschaftlichen Begriffen ausdrücken, aber jeder, der je einen Menschen erlebte, der soviel Hingabe in sich trägt, kann spüren, was hier vor sich geht.

4. *Bereitwilligkeit, sich nach innen zu wenden:* Wie wir in der westlichen Welt die Autorität im Äußeren sehen, ist wahrlich erstaunlich. Für viele von uns gilt: Was wir in einem Buch lesen, ist wahr. Wenn wir es unmittelbar erleben, zweifeln wir daran. Wir haben gelernt, unserer Intuition und dem elementar menschlich Erlebten von Grund auf zu mißtrauen.

Doch die Weisheit aller Zeiten forderte den Menschen auf, sich auf der Suche nach Antworten auf die schwierigsten Fragen des Lebens nach innen zu wenden. Ich glaube, daß auch der Weg zur Heilung mit einem *Blick nach innen* beginnt, mit einem Kennenlernen unserer eigenen Wahrheiten und Heilungskräfte.

Ich möchte diese knappe Darstellung mit einer kurzen Angabe über meine Position in dieser Angelegenheit abschließen. Ich glaube, daß die moderne Medizin für das menschliche Wohlbefinden enorme Beiträge und Fortschritte geleistet hat. Darüber kann es kaum Zweifel geben. Ein großer Teil des Menschlichen jedoch, das unverzichtbar ist für unser Überleben als Individuum ebenso wie als Art, wurde von der medizinischen Wissenschaft in bedauerlicher Weise vernachlässigt und ignoriert. Ich glaube, daß wir auf eine Zeit der Synthese und der Kooperation zugehen. So wie die Supermächte lernen müssen, zusammen zu leben, wenn wir unsere endgültige Auslöschung in einem Holocaust vermeiden wollen, muß auch die Medizin lernen, mit anderen Disziplinen zusammen zu leben, die einen Beitrag zum menschlichen Wohlbefinden leisten. Solange die Ärzte nicht von ihrem Podest herabsteigen und lernen, auch andere Wege zur Heilung und zum Wohlbefinden ihrer Patienten zu respektieren, werden sie weiterhin die Achtung gerade der Menschen verlieren, denen sie dienen wollen. Dies ist die Zeit echter Ganzheitlichkeit. Eine Zeit, alles zu betrachten, was wertvoll ist, gleichgültig, aus welcher Tradition oder Richtung es kommt. Naturwissenschaft allein hat keinen Sinn mehr.«

Affirmationen für die ärztliche Behandlung

Wie die Ärzte anfangen müssen, Alternativen und ganzheitliche Betrachtungsweisen zu respektieren, so müssen wir verantwortlich sein für die Ärzte, die uns behandeln sollen. Die Ärzte, die wir anziehen, spiegeln unsere mentalen Bilder von uns selbst und dem ärztlichen Berufsstand wider. Wenn du einen Arzt suchst oder daran denkst, deinen Arzt zu wechseln, möchte ich dir eine kleine mentale Vorübung vorschlagen. Entscheide, was du in deiner Beziehung zu dieser Person willst. Dann formuliere dir eine Affirmation, die du vielleicht sogar aufschreibst. Sie kann etwa so lauten:

»Ich habe jetzt einen wunderbaren Arzt. Wir respektieren einander. Wir sind Teil eines Heilungsteams. Die Kommunikation und das gegenseitige Verständnis fallen uns leicht. Mein Arzt unterstützt mich und ist davon überzeugt, daß ich geheilt werden kann. Er hat Kenntnisse ganzheitlicher Behandlungsweisen und unterstützt diese. Alles, was wir gemeinsam unternehmen, trägt zu meinem Heilungsprozeß bei. Ich liebe meinen Arzt, und mein Arzt liebt mich.«

Füge alles weitere hinzu, was du in deiner Beziehung zu deinem Arzt wünschst. Dann lies deine Affirmation mehrmals täglich. Übe auch die Affirmation: »Ich ziehe jetzt den perfekten Arzt an.« Wenn du negative Gedanken über Ärzte hegst oder von deinen Freunden Horrorgeschichten gehört hast, dann sage dir: »Das mag für deren Ärzte zutreffen, aber mein Arzt ist nicht so.« Leiste positive Mentalarbeit, um den Arzt anzuziehen, den du willst. Sprich deinen Arzt so an, wie er dich anspricht, damit wirst du dich auf einer gleichberechtigten Basis fühlen. Verbirg keinen Aspekt deines Lebens vor ihm. Wenn er dir auf deinem Weg zur Heilung helfen soll, muß er alle Aspekte deines Lebens kennen. Das zeigt auch, daß du ihm vertraust. Jeder Arzt, der daran Anstoß nimmt, ist für die Kooperation mit dir zu unsicher. Ein Arzt ist ein Mensch — wie du — mit einigem Spezialwissen; aber er ist kein dir überlegenes Wesen.

Die Grundrechte des Patienten

Mein Freund. Dr. Albert Lerner hat die ›Grundrechte des Patienten‹ formuliert, die die Tatsache verdeutlichen, daß wir als Patienten an der Wiederherstellung unseres Wohlbefindens beteiligt sind.

»Dein Leben in die Hand zu nehmen, schließt alle Aspekte deines Wesens und alle Phasen deines Lebens ein. Deine Arzt/Patienten-Beziehung ist eine Angelegenheit von zentraler Bedeutung.

1. Es liegt an dir, mit ausreichender Information und dem Rat deines Arztes deinen Weg zur Heilung selbst zu bestimmen.
2. Du hast das Recht, eine Partnerschaft mit einem Arzt einzugehen und aufzubauen, indem du:
    a) verstehst, wie wichtig es ist, daß man dir aufmerksam *zuhört!*
    b) den Zweck deines Besuches deutlich erklärst.
    c) deine Bedürfnisse, soweit sie über das unmittelbar anliegende Problem hinausgehen, deutlich mitteilst. Beispiel: langfristige Bedürfnisse wie Unterstützung und Rat, um bei guter Gesundheit zu bleiben.
    d) dem Arzt ein Bild von deiner emotionalen Verfassung und deiner persönlichen Art der Streßbewältigung vermittelst. Stelle dir selbst folgende Fragen:
       Hältst du Gefühle wie Liebe, Wut oder Traurigkeit zurück oder gibst du ihnen Ausdruck?
       Was geschieht in deinem Privatleben, in zwischenmenschlichen Beziehungen und am Arbeitsplatz? Wie gehst du hier mit Problemen um?
3. Sprich mit dem Arzt. Stelle ihm Fragen!
    a) Welche philosophischen Ansichten hat er zum Thema Heilung?
    b) Ist er zu einem Dialog fähig?
    c) Wie nimmt er konstruktive Kritik auf?

d) Ist der Arzt abwehrend, verurteilend und abgebrüht oder offen und zugänglich?

e) Fühlst du dich unter Zeitdruck gestellt, nicht ernst genommen oder billig abgespeist, wenn du ihn aufsuchst?

4. Entmystifiziere die Medizin!

a) Wie wurde die Diagnose gestellt?

b) Interessiere dich für die Laborergebnisse und ihre (Be-)Deutung.

c) Welche anderen Ergebnisse und Werte liegen vor?

d) Behandlungsplan: Achte darauf, daß die am wenigsten aggressiven Therapien eingesetzt werden.

e) Informiere dich über eventuelle Nebenwirkungen verschreibungspflichtiger oder auch naturheilkundlicher Medikationen.

5. Sprich aus, was dir Sorgen bereitet.

Laß dich nicht einschüchtern!«

Wie du siehst, gibt es viele prächtige Ärzte, die sich um dich kümmern und dir helfen, die sich auskennen und freundlich sind, die wirklich an deinem Wohlergehen interessiert sind und offen und empfänglich für viele Heilmethoden. Du kannst sie finden, besonders wenn du dich lieb hast. Es gibt immer mehr Menschen wie Dr. Bernie Siegel, die erkennen, daß der Patient sehr viel mit der Erzeugung von Krankheit und ihrer Heilung zu tun hat. Diese Ärzte sind bereit und willens, die Grenzen der herkömmlichen schulmedizinischen Praxis zu überschreiten und den Patienten in den Heilungsprozeß mit einzubeziehen. Sie glauben auch an Teamwork.

Behandlung

Heute ist ein neuer, kostbarer Erdentag. Wir werden ihn in Freude leben. Ich bin ein kostbares Wesen und vom Universum geliebt. Je mehr ich die Liebe steigere, die ich für mich selbst empfinde, desto mehr wird sie vom Universum widergespiegelt, immer reichere, stärker wachsende Liebe. Ich weiß, daß die Universelle Macht überall ist, in jedem Menschen, Ort und Gegenstand. Diese liebende, heilende Kraft fließt durch den ärztlichen Beruf und durch jede Hand, die meinen Körper berührt.

Ich ziehe nur hochentwickelte Weise an, die mich auf meinem Weg zur Heilung begleiten. Meine Anwesenheit hilft, die spirituellen, heilenden Eigenschaften in jedem Behandler zum Vorschein zu bringen. Ärzte und Krankenschwestern sind überrascht über ihre Fähigkeiten, mit mir in einem Heilungsteam zusammenzuarbeiten. Wir sind eins mit der Macht, die uns erschaffen hat.

Wir sind in Sicherheit, und alles ist gut in unserer Welt.

20

Umgang mit medizinischen Einrichtungen

Affirmation:
Jede Hand, die mich berührt,
hat die Kraft zu heilen!

Krankenhäuser

Man hat im Falle der Krebskrankheit festgestellt, daß jene Menschen, die oft als ›schlechte‹ oder ›schwierige‹ Patienten bezeichnet wurden, die besten Überlebensquoten zeigen. Der Patient, der sich demütig und ohne zu fragen allen Prozeduren unterwirft, schafft es häufig nicht. Wenn du dich im Krankenhaus befindest, dann tue alles, was in deiner Macht steht, um für dich selbst zu sorgen. Bitte um ein Zimmer mit Fenster und Aussicht. Stelle Fragen und bestehe darauf, daß du Antworten darauf bekommst. Unterwirf dich keinem Verfahren, bevor du nicht weißt, warum und wozu. Nimm dir einen Kassettenrecorder mit und zeichne Gespräche mit dem medizinischen Personal auf. Du bezahlst für die medizinische Versorgung, und du hast deshalb auch das Recht, sie zu hinterfragen. Sind diese Verfahren wirklich richtig für deinen Körper, oder werden sie nur angewendet, weil es der Routine des Krankenhauses entspricht und ›bei jedem so gemacht‹ wird?

Wenn du zu krank bist, um aus eigener Kraft aufstehen zu können, dann nimm einen guten Freund mit. Achte darauf, daß du hast, was du brauchst. Nimm dir Tonbänder für deinen Kassettenrekorder mit, heilsame Musik, Entspannungs-Kassetten, Visualisierungsübungen zur Selbstheilung etc. Nutze die Zeit im Krankenhaus, beschäftige dich, lerne und studiere. Übe Heilungsvisualisierungen, schreibe dir Affirmationen auf. Packe einige persönliche Gegenstände ein, mit denen du dir das Krankenzimmer verschönern kannst. Nimm dir ein paar Hemden oder T-Shirts mit, damit du nicht nur Pyjamas oder gar Krankenhauskleidung tragen mußt. Sorge dafür, daß dir jemand frisches Essen zur Ergänzung der Klinikkost mitbringt. Stelle dir eine Schale frisches Obst in Reichweite.

Fallbeispiel Bill

»Ich heiße Bill. Am 24. November 1984 diagnostizierte man bei mir die Hodgkinsche Krankheit. Meine erste Reaktion war: ›Warum ausgerechnet ich?‹ Ich hatte drei Wochen zuvor meinen Job gekündigt und mich selbständig gemacht; und jetzt hatte ich keine Versicherung oder sonstige Sicherheit. Meine erste Frage war: ›Wie lange habe ich noch zu leben?‹ Ich hatte das Gefühl, wenn überhaupt jemand auf der Welt einer Krankheit zum Opfer gefallen ist, dann konnte nur ich es sein.

Nach der Diagnose ging ich mit meinem Liebhaber in die Klinik, um eine Biopsie zu vereinbaren. Auf dem Rückweg nach Hause wurde sein Motorrad angefahren und es kam fast zu einem Totalschaden. Zum Glück trugen wir keine ernsten Verletzungen davon. Kurze Zeit später wurde seine Mutter — die auch mir wie eine Mutter ist — überfallen, und man schnitt ihr die Kehle durch. Durch irgendein Wunder blieb sie am Leben und ist inzwischen wieder in Ordnung. Zwei Monate vor dem Ende meiner Chemotherapie erlitt mein jüngerer Bruder eine Kohlenmonoxid-Vergiftung. Ich flog nach Illinois, um bei meiner Familie zu sein, die sich schon fünf Jahre nicht mehr gesehen hatte. Die Ärzte sagten, wenn mein Bruder je wieder aus seinem Koma er-

wachte, werde er den Rest seines Lebens nur noch dahin-
vegetieren.

Nach zwei Wochen flog ich zur nächsten Behandlungsse-
rie nach San Francisco zurück. Am 4. Juli rief meine Schwe-
ster an und teilte mir mit, daß unser Bruder aus dem Koma
erwacht und ganz gut beieinander sei. Zwei Monate nach
dem Ende meiner Behandlungen starb meine Großmutter.
Ich war ihr sehr nahegestanden. Ich hatte das Gefühl, als
säße ich in einer Achterbahn, die überhaupt nie zum Still-
stand kam.

Ich hatte sehr hohe Erwartungen an andere. Sie sollten
mich heilen. Ich wollte so wenig Aufwand wie möglich.
Chemotherapie war der einzige Weg, den die Ärzte mir
boten — außer dem Krebs freien Lauf und mich umbringen
zu lassen. Ich war skeptisch in bezug auf die Ergebnisse,
aber beschloß, ihnen einen Versuch zu gewähren, mich zu
heilen.

Im August 1985 waren die Behandlungen vorbei. Meine
Ärzte teilten mir mit, daß ich eine Remission erreicht hätte.
Ich schien mich wohl zu fühlen, also fing ich mit meinem
Training wieder an. Einen Monat später fand ich einen Knoten in meiner linken Leiste. Binnen weniger Tage wurde er
größer und schmerzhafter. Die Ärzte meinten, es sei ein
Bruch. Mit dem Gedanken, zu früh wieder mit dem Ge-
wichtheben angefangen zu haben, erschien mir ihre Diagnose
sinnvoll. Nach weiteren Untersuchungen sagte man aber,
daß der Knoten ein Tumor sei und sich von Tag zu Tag ver-
größere. Das schlug dem Faß den Boden aus. Ich war so fertig, daß ich mir nicht vorstellen konnte, je wieder auf die
Beine zu kommen. Aber ich war immer noch nicht soweit,
selbst Verantwortung zu übernehmen; schließlich war es die
Schuld der Ärzte, daß ich noch nicht geheilt war.

Ein paar Monate zuvor hatte mir ein Nachbar ein Buch
mit dem Titel *You Can Heal Your Life* (deutsche Ausgabe:
Gesundheit für Körper und Seele, München: Wilhelm
Heyne 1989) gegeben. Jetzt war ich verzweifelt genug, es zu

lesen. Ich fing kurz vor Mitternacht mit der Lektüre an und las bis sechs Uhr am nächsten Morgen. Ich übte Affirmationen und hörte mir das Band *Cancer: Your Healing Power* (von Louise L. Hay; Anm. d. Ü.) an. Erschöpft sank ich aufs Sofa und schlief ein. Zwei Stunden später wachte ich auf. Ich konnte nicht glauben, was ich erlebte: der Tumor in meiner Leiste war verschwunden! Alles, was ich noch spüren konnte, war ein Knoten von der Größe einer Erbse, nachdem der Tumor drei Wochen lang walnußgroß gewesen war. Ich hatte wieder Kraft in den Beinen und fühlte mich erfüllt von Liebe und Energie. So wohl hatte ich mich noch nie gefühlt, nicht einmal vor der Diagnosestellung. Es war einfach unglaublich!

Von jenem Tage an wurde mir klar, daß ich die Verantwortung für mein Leben selbst in die Hand nehmen mußte; ich bin verantwortlich für das, was mir passiert. Seit jenem Morgen habe ich viele gute Dinge in meinem Leben erfahren. Das Verhältnis zu meinen Eltern wurde ganz neu, und wir sind uns jetzt näher denn je zuvor. Mein Liebhaber hat das Buch gelesen und die Bänder angehört und nun das Gefühl, er bessere sich selbst und unsere Beziehung. Ich hänge mich nicht mehr an das Klagen über negative Umstände. Ich sehe das Positive in allem. Mein Krebs war mir eine große Lernerfahrung, und mein Leben ist voller Freude und Glück. Nun habe ich ein erfülltes Leben, solange ich daran denke, mich zu lieben und dem Universum zu vertrauen, daß es sich um meine Bedürfnisse kümmert.

Die erste Affirmation, an die ich mich noch erinnere, stammt aus dem Buch *You Can Heal Your Life* (deutsche Ausgabe: *Gesundheit für Körper und Seele,* München: Wilhelm Heyne 1989). Sie lautet:

›Ich bin vollkommen glücklich, ich zu sein. Ich bin gut genug so, wie ich bin. Ich liebe mich und erkenne mich an. Ich äußere und empfange Freude.‹

Als ich diese Worte zum erstenmal niederschrieb, hielt ich das für blöde und dachte genau das Gegenteil. Heute ist es für mich wahr. Ich glaube jedes Wort davon. Jeden Morgen beim Rasieren lächle ich mir im Spiegel zu und sage mir, wie lieb ich mich habe und wie besonders ich bin. Wenn ich im Bad fertig bin, fühle ich mich großartig.

Zur Zeit bin ich bei der zweiten Runde Chemotherapie und beteilige mich diesmal aktiv daran; die Resultate sind prächtig. Meine Ärzte sagen, daß mein Blutbild und meine äußere Erscheinung besser seien als letztes Jahr. Zu lernen, mich zu lieben und gut zu meinem Körper zu sein, fühlt sich an wie der Übergang von einer Einbahnstraße auf eine vierspurige Autobahn.«

Bill fand einen positiven Weg, mit der Ärzteschaft und ihren Behandlungen zu kooperieren. Wenn du diesen Weg beschreiten willst, mußt du bedenken, daß die Bereitwilligkeit, dich aktiv an der Wirkung der Behandlung zu beteiligen, ein absolutes Muß ist.

Wenn du das Medikament nimmst, wisse, daß es zu deinem Besten ist. Denke nie an die Nebenwirkungen, die es bei anderen verursacht hat; wisse allein, wieviel Gutes es bei dir bewirken kann.

Das kannst du leichter bewerkstelligen, indem du eine Affirmation verwendest und dabei ein tägliches (wöchentliches etc.) Ritual zur Medikamenteneinnahme befolgst. Du kannst z. B. sagen: »Dies ist die perfekte Behandlung für mich, und sie wird zu meinem Besten dienen!« Es ist wichtig, sich nie den Angeboten der medizinischen Welt zu verschließen. Viele chemische Behandlungen haben schon so manch einer Krankheit ein Ende bereitet. Im Falle von AIDS produzieren die Pharma-Experten Tag für Tag neue Ideen. Das ist eine sehr positive Sache, denn aufgrund dieser kreativen Bemühungen im Kampf gegen AIDS können vielleicht andere Krankheiten — wie Leukämie oder viele andere Krebsarten — geheilt werden. Als Anerkennung für die Anstrengungen der medizinischen Welt habe ich im folgenden eine Auswahl der derzeit zur Verfügung stehenden Behandlungsmethoden aufgeführt.

Medikationen

Immunmodulatoren

Hierbei handelt es sich um Medikamente, die die körpereigene Lymphozyten-Produktion steigern. Theoretisch regen sie dein Immunsystem an.

1. *DDTC, Immuthiol:* Bei HIV-positiven oder ARC-Patienten scheint diese Droge sehr nützlich zu sein. Sie zeigt keinerlei Nebenwirkungen und konnte die normalen T4- und T8-Zahlen und Anteile bei manchen Patienten erhöhen. Da HIV sich in den T4-Zellen vermehrt, glauben manche Wissenschaftler, daß eine Steigerung der Anzahl von T4-Zellen im Blut auch die Virus-Aktivität erhöhen könnte. Untersuchungen in Lyon haben jedoch ergeben, daß dies bei DDTC nicht zutrifft.

2. *IMREG-1:* Hierbei handelt es sich um ein Derivat der körpereigenen Lymphozyten. Mit seiner Wirkung auf das Immunsystem hat diese Droge gezeigt, daß sie den T4-Spiegel sowie die Reaktion auf Antigene wie Tetanus-Toxoid erhöht. Es hat zwar die Immunreaktion nicht auf ein normales Maß zurückführen können, aber da es keine Nebenwirkungen zu geben scheint, könnte IMREG-1 zur Steigerung der Lebenserwartung von AIDS- und ARC-Patienten bei gleichzeitiger Reduzierung des Sekundärinfektions-Risikos von Nutzen sein.

3. *Inosiplex, Isoprinosine:* Obgleich die Studien zu dieser Droge noch im Anfangsstadium sind, haben die Resultate bisher gezeigt, daß sie die Produktion natürlicher Killer-Lymphozyten steigert. Nebenwirkungen sind noch nicht bekannt geworden.

4. *Interleukin-2:* Ein weiteres natürliches Lymphokinetikum, auch als T-Zell-Wachstumsfaktor bekannt. Im Körper vermehrt es alle T-Zellenarten. Damit ist es möglicherweise das Mittel zur Wiederherstellung der normalen Immunabwehr bei Patienten mit AIDS oder ARC.

Da es sich um einen natürlichen Wachstumsfaktor handelt, wurden keine Nebenwirkungen bekannt. Vitamin-Firmen haben dieses Mittel schon seit Jahren verkauft, und es ist weit verbreitet.

Antivirale Wirkstoffe

Diese Drogen wirken der Vermehrung der Viren entgegen. In diese Kategorie gehören:

1. *AL-721:* Eine unschädliche, hoch konzentrierte Mischung von Lecithin und neutralen Lipiden. Im Idealfall umgibt es die T4-Zellen (aber auch alle anderen Zellen) mit einem zusätzlichen Lipid-›Mantel‹, was es dem HIV-Virus erschwert, einzudringen und sich zu reproduzieren.

2. *Ribovirin:* Obwohl dieses Medikament bei manchen Patienten eine leichte Anämie verursachte, scheint es bei HIV-positiven, asymptomatischen Personen die Krankheit am weiteren Fortschreiten zu hindern. Das wird erzielt durch eine Hemmung der Wirkung des Enzyms reverse Transcriptase, die für die Virus-Replikation wesentlich ist.

3. *Beta-Interferon:* Ein Derivat der körpereigenen, auf die Krebszellen-Aufspürung programmierten Zellen. Bei der Behandlung von Kaposi-Sarkomen mit diesem Mittel wurden Fortschritte erzielt, wenngleich auf Kosten ernster Nebenwirkungen einschließlich schwerer Übelkeit, Gewichtsverlust und Muskelschmerzen.

4. *Zidovudine (AZT), Retrovir:* AZT ist das erste von der FDA (Food and Drug Administration, entspricht etwa dem deutschen Bundesgesundheitsamt; Anm. d. Ü.) genehmigte Verfahren zur Behandlung von AIDS und weit verbreitet. Dieses Medikament wirkt gegen das Virus, indem es dieses mit einer künstlichen Form der Aminosäure Thymidin ›täuscht‹, die zur Produktion von Virenmaterial notwendig ist. Im Laborversuch ergeben alle

Tests, daß dieses Medikament die Virus-Replikation erfolgreich hemmt. Beim Menschen scheint die Droge ein bis zwei Jahre lang gut zu wirken – alle Ergebnisse und Informationen liegen noch nicht vor –, dann aber beginnt die Virus-Vermehrung von neuem. Unter den Nebenwirkungen sind Anämie und Übelkeit. Ursprünglich als Medikament zur Vorbeugung entwickelt. Im allgemeinen keine Nebenwirkungen bei HIV-positiven, asymptomatischen Personen mit einem T4-Wert von mehr als oder gleich 500/cm³.

Einige Forscher meinen, daß eine Kombination von Mitteln beider Kategorien die Lösung sein könnte. Berate dich mit deinem Arzt, bevor du dich für eine chemische Behandlung entscheidest. Viele der existierenden Drogen sind noch im Stadium der klinischen Erprobung, und obwohl du sie vielleicht irgendwo beziehen kannst, könnte ihr unsachgemäßer und unkontrollierter Gebrauch ein unnötiges Risiko für die angeschlagene Gesundheit bedeuten, über die du im Augenblick verfügst.

Halte dir vor Augen, daß die Wissenschaft ständig bemüht ist, ein Toxin zu finden, das die Krankheit töten wird und nicht den Patienten; also interessiere dich für alternative Behandlungsweisen. Es gibt zahlreiche ganzheitliche Heilmethoden, die zur Genesung von Menschen mit AIDS und anderen Krankheiten geführt haben.

Du kannst auch zum Genesungsprozeß eines anderen beisteuern. Das ist in gewissem Maße selbst im Rahmen von Krankenhausbesuchen möglich. Das Wissen, wie mit einem Kranken umzugehen ist, ist ein Weg zur Freude und Heilung aller, die daran beteiligt sind.

Behandlung

Heute ist ein neuer, kostbarer Erdentag. Wir werden ihn in Freude leben. Ich bin offen und empfänglich für Stärke, Glücklichsein und Frieden. Ich beschließe, mein Leben auf Hoffnung, Mut und Liebe zu gründen. Ich nehme jetzt alles Gute als normal und natürlich für mich an. Liebe ist eine wunderwirkende Heilungskraft in meiner Welt. Mit Liebe kann ich beginnen, mein Leben neu aufzubauen.

Wir haben die Macht und Kraft, das unüberwindbar Scheinende zu bezwingen. Wir sind eins mit der Macht, die uns erschaffen hat.

Wir sind in Sicherheit, und alles ist gut in unserer Welt.

21

Wenn jemand AIDS hat, den du liebst

Affirmation:
Mein Herz öffnet sich auf einer tieferen Ebene!

Wenn du einen Freund mit AIDS hast

Wenn du einen Freund mit AIDS hast, dann gib deiner Liebe in praktischer Form Ausdruck. Rufe, wenn du kannst, täglich an, schreibe Briefe oder, wenn du in der Nähe wohnst, mache häufig Besuche und zeige dich hilfreich. Manchmal können die einfachsten Aufgaben für den Menschen mit AIDS zur großen Belastung werden. Biete dich an für Botengänge, Erledigungen und einfache Haushaltsarbeiten. Fahre den Menschen mit AIDS zum Arzt oder hinaus, damit er im Freien Kraft schöpfen kann, wie es ihm entspricht. Du kannst dich auch einer Selbsthilfegruppe anschließen und lernen, wie du sinnvoll helfen kannst und dir gleichzeitig selbst bei der Bewältigung hilfst. Liebe bedingungslos, sei sanft zu dir selbst und zu deinen Freunden.

Wenn jemand in deiner Familie AIDS hat

Wenn du erfährst, daß ein Angehöriger AIDS hat, dann überwinde dich und sage ihm/ihr, daß du ihn liebst und ihm helfen willst, wie du nur kannst. Er braucht das nötig. Liebe und Unterstützung von dir werden mehr helfen als jede Medizin. Tue, was du kannst, um jegliche Schuldgefühle auszulöschen, die ihn vielleicht plagen. Nutze die Gelegenheit. Wenn irgendwelche Dinge zwischen euch stehen, die nicht ausgesprochen wurden, dann ist jetzt die Zeit, um vernünftig darüber zu sprechen und sie loszulassen. Immer wieder höre ich von Leuten mit AIDS, die deutlich auf dem Wege der Besserung sind, daß ihre Familie sie liebt und unterstützt.

Wenn du ein Kind mit AIDS hast

Wie aber steht es mit Kindern, die AIDS haben? Ich glaube, sie haben für dieses Leben Eltern gewählt, die diese Krankheit auf sie übertragen. So viele Kinder mit AIDS sind schon ausgesetzt worden und sind nun allein in Hospitälern. Viele sind isoliert und werden für medizinische Experimente und Forschungen mißbraucht. Was wir geben, kommt in jedem Falle auf uns zurück. Wenn wir einander verlassen, dann werden auch wir einst verlassen werden, sei es bald oder zu einer späteren Zeit, wenn nicht in diesem Leben, dann im nächsten.

Aber es geht nicht darum, jene zu verurteilen, die uns aussetzen oder schlecht behandeln. Wenn wir beschließen, uns als Reaktion darauf schlecht zu benehmen, dann ist auch dieses Verhalten dennoch nicht gerechtfertigt. Nur Liebe kann heilen, und wir werden nie ›quitt‹ sein. Der Schwarze Peter muß irgendwo stehen bleiben, also behalte ihn bei dir. Gleichgültig, was passiert ist, gleichgültig, was ›man‹ uns angetan hat: wir müssen aufhören, es fortzusetzen, und müssen statt dessen Liebe aussenden. Denn Liebe wird wieder Liebe nach sich ziehen und den Heilungsprozeß einleiten.

Um die Thematik Kinder und Krankheit ganz zu verstehen, müssen wir lernen, das Leben aus einer weiteren, kosmischen Perspektive zu betrachten. Ein Kind steht unter dem Einfluß des Bewußtseins der Erwachsenen, die es umgeben. Es nimmt leicht die Gedankenmuster auf und spricht darauf an. Eine der schnellsten Methoden zur Heilung eines Kindes ist die Heilung des Bewußtseins, der Gedankenmuster des Erwachsenen. Das Kind wird die Veränderung im Bewußtsein rasch aufnehmen und diese Wandlung in einer Besserung der eigenen Gesundheit widerspiegeln.

In diesen Zusammenhang gehört auch die Frage, wie unsere Eltern zu uns kommen. Ich bin davon überzeugt, daß wir unsere Eltern wählen. Wir wählen uns die perfekten Eltern aus, die uns genau jene Erlebnisse vermitteln werden, die wir für unser spirituelles Wachstum benötigen. Junge Seelen ziehen leichtere Erfahrungen an — als hielten sie sich im Kindergarten auf. Alte Seelen ziehen schwierigere Erfahrungen als Lektionen an. Kinder, die unter katastrophalen Krankheiten leiden, haben — so meine ich — diese Erfahrungen schon gewählt, bevor sie überhaupt inkarnierten.

Manchmal brauchen wir, wenn wir auf diesen Planeten kommen, keine lange Lebenszeit, um unsere Lektion zu erhalten. Wir brauchen vielleicht nur ein paar Stunden, Monate oder Jahre, und dann sind wir fertig. Wir leben so oft. Jedes Leben ist anders. In jeder Lebenszeit bekommen wir das Leben von einem anderen Standpunkt aus gezeigt. Wenn wir mit unseren Erfahrungen in einem Leben nicht gut umgehen, dann werden wir sie im nächsten ausgleichen können. Wenn wir in einem Leben vergewaltigen, dann werden wir ein andermal vergewaltigt werden. Es wurden schon viele gute Informationen zum Thema Reinkarnation veröffentlicht, gib dir die Gelegenheit, dich damit eingehender zu beschäftigen.

Das heißt nicht, daß wir unser Herz verschließen wollen und zu den Menschen sagen: »Nun, du mußt das haben, weil du es dir in einem früheren Leben verdient hast.« Darauf will ich überhaupt nicht hinaus. Wir müssen einander helfen, unsere alten, negativen Denk- und Verhaltensmuster zu überwinden. Ich versuche, ein umfassenderes Bild des Lebens zu präsentieren, um zu zeigen, daß jeder Augenblick, den wir leben, wichtig ist. Alles, was wir wagen, tun und denken, hat seine Bedeutung, und deshalb sollten wir unseren Teil *jetzt* ins reine bringen.

Wenn dein Kind AIDS hat, dann stelle dich auf seine Seite und halte zu ihm. Sage allen Familienmitgliedern und Nachbarn, wie sehr du deinen Sohn oder deine Tochter liebst. Gehe ruhig weiter, als die Gefühle oder Gedanken der anderen dir zu folgen bereit sind. Du wirst weit gehen auf deinem eigenen Weg des spirituellen Wachstums. Alle großen Lehrer seit dem Beginn unserer Geschichte sprachen von der bedingungslosen Liebe; sie wußten, daß die bedingungslose Liebe die größte Lektion ist, die wir in unserem Leben zu lernen haben. Wir errichten uns viele Hindernisse, die uns davon abhalten, dieser Liebe Ausdruck zu geben; aber wir können alle Hindernisse überwinden. Wenn wir uns allen Situationen aus dem Zentrum der Liebe im Herzen nähern, erheben wir uns über den Bereich der Verurteilungen, und dann kann uns kein Unheil geschehen.

Einen geliebten Menschen als ›Sachschaden‹ oder ›Sünder‹ oder gar jemanden zu behandeln, der ›bekommt, was er verdient hat‹, wird nicht zur Heilung beitragen. Wir haben keine Zeit, um solchen Grenzen setzenden Vorstellungen nachzugeben. Sie entsprechen genau der Haltung, die es erst ermöglichte, daß sich AIDS so weit verbreiten konnte. Wir sind auf diesem Planeten, um einander zu helfen und um aus ihm eine Welt der Liebe, des Friedens und der Heilung zu machen.

Es ist eine neue Situation für uns, wenn wir nun jemanden mit AIDS in unserem Leben haben, und da helfen uns keine überlieferten und bewährten Regeln, die uns sagten, was wir tun und wie wir uns verhalten sollten. Aber wir alle werden unseren Weg auch auf diesem neuen Terrain finden. Uns abzukapseln, weil wir nicht wissen, was wir tun sollen, bedeutet, unserem Freund oder geliebten Menschen die Unterstützung zu verweigern, die er so dringend benötigt, und eine Gelegenheit zum eigenen spirituellen Wachstum zu versäumen. Ich bin zu der Überzeugung gelangt, daß das einzige, was wir mitnehmen können, wenn wir dereinst diesen Planeten verlassen, unsere Liebesfähigkeit ist. AIDS gibt uns eine neue Chance, unsere Herzen auf einer tieferen Ebene zu öffnen. Nimm die Menschen mit AIDS genau so an, wie sie sind, und versuche nicht, sie zu ändern. Akzeptiere, was ist, und lerne, ihnen zu helfen, im Alltäglichen mit dieser Krankheit fertig zu werden.

Wenn du dich vor AIDS fürchtest, dann frage dich, wie du reagieren würdest, wenn dein Kind oder Freund Diabetes, einen Schlaganfall oder Krebs hätte.

Jemand, der vor kurzem ›positiv getestet‹ wurde, kann genauso verängstigt und erschreckt sein wie einer, der tatsächlich AIDS oder ARC hat; sei in dieser Hinsicht also behutsam. Tatsächlich kann die Diagnose, die vielleicht nachkommt, sogar als Erleichterung empfunden werden, denn dann braucht man nicht mehr zu ›befürchten‹, AIDS zu haben. Hier kann eine Selbsthilfegruppe den Betroffenen über die ersten schrecklichen Wochen hinweg helfen. Wir geben ihnen jede erreichbare positive Information. Wir empfehlen, daß sie sich für ein gesundes Ernährungsprogramm entscheiden und alles unternehmen, was zum Aufbau ihres Immunsystems beiträgt. Wenn du einen Freund hast, der sich als HIV-positiv erwiesen hat, dann hilf ihm durch diese Zeit so liebevoll, wie es dir möglich ist.

Besuche im Krankenhaus

Das ist für keinen von uns eine einfache Zeit. Menschen im Krankenhaus zu besuchen, wird eine immer alltäglichere Angelegenheit. Manche von uns machen fast jeden Tag einen Besuch, da Freunde und geliebte Menschen sehr intensive, körperliche Erlebnisse bewältigen müssen. Es ist für alle eine unangenehme Zeit. Wir haben nur wenige Richtlinien zum Verhalten, und es ist ohnehin schwer festzustellen, was für einen Patienten wirklich nützlich und hilfreich ist.

Da wir inzwischen mehr über gesunde Ernährung wissen, ist uns klar, daß es nicht im Interesse des Patienten ist, Kuchen oder Süßigkeiten mitzubringen. Wenn wir Essen und Getränke mitnehmen wollen, sollten wir auf hochwertige, biologische Erzeugnisse achten. Frisches Obst und frische Säfte sind wesentlich besser für den Organismus als Gesüßtes oder Cola. Frischer Karottensaft ist eine gute Ergänzung der Krankenhauskost.

Wenn wir ein Krankenhaus besuchen, sollten wir uns überlegen: »Was kann ich zur Unterstützung des Heilungsprozesses beitragen?«, »Wie kann ich Trost spenden und Zuspruch geben?« Vielleicht freut sich der Patient, wenn wir ihm etwas vorlesen. Oder wir bringen ihm eine Kassette mit einem positiven Text mit oder sogar einen preiswerten Kassettenrekorder zum Abspielen, falls ein solches Gerät noch nicht vorhanden ist. Die Zeit vergeht langsam für die Menschen im Krankenhaus, und eines der vielen positiven, Herz und Sinn erhebenden Tonbänder kann dazu beitragen, daß die lange Zeit auch aufbauend erlebt wird. Darüber hinaus ist es eine Erinnerung an deine Fürsorge, auch wenn du gerade nicht am Krankenbett sitzt.

Deine persönliche Anwesenheit aber ist das Wichtigste. Wir brauchen nicht clever oder übertrieben fröhlich zu sein. Es genügt, wenn wir einfach kommen und sagen: »Ich liebe dich, und ich will dir etwas positive Energie bringen.« Und dann berührst du den Patienten. Das ›Handauflegen‹ gibt es schon, seit wir Menschen diese Erde bevölkern. Es ist eine normale und natürliche Geste, wenn jemand Schmerzen hat.

Sogar wenn wir selbst uns geschnitten oder gestoßen haben, legen wir sofort unsere Hand über die verletzte Stelle, und schon ›geht es besser‹. Dieses Geben und Empfangen von Energie ist ein Segen für beide Seiten.

Wenn ich jemand im Krankenhaus besuche, massiere ich gerne die Füße des Patienten. Diese Form der Zuwendung ist in der Regel sehr willkommen. Frage erst um Erlaubnis, und dann reibe sanft die Füße des Kranken. Dazu brauchst du kein Fachmann zu sein. Folge einfach deinem Gefühl und laß deine Hände von innen führen. Vielleicht nimmst du ein kleines Fläschchen oder Döschen Handlotion für diesen Zweck mit. Das ist vermutlich das schönste Geschenk, das du einem Menschen ins Krankenhaus mitbringen kannst: liebevolle Zuwendung und entspannende Energie. Die Reflexzonen-Masseure sagen, daß Energie von den Füßen in alle Aspekte des Organismus weitergeleitet werde und der ganze Körper von einer Fußmassage profitiere.

Überdies gibt dir dieses Geschenk etwas zu tun, du brauchst also nicht herumzustehen und verlegen nach passenden Worten zu suchen, um eine Konversation in Gang zu halten. Wenn jemand Kaposi-Geschwülste an den Füßen hat, kannst du auch seine Hände massieren. Ich besuchte einmal einen Patienten, der so viele Läsionen am Körper hatte, daß ich meine Hand nur an einen kleinen Bereich um den Knöchel legen konnte.

Brad White, einer meiner Schüler in New York, hat einen Krankenhaus-Besuchsdienst für MMAs eingerichtet. Sie gehen in Gruppen zu dritt und bleiben ca. 15 – 20 Minuten bei jedem Patienten zum Zuhören, Sprechen und Massieren. Sie fragen, was der Patient wünscht, und tun ihr Möglichstes, um die Wünsche zu erfüllen. Vor allem aber bringen sie ihre Liebe dahin, wo sie am meisten gebraucht wird.

Behandlung

Heute ist ein neuer, kostbarer Erdentag. Wir werden ihn in Freude leben. Ich habe soviel Liebe in mir, daß ich den ganzen Planeten heilen könnte! Ich lasse diese Liebe nun emporsteigen, so daß ich sie gebrauchen kann, um einem geliebten Menschen zu helfen. Ich bin erfüllt von der Bereitschaft zu Unterstützung, Zuspruch und Hoffnung und dem Wissen, daß ich auf unendlich vielen Wegen helfen kann.

Ich bin hier, um bedingungslos zu lieben, und ich habe jetzt die Gelegenheit, das zu tun. Wir sind eins mit der Macht, die uns erschaffen hat.

Wir sind in Sicherheit, und alles ist gut in unserer Welt.

22

Über den Tod und das Sterben

Affirmation:
Wir sind im Frieden mit dem
Rhythmus und Fluß des Lebens!

Alle Antworten kennen wir nicht. Ja, es sieht so aus, als wüßten wir nur sehr wenige Antworten. Zu den Dingen, die wir uns vorgenommen haben, gehört der Friedensschluß mit uns selbst, gleichgültig, wo wir stehen und was auch passiert. Wir wollen erkennen, daß der Tod nicht Scheitern bedeutet. Der Tod ist eine jener Erfahrungen, die zum Leben gehören. Und – ich habe es schon oft gesagt – wenn wir einmal gehen, dann ist unsere Zeit gekommen. Ich glaube auch, daß wir mit unserer Seele gewissermaßen vereinbaren, wann wir gehen werden.

Wir haben aber die Vorstellung, daß wir eine sehr lange Zeit hierzusein hätten. Wir sind hier, um die Lektion unseres Lebens zu erfahren, und dann gehen wir weiter in eine Dimension weitaus größerer Freiheit – oder wir kommen vielleicht zurück, um es noch einmal zu machen. Unser Tod ist nur die andere Seite der Tür, durch die wir bei der Geburt auf die Erde kommen. Man betritt diesen Planeten, und man verläßt ihn wieder, und das ist ganz gut und natürlich. Ich denke, wir haben uns vor dem Thema Tod sehr lange versteckt und wollten nicht darüber sprechen, damit zu tun haben oder etwas darüber wissen. Und ganz plötzlich werden wir mit der Notwendigkeit konfrontiert, uns mit dem

Thema zu beschäftigen und es für uns anzunehmen —
wann auch immer wir selbst einst abzutreten haben.

Denke auch daran, daß der Tod *keine* Strafe ist. Der Tod
ist kein Versagen. Der Tod gleicht am Ende alles aus. Der
Tod macht am Ende alles heil. Der Tod ist der Weg, auf dem
wir unseren Körper verlassen, dieses nicht länger brauch-
bare Erdenkleid der physischen Welt. Ich glaube, daß wir
diesen Planeten viele Male betreten und viele verschiedene
Erlebnisse präsentiert bekommen. So verlassen wir den Planeten auch auf die verschiedensten Weisen und in den
unterschiedlichsten Altersstufen. Da gibt es nicht richtig
oder falsch; es ist einfach so.

Falls du AIDS hast und beschließt, daß es am besten sei,
diesen Planeten in nächster Zukunft zu verlassen, dann tue
dies mit Freude und auch mit Liebe. Sei dabei ganz friedlich.
Teile deinen Frieden mit denen, die um dich sind. Laß sie erfahren, was ein Tod in Liebe und Frieden sein kann. Wenn
dich der Gedanke an den Tod erschreckt, dann lies Raymond Moodys Buch *Life after Life* (deutsche Ausgabe:
Leben nach dem Tod; Reinbek: Rowohlt 1977). Darin findest du zahlreiche Fälle von Menschen, die dem Tode begeg-
neten und ins Leben zurückgekehrt sind. Jeder einzelne be-
richtet, daß er von viel Licht und Liebe empfangen worden
sei. Dieses Erlebnis habe seine ganze Einstellung zum Leben
verändert und alle Angst vor dem Tode genommen. Das
Buch ist sehr schön und tröstlich.

Wie du, so wünsche auch ich, daß mehr Menschen wieder
gesund werden. Ich habe den Eindruck, daß nur sehr wenige
sich wirklich bemühen, sich zu heilen. Es bedarf der Bereitschaft und des Willens, sich mindestens sechs Monate bis
ein Jahr ganz diesem Ziel zu widmen. Aber immer wieder
höre ich: »Bei meiner Ernährung schummele ich ein
wenig.« Aber wer wird denn dabei beschummelt? Wo es um
Leben oder Tod geht, da gibt es keine Zeit zum Schummeln.

»Naja, ich rauche ein wenig Marihuana mit meinen
Freunden.« Was für Freunde sind das, wenn sie dir zureden,

dein Immunsystem weiter zu schwächen? Kannst du solche Freunde jetzt brauchen?

Wenn ich in Krankenhauszimmer gehe und die Cola-flaschen, Schokoladekuchen und Pralinenschachteln sehe, dann könnte ich weinen.

Ja, es ist Arbeit, harte Arbeit, dieses Gesundwerden. Ja, es bedeutet auch, daß du deinen Lebensstil veränderst. Bist du dir selbst das wert? Liebst du dich selbst genug? Hast du einen Grund zu leben? Wozu würdest du leben?

Manche Leute benutzen diese Krankheit, um den Planeten zu verlassen. Sie haben sich ein Leben geschaffen, das sich scheinbar nicht mehr ausbügeln läßt; deshalb würden sie jetzt lieber die Szene verlassen und die Sache vielleicht ein andermal in Ordnung bringen. Manche Leute wollen den Planeten auch auf dramatische Weise verlassen und damit etwas ›für die Sache der Homosexualität oder die Menschheit‹ tun. Das mag in Ordnung sein. Es soll nicht beurteilt werden.

Ich weiß, daß alle Dinge möglich sind, daß jene Krankheit, die wir uns erschaffen haben, auch geheilt werden kann. Es gibt immer Menschen, die sich über alle bekannten Meinungen hinwegsetzen und wie Wunder scheinende Heilungen hervorbringen. Bei AIDS habe ich bisher beobachtet, daß Genesungen stattfinden können, wenn wir die Krankheit früh genug erkennen und der Betroffene willens ist, sich ganz dem Heilungsprozeß zu widmen. Solange noch etwas vom Immunsystem funktioniert, ist eine Heilung möglich. Wenn die Schwächung des Immunsystems allerdings einen gewissen Punkt überschritten hat — der von Fall zu Fall verschieden ist —, wird ein Comeback zur Gesundheit wesentlich schwieriger sein.

Im Leben jedes einzelnen kommt eine Zeit, da er oder sie den Tod annehmen muß. Wir müssen uns im Frieden der Zeitbestimmung öffnen, wann immer sie uns begegnet. Wir müssen lernen, den Tod zu akzeptieren. Wir müssen durch die Erfahrungen hindurch, die er mit sich bringt.

Trauer

Es ist in Ordnung, wütend zu sein. Es ist normal und natürlich, wütend zu sein, wenn jemand geht, den du liebst. Manchmal fühlen wir uns dabei schuldig, besonders wenn der andere die Erde verläßt. Wir denken: »Oh, ich wollte wirklich nicht wütend sein.« Aber trotzdem spüren wir die Wut, und sie ist in Ordnung.

Wir sind es nicht gewöhnt, Tod und Sterben zu erleben. Früher hatte man mit Sterbenden in der Regel erst zu tun, wenn sie schon sehr alt geworden waren. Jetzt aber haben wir es mit ganz anderen Lebens- und Sterbealtern zu tun. Wir sind jünger, und es sind unsere Freunde, die sterben — und sie sind ebenfalls jünger. Auf dieses Erlebnis sind wir nicht vorbereitet. Wir haben so lange den ganzen Themenbereich Tod und Sterben von uns fortgeschoben, und jetzt liegt er plötzlich vor unseren Augen. Er ist sozusagen mitten unter uns. Und er ereignet sich jeden Tag. Das ist einer der Gründe, warum ich meine Firma zur Veröffentlichung eines Büchleins mit dem Titel *As Someone Dies* (›Wenn jemand stirbt‹) angeregt habe. Es ist voller guter, sanfter Vorschläge, die dir helfen, das Todeserlebnis zu verarbeiten. Es sind nur Empfehlungen und Anregungen. Und das ist schon ungefähr alles, was wir tun können — einfach einander helfen. Eine Hand ausstrecken und sagen: »Ich bin hier, um dir zu helfen.«

Die Trauerzeit dauert mindestens ein volles Jahr. Du mußt durch alle Jahreszeiten damit gehen, denn es sind so viele Dinge, die du mit dem Gestorbenen getan und gemeinsam hast, und jede Jahreszeit wird dir andere Aspekte dieser Erinnerungen in den Sinn bringen. Nach einem Jahr läßt die Trauer dann nach.

Ich habe schon oft gehört, wie Menschen sich beklagten, daß irgendein Bekannter ›doch alles getan‹ habe — und trotzdem krank geworden oder gestorben sei. Dann neigen sie zu dem Gedanken: »Warum sollte ich versuchen, mein

Leben zu ändern, wenn ich am Ende doch sterben muß?«
Ich meine, das ist eine sehr beschränkende Lebenseinstellung.

Jeder stirbt. Das ist eine Tatsache, die viele von uns nicht akzeptieren wollen. Bäume, Säugetiere, Vögel, Fische, Flüsse und sogar Sterne: alle sterben − und wir auch. Und alles stirbt zum perfekten Raum/Zeit-Punkt. Ich glaube, wir alle kommen auf diesen Planeten, um zu lernen und zu wachsen. Wenn die uns bestimmte Lektion beendet ist, treten wir wieder ab. So haben wir es mit unserer Seele vereinbart. Die Seele weiß, wann die rechte Zeit zum Gehen gekommen ist.

Wenn wir unser Leben aber aus der Sicht eines Opfers betrachten und den Tod als Scheitern oder Strafe sehen, dann fühlen wir uns in der Tat als hoffnungslose Versager. Doch es geht hier um eine Zeit des Wachstums, und unser Ziel sollte nicht beschränkt werden, indem wir meinen, an unser Leben ein paar Tage oder Monate anhängen zu müssen. Was hätte es für einen Sinn, länger zu leben, wenn wir die Qualität unseres Lebens nicht steigern können?

Es ist in Ordnung zu sterben

Krankheit ist kein Versagen. Tod ist kein Versagen. Das sind Erfahrungen, die zum Leben gehören. Der Tod ist ein Weg, in die nächste Phase des immerwährenden, ewigen Lebens geboren zu werden. »Seine Arbeit zu tun«, das heißt, besser auf sich aufzupassen und zu lernen, seinen Groll abzubauen, anderen und sich selbst zu vergeben, und auch sich selbst bedingungslos zu lieben − all diese Dinge helfen uns, Krankheit oder Tod friedlicher, ruhiger zu erleben.

Manche sagen: »Wenn du ›deine Arbeit getan‹ hättest, dann würdest du überhaupt nicht krank werden.« Ja, das mag sein. Wir können vielleicht an einen Punkt gelangen, an dem wir nie etwas erschaffen, was unbequem für uns ist.

Ich hörte, daß der Dalai Lama sagte: »Wenn wir genug Liebe hätten, bräuchten wir keine tibetische Kräuterheilkunst.« Wenn wir aber wirklich den Zustand der totalen, bedingungslosen Liebe erreichten, dann bräuchten wir vielleicht nicht länger hier auf diesem Planeten zu weilen, wo wir uns abkämpfen, lieben zu lernen. Die gesellschaftlich akzeptierten Wege, den Planeten zu verlassen, sind Krankheit und Unfälle. Also führen wir Krankheit und Unfälle herbei, um abtreten zu können.

Auch die Gesetze von Ursache und Wirkung scheinen wir vergessen zu haben, und daß alles, was wir geben, zu uns zurückkommen wird. Unsere Gedanken, unsere Worte und unsere Taten gehen von uns aus und kehren als Erfahrungen wieder zurück. Eine plötzliche Erkrankung ist vielleicht die Folge irgendeiner alten Angelegenheit, mit der wir uns nun konfrontieren müssen. Die Lektion könnte heißen: »Wie gehen wir damit um? Fallen wir sofort in alte Gefühlsmuster von Schuld und Nicht-gut-genug-Sein zurück? Machen wir uns selbst Vorwürfe, weil wir unangenehmen Erlebnissen begegnen?«

Jeder Augenblick ist eine Zeit zum Lernen und Wachsen. Wenn wir gelernt haben, uns selbst zu lieben, werden wir uns von Zeit zu Zeit einer Prüfung unterziehen um festzustellen, ob wir wirklich etwas erreicht haben und wie weit wir gelangt sind. Woher sollten wir wissen, ob wir uns tatsächlich lieben, solange wir nicht durch eine Situation gehen müssen, in der wir uns früher verurteilt und gezürnt hätten, und in der wir uns nun als liebevoll und sanftmütig erweisen können?

Ich habe viele Menschen gesprochen, die einsam, verbittert und verängstigt zu mir gekommen sind. Binnen weniger Monate gemeinsamer Arbeit hatten sie sich in liebevolle, vergebungsbereite Menschen verwandelt. Nicht hundertprozentig liebevoll, nicht hundertprozentig vergebend, aber wesentlich mehr als zu Beginn. Dann erlebten sie einen gesundheitlichen Rückschlag, aber diesmal war es anders. Sie waren viel friedlicher und sogar sanfter zu sich selbst. Sie zogen viele liebevolle Menschen an, die ihnen halfen, durch die schwere Erfahrung zu gehen. Manche haben die Zahl ihrer Besucher sogar begrenzen müssen, weil so viele gekommen waren, um Liebe und Hilfe zu bringen.

Andere habe ich beobachtet, die den Prozeß des Sterbens so gestärkt und umgeben von liebenden Menschen erlebt haben, daß sie selbst erstaunt waren. Sie mußten so weit kommen, um zu lernen und zu erkennen, wie viele Menschen sie wirklich liebten und sich die Zeit nahmen, sich um sie zu kümmern. Das war ein hoher Preis, den sie für solches Wissen bezahlten. Das gleiche Wissen hätten sie wohl viel früher und einfacher erwerben können. Wir können nämlich jederzeit der Liebe erlauben, in unser Leben zu treten. Wir können unser Leben schon jetzt reicher und erfüllter werden lassen.

Krankheit ist kein Versagen. Tod ist kein Versagen. Das sind Erfahrungen, durch die wir hindurchgehen. Wie wir sie erleben, hat mit unserem eigenen, inneren Wachstum zu tun. »Deine Arbeit zu leisten« bedeutet nicht, daß du nie ein Problem haben wirst. Es bedeutet, daß du fähig sein wirst, auf andere Weise durch solche Erfahrungen zu gehen. Statt sie als Tragödien zu erleben, werden sie zu etwas, das ›ist‹. Gleichgültig, wie sehr du dich liebst, wirst du den Planeten eines Tages verlassen müssen, wirst du sterben. Dein mentaler Zustand zum Zeitpunkt deines Fortgehens hat viel mit deiner Bereitschaft zu tun, ›alte Geschichten‹ vor deinem Abtreten abzuschließen.

Je eher wir ›alte Geschichten‹ erledigen – den Angehörigen vergeben, Frieden mit uns selbst schließen, lieben, wer wir sind, und anderen gestatten, uns zu lieben –, desto eher können wir unser Leben im Jetzt genießen.

Wir versuchen alle, das Leben aus einer weiteren Perspektive zu betrachten und eine metaphysische Sicht der Dinge zu erlangen. Wir tun unser Bestes mit dem Verständnis, dem Wissen und der Weisheit, die wir im Augenblick besitzen.

Zu wachsen und sich zu verändern ist keine einfache Aufgabe. Das menschliche Gemüt hat es gerne gemütlich. Es wird jede Gelegenheit wahrnehmen, sich einer neuen Denkweise zu widersetzen.

Du kannst deine Gedanken unter Kontrolle halten. Laß dich nicht von ihnen beherrschen. Wir müssen nicht in die alten Denkgewohnheiten zurückfallen, nur weil wir einen Rückschlag erleben. Laß nicht zu, daß dein Denken weitere Möglichkeiten findet, sich zu sperren oder aufzuregen.

Unsere Ziele sollen innerer Frieden und die Verbesserung unserer Lebensqualität heute sein, in diesem Augenblick. Wie können wir uns selbst mehr lieben? Wem oder was können wir noch vergeben? Ich glaube, das Wichtigste, was wir mit uns nehmen, wenn wir diesen Planeten verlassen, ist unsere Liebesfähigkeit. Wie läßt sich diese Fähigkeit noch steigern?

Diese Frage drängt sich besonders auf, wenn wir mit AIDS zu tun haben. Wenn so viele unserer Freunde sterben — wie können wir diese Liebe hervorbringen? Lohnt es sich denn zu lieben, um dann wieder loslassen zu müssen?

Wenn mehr Menschen sterben

Oft scheint es uns so, als wenn die Menschen unserer Gruppe in Schüben ins Krankhaus kommen und den Planeten verlassen. Alles ist ganz ruhig, und dann werden plötzlich einige krank, oder einer nach dem anderen stirbt. Wir freuen uns, wenn es jemandem besser geht, und wir sind zutiefst betrübt, wenn wir wieder einmal mit unserer eigenen Verletzlichkeit und Sterblichkeit konfrontiert werden.

Wir stehen wieder Auge in Auge mit der Angst. Frustrierende Wut wallt auf und muß bewältigt werden. Es ist gefährlich, Emotionen zu schlucken oder zu verdrängen; und an diesem Punkt kommt die unterstützende Gruppe sehr gelegen. Wir können einander helfen.

Joseph Vattimo, der sehr eng mit mir zusammenarbeitet und eine große Hilfe ist, wird manchmal von Emotionen überwältigt, wie ich selbst auch. Dann fallen wir einander in die Arme und schluchzen drauflos. Wenn wir solche Gefühle wie Wut und Hoffnungslosigkeit herausgelassen haben, gehen wir wieder zurück an die Arbeit, denn es gibt sehr viel zu tun.

Nachdem ich in den letzten paar Jahren so viele abtreten sah, ist mir aufgefallen, daß oft jene, die am meisten Schmerzen und Leiden zu ertragen haben, die gleichen sind, die am meisten Selbsthaß und Schuldgefühle in sich trugen. Schuldgefühle und Selbsthaß aber gehen oft Hand in Hand. Schuld sucht immer nach Bestrafung, und Strafe verursacht Schmerzen. Oft waren sie nicht bereit gewesen, die Schmerzen der Vergangenheit loszulassen. Darüber hinaus haben sie vielleicht entsetzliche, schreckliche Vorstellungen von dem, was sie erwartet, wenn sie den Planeten verlassen haben.

Wenn wir in einem religiösen Umfeld aufgewachsen sind, in dem die Höllenfeuer eine große Rolle spielten, und weiterhin daran glauben wollen, dann wird uns der Gedanke an den eigenen Tod vermutlich erschrecken. Ich empfehle häufig die Lektüre von Raymond Moodys Buch *Life after Life* (deutsche Ausgabe: *Leben nach dem Tod;* Reinbek: Rowohlt 1977). Hier schildern Menschen, die den Tod erlebten und dann reanimiert wurden, ihren Hinübergang als ein Erlebnis voll Schönheit, als von Frieden und Liebe getragen. Sie sagen auch, daß sie sich nie mehr vor dem Tode fürchten könnten. Ich befürworte das Sammeln aller erreichbaren, positiven Informationen über jeden Aspekt des Lebens, einschließlich des Todes.

Wer seinen Tod in Frieden annimmt, hat oft seine Geschichten erledigt und abgeschlossen. Er hat sich mit altem Groll auseinandergesetzt und sich bereit gezeigt zu vergeben. Oft konnte er die Spaltungen innerhalb der eigenen Familie heilen und darüber hinaus mit sich selbst Frieden

250

schließen. Er hat gelernt, sich so zu lieben und anzunehmen, wie er ist. Er hat eine positive Vorstellung vom Tode und akzeptiert, daß dieses Erdenleben nur eine Stufe auf seiner ewigen Reise ist.

Manche Menschen werden aus ihren Familien ganz ausgestoßen und sterben in Einsamkeit und Angst. Wir alle aber sehnen uns nach Mama und Papa, wenn es uns schlecht geht. Wir wollen, daß unsere Eltern uns halten und uns sagen, daß alles in Ordnung sein wird, daß wir sicher und geborgen sind.

Auch hier kann unsere Selbsthilfegruppe viel Gutes erreichen. Die Gruppe kann zur Ersatz-Familie werden und die Bedürfnisse nach Liebe und Erfüllung befriedigen. Wir können auch uns selbst Eltern sein.

Unsere Unterstützungsgruppe kann auch den Familien sehr helfen, die verängstigt, verwirrt und vielleicht auch völlig unwissend auf diesem Gebiet sind. Wenn alles, was jemand über AIDS weiß, sich auf das beschränkt, was man in den Medien liest und hört, dann kann man nur Hoffnungslosigkeit empfinden. Es ist dann tröstend, mit Menschen zusammen zu sein, die diese Dinge schon früher bewältigt haben. Vielleicht können sie die Vielzahl von Fragen beantworten. Wenn der Tod näherrückt, kann man so auch den Eltern helfen.

Das Patienten-Testament

Das sogenannte Patienten-Testament, in dem du darüber verfügst, wie weit und unter welchen Umständen du bereit bist, das Leben deines Körpers im Krankenhaus durch die künstlichen Mittel der Intensivmedizin verlängern zu lassen, ist eine umstrittene Angelegenheit. Inwiefern dieser ›vorletzte Wille‹ respektiert wird und aus juristischer Sicht respektiert werden kann, ist im Einzelfalle schwer vorauszusagen.

Manchmal gelangt der Gesundheitszustand des Körpers an einen Punkt, an dem es weitere Anstrengungen nicht mehr lohnt. Im Krankenhaus aber wird es immer noch eine weitere Möglichkeit geben, den Körper zu zwingen, noch ein paar Stunden oder Tage länger durchzuhalten. Willst du damit einverstanden sein? Das ist eine Frage, mit der du dich beschäftigen mußt, solange du gut in Form bist. Wenn du mit ihrer Beantwortung zu lange wartest, kannst du vielleicht nicht mehr klar genug denken oder eine Entscheidung treffen.

Im Patienten-Testament kannst du auch den Namen der Person angeben, die im Zweifelsfalle an deiner Stelle entscheiden soll. Manchmal ist es besser, einen Freund oder Liebhaber zu haben, der die Situation gut genug kennt, um eine Entscheidung zu fällen, als einen hysterischen Elternteil, der überstürzt angereist ist und gar nicht weiß, worum es geht.

Wir alle sterben. Ich glaube, wir sind alle schon viele Male gestorben, wie wir auch schon viele Male geboren wurden. Der Tod ist keine Peinlichkeit, keine Schande, keine Strafe und kein Versagen. Wir haben nicht unrecht oder sind ›nicht gut genug‹, wenn wir versuchen, unseren Körper zu heilen, und dann doch den Planeten verlassen.

Das ist eine normale und natürliche Art zu gehen — wie die Geburt die normale und natürliche Art ist, auf diese Aktionsebene zu gelangen. Wir haben viele Chancen, es anders zu tun. Der Sterbeprozeß ist oft leichter als das Geborenwerden. Wir müssen uns den Weg durch den Geburtskanal erkämpfen, um ins Erdenleben zu kommen. Wenn es darum geht, dieses abzulegen, brauchen wir nur loszulassen und ins Licht einzugehen.

Ich bin schon Zeuge vieler schöner, friedlicher Tode geworden. Sie waren der Abgang von Menschen, die alle anstehenden Geschichten mit sich selbst und anderen geklärt hatten und die genau erkannten, daß der Tod ein positives Erlebnis ist. Sie sehen deutlich das Licht, wenn sie bereit sind zu gehen, und sie wissen, daß soviel Liebe sie erwartet. Ich habe auch schmerzliche Tode miterlebt, wenn die Sterbenden angsterfüllt waren und nicht loslassen wollten. Vielleicht glaubten sie an den Teufel und die ewige Hölle.

Wenn du einem Freund oder geliebten Menschen hilfst, durch diese besondere Phase zu gehen, dann unternimm alles, was du kannst, um sie ihm zu einer Freude zu machen. Höre ihm zu und teile mit ihm, was immer er gerne mitteilen möchte. Sei ihm ein Trost. Halte seine Hände, massiere ihm die Füße. Sage ihm, wie sehr du ihn liebst. Sage ihm, daß er durch das Licht gehen und mit sehr viel Liebe empfangen wird. Es gibt nichts zu fürchten. Erinnere ihn, daß er geborgen und sicher ist, und daß es ihm perfekt gelingen wird.

Wir alle kommen mitten in die Vorstellung des Lebens, und wir alle haben mitten in der Vorstellung wieder abzutreten. Es gibt keine richtige oder falsche Zeit, es gibt nur *unsere* Zeit. Alles ist Teil der göttlichen, rechten Ordnung, und alles geschieht in der perfekten raum-zeitlichen Abfolge. Wir verlieren niemals etwas oder jemand. Wir sind immer auf irgendeiner Ebene miteinander verbunden.

Denke an deine Liebe und Verbundenheit, selbst wenn du Trauer trägst. Der Tod ist nicht das Ende unserer Verbundenheit und Beziehung mit dem anderen. Statt dessen können wir diese verinnerlichen, unser eigenes Leben vertiefen und uns selbst auf dem Weg des Akzeptierens und der Selbstliebe leiten.

Behandlung

Heute ist ein neuer, kostbarer Erdentag. Wir werden ihn in Freude leben. Auch wenn wir durch das Tal des Todesschattens wandeln, sind wir im Frieden. Denn wir wissen, daß Geburt und Tod normale und natürliche Erfahrungen jedes Lebens sind. Wir sind jetzt umgeben von Liebe, und wenn wir diesen Planeten verlassen, werden wir freigegeben von denen, die uns hier lieben. Dort werden wir freudig von jenen willkommen geheißen, die uns mit offenen Armen liebevoll erwarten.

Grenzenlose Liebe geht über das Universum und den Tod hinaus. Bewußtsein ist ewig, und wir sind es auch. Wir sind eins mit der Macht, die uns erschaffen hat.

Wir sind in Sicherheit, und alles ist gut in unserer Welt.

23

Alternative Therapien

Affirmation:
Ich kann meinen Organismus
mit Liebe stärken!

Wenn du entschlossen bist, alles zu tun, was du kannst, um ein Therapieprogramm zusammenzustellen, das dir bei deinem Gesundungsprozeß helfen wird, dann gibt es mehrere Bereiche, die die Erkundung lohnen.

Jede dieser verschiedenartigen Behandlungsweisen hat sich bei vielen Menschen bewährt. Aber jeder Körper, jeder Organismus unterscheidet sich vom anderen, deshalb unterscheiden sich auch die einzelnen Therapieprogramme voneinander.

Beschäftige dich mit den Informationen über diese vielfältigen Alternativen und finde heraus, welche für dich gut sein könnten. Du mußt die Sache deiner Gesundung selbst in die Hand nehmen. Du mußt in Verbindung mit deinem Körper sein und entscheiden, was am besten für dich und ihn ist.

Wenn du zu den Zeitgenossen gehörst, die immer noch Entspannungsdrogen und zuviel Alkohol konsumieren: *Jetzt ist die Zeit zum Aufhören!* Du mußt die Toxine, die Giftstoffe aus deinem Organismus loswerden. Dazu können rezeptfreie Arzneidrogen gehören, die verschiedensten Chemikalien, Infektionserreger, Parasiten und Nahrungsmittel-Zusatzstoffe.

Ernährung

Die Ernährung spielt beim Gesundungsprozeß eine zentrale Rolle. Für viele von uns, die wir mit der heutigen Durchschnittskost aufgewachsen sind, scheint es wie eine Offenbarung, wenn wir lernen, welche schädlichen oder heilsamen Eigenschaften die verschiedenen Speisen und Getränke besitzen. Der Verzehr von Fertigmahlzeiten, Tiefkühl- und Dosenkost, mikrowellen-gegarten Speisen sowie Nahrungsmitteln mit chemischen Zusätzen (z. B. Konservierungsmitteln) kann für den Organismus schädlich sein. Solche Speisen sind auch nicht gut für uns, wenn wir gesund sind, und sie tragen im Laufe der Zeit zur Schädigung des Organismus bei. Wenn wir krank sind, behindern sie die Selbstheilungsfähigkeit des Körpers.

Um deine Ernährung zu verbessern, solltest du — und darin stimmen fast alle Experten überein — die Aufnahme folgender Dinge zumindest einschränken: Zucker, alle Cola- und gesüßten Limonadengetränke, Weißmehlerzeugnisse, Milchprodukte und rotes Fleisch. Dazu kommen noch hefehaltige Speisen, besonders, wenn du eine Hefepilz-Infektion hast. Die genannten Erzeugnisse sind entweder tote Materie, die einen Körper ohnehin nur minimal nährt, oder sie verursachen deinem Organismus Probleme.

Ernährungswissenschaftler stimmen ferner darin überein, daß du die Aufnahme folgender Lebensmittel steigern solltest: frisches Obst, Gemüse, Früchte, Vollkorn (auch brauner Reis, Gerste, Hafer, Roggen, Weizen, Buchweizen, Hirse), etwas Fisch und Geflügel. Diese frischen Lebensmittel besitzen lebenskraftsteigernde Eigenschaften. Die Zellen deines Körpers lieben sie, weil sie all jene Elemente enthalten, die zur Erneuerung und Reparatur deiner Organe und Zellen notwendig sind. Iß öfters zu Hause. Liebe dich genug, um dir dein Essen selbst zuzubereiten. Achte darauf, daß du die richtige Menge der Nährstoffe bekommst, die du brauchst. Das wirst du in einem Restaurant selten antreffen.

Nähre und speise dich mit Liebe und gutem Essen. Du bist es wert.

Es gibt viele gute Werke zu diesem Thema. Einige davon habe ich am Ende dieses Buches genannt. Eines der besten davon ist meiner Meinung nach Anna Marie Colbins Buch *Food and Healing* (Ballantine Books). Wenn du es mit dem Studium der Zusammenhänge zwischen deiner Ernährung und deiner Gesundheit wirklich ernst meinst, dann beschäftige dich mit diesem Buch. Aber, wie gesagt, es ist nicht das einzige gute Werk.

Vitamine und Spurenelemente können empfehlenswerte Ergänzungsstoffe sein. Aber ich würde nicht empfehlen, in einen Naturkostladen zu gehen und einfach ein paar Döschen auszusuchen. Dazu solltest du wirklich einen guten Ernährungsberater oder Heilpraktiker aufsuchen und dir ein Ernährungsprogramm ›maßschneidern‹ lassen. Du hast möglicherweise keine Ahnung, was du wirklich brauchst, und dann ist es besser, einen Experten zu konsultieren.

Für Amerikaner sind schlechte Ernährungsgewohnheiten nichts Neues. Wir sind nun schon die zweite Generation der ›Großen amerikanischen Diät‹, unter der ich den Verzehr von Nicht-Lebensmitteln verstehe. Auf unserem Planeten gibt es alle Arten von Obst, Gemüse und Getreide, um das Leben in der bestmöglichen Form zu erhalten. Von diesen naturgemäßen Lebensmitteln haben wir uns abgewendet und sind zu einer Kultur der synthetischen Nahrungsmittel geworden. Viele Menschen halten es bereits für normal und natürlich, von Cola, Kuchen und verpackten Fertigmahlzeiten zu leben, die nur sehr wenig Nährwert haben.

Die erste Kindergeneration, die mit dieser Art von Diät aufgewachsen sind, haben inzwischen selbst Kinder, und auch diese sind mittlerweile erwachsen und haben nur noch sehr wenig körperliches Durchhaltevermögen. Ihr Immunsystem ist nicht so stark, wie es vor fünfundzwanzig Jahren noch zu sein pflegte.

257

Du wirst nun dagegenhalten: »Warum ist die Lebenserwartung dann gestiegen?« Das ist auf die Möglichkeiten der pharmazeutischen Industrie zurückzuführen, die den Körper zwingen können, länger zu leben — nicht auf die gute Ernährung.

Körperlich und psychisch werden die schlechten Ernährungsgewohnheiten zu einer weiteren Belastung in unserem Leben. Wie oft hast du schon einen Hamburger aus dem Schnellrestaurant gesehen und dich dabei innerlich geekelt. Junkfood ist Junkfood, und das können wir intuitiv erkennen.

Der Körper kann diese Art schädlicher Belastung nur eine gewisse Zeit bewältigen. Und diese ›gewisse Zeit‹ ist inzwischen abgelaufen. Ein normaler, gesunder Organismus ist wohl imstande, sich um sich selbst zu kümmern. Das zeigt sich an der Reaktion unseres Immunsystems. Das Immunsystem wurde geschaffen, um Eindringlinge hinauszuwerfen. Wenn wir unser Immunsystem mit Drogen, Alkohol und Nicht-Lebensmitteln schwächen, dann öffnen wir der Krankheit Tür und Tor, die zur Zeit die Schlagzeilen beherrscht.

Zur gleichen Zeit, in der die schlechte Ernährung zum Normalfall wurde, explodierte auch die Drogenkultur in unserer Gesellschaft. Ich habe nie verstehen können, warum die Behörden es mit den Drogen so weit kommen ließen. Es wäre so einfach gewesen, die Angelegenheit im Keim zu ersticken. Doch nun haben wir Tausende von Drogensüchtigen, die ihren Schuß haben müssen und alles anstellen, um ihn zu bekommen — einschließlich Diebstahl, Raubüberfall und Mord. In vielen Gegenden sind die Straßen deshalb nicht mehr sicher. Um dies wenigstens in geringem Umfang reduzieren zu können, finanziert die Regierung sogar die Behandlung Herionabhängiger mit einer etwas weniger suchtbildenden Droge namens Methadon. Drogen und Alkohol wurden für viele Menschen der Lebensinhalt.

So haben wir jetzt diese Gruppe junger Menschen, die als

zusätzliche Belastung zu den Problemen, die andere Leute auch haben, von ihren Eltern und der Gesellschaft beigebracht bekamen, sie seien so, wie sie sind, nicht gut genug oder akzeptabel. Viele Homosexuelle haben Eltern, die nicht einmal mit ihnen sprechen würden. Da ist es nicht überraschend, daß viele von ihnen sich auf den Drogen- und Alkoholmißbrauch stürzten. »Man hat mir gesagt, ich sei nichts wert, also kommt es auch nicht darauf an — laßt uns feiern und fröhlich sein!« Und gefeiert wird immer: wenn möglich morgens, mittags und nachts.

Fallbeispiel Albert

»Ich fühlte mich recht krank, nicht ganz bei mir, als ich an jenem Herbsttage in die Praxis meines Arztes ging. Es war im November 1984, um genau zu sein. Mein ganzer Körper schien etwas träge, und ich hatte dauernd einen trockenen Hals und einen weißen Belag auf dem hinteren Teil der Zunge gehabt. Ich wußte, was Soor ist. Ich hatte es oft genug bei Leuten mit AIDS gesehen.

Der Arzt zögerte, einen Abstrich von meiner Zunge zu machen. Er hielt das für Zeit- und Geldverschwendung, aber ich drängte darauf. Die Probe erwies sich als positiv, und wir waren beide überrascht. Beim zweiten Besuch wurde eine ganze Reihe von Tests durchgeführt, auch ein T-Zell-Test. Mein T-Zellen-Quotient war 0,96 — nicht ausgesprochen gefährlich, aber doch recht niedrig. Ich wollte nicht, daß er noch weiter absank.

Mein Arzt gab mir ein Rezept für Mycelex-Pastillen, die den Soor zwar bald behoben; aber nach wenigen Wochen war der Pilz wieder da.

Im Lauf der nächsten neun Monate habe ich einiges in meinem Leben verändert, was wiederum einige Veränderungen in meinem Gesundheitszustand und Wohlbefinden nach sich zog.

Ich fing mit der Ernährung an und strich allen Zucker, Honig und andere Süßungsmittel. Bei Süßigkeiten zu übertreiben, war mir schon immer ein leichtes gewesen, und so war diese Maßnahme ein guter Anfang. Ohne Zucker habe ich mehr Energie. Ich hatte bereits seit drei Jahren keinerlei Alkohol oder Drogen konsumiert, das war also kein Problem für mich; aber hätte ich immer noch getrunken und Drogen genommen, wäre meine Genesung bestimmt nicht so rasch vonstatten gegangen. Ich ernährte mich hauptsächlich von Vollwertkost, viel Gemüse, Obst, Fleisch, Geflügel und Körnern. Auch Dörrobst ist gut, besonders Rosinen, die für das Blut wunderbar sind und auch eine gute Eisenquelle darstellen.

Ich ging in den nächsten Naturkostladen und kaufte mir viel Vitamin C, 1500 mg, und nahm zu jeder Mahlzeit eine Tablette. Morgens nahm ich einen Teelöffel Acidophilus, den ich mir in eine Tasse Wasser oder Saft mischte.

Isoprinosine wurde in Mexiko damals bekannt. Ich hörte, daß es irgendwie das Immunsystem stimuliere, also fuhr ich nach Tijuana. Die erste Hälfte der Zeit nahm ich sechs Stück pro Tag — zwei zu jeder Mahlzeit —, aber nach fünf oder sechs Monaten fühlte ich mich leicht schwindlig, also setzte ich einen Monat aus. Dann reduzierte ich die Dosierung auf drei pro Tag, d. h. mit jeder Mahlzeit eine Tablette. Das vertrug ich besser, und ich brauchte das Isoprinosine auf.

Ein Freund erzählte mir von den Treffen am Mittwoch abend und lud mich ein, hinzukommen und etwas mehr über Louise Hays Vorstellungen über gute Gesundheit und positives Denken zu lernen.

Ich besaß viele von den Tonbändern und hörte sie mir oft an. Ich fand dabei sehr viel Frieden und Zufriedenheit — eine innere Stimme in mir wollte mehr von dieser neuen Art des Umgangs mit Leben und Tod haben.

Ja, gute Lebensmittel zu essen, Vitamine und andere Medikationen, das war offensichtlich in Ordnung für mich, aber noch wichtiger war, daß ich anfing, ehrlich zu werden und meine Mitte zu finden. Ich mußte daran gehen, die mentalen Umstellungen zu finden, die eine tiefgreifende Wandlung meiner Einstellung zu Leben und Tod bewirken würden. Die Hay-Gruppe und das Buch *You Can Heal Your Life* (deutsche Ausgabe: *Gesundheit für Körper und Seele,* München: Wilhelm Heyne 1989) haben mir gezeigt, wie ich mit positiven Affirmationen in allen Bereichen meines Lebens arbeiten konnte, nicht nur an meiner Gesundheit. Auch die Spiegel-Arbeit und Meditationen haben bei meiner weiteren Gesundung eine große Rolle gespielt.

Im August 1985 suchte ich wieder meinen Arzt auf, um die gleichen Tests durchführen zu lassen. Ich habe jetzt nicht mehr Soor, mein T-Zellen-Quotient ist 1,9, und ich habe (gegen den Wunsch meines Arztes) einen erneuten HTLV-3-Test machen lassen, der negativ ausfiel.

Ich danke Gott heute für viele Dinge in meinem Leben: eine wunderbare Familie, dich mich unterstützt, die mit dem einverstanden ist, was ich bin und tue, für gute Freunde, Arbeit und eine glückliche Zukunft in einer Branche, in der ich mich kreativ fühlen und betätigen kann und Tag für Tag meine Freude habe. Vor allem aber liebe und akzeptiere ich mich selbst, und das zum erstenmal in meinem Leben. Auf der Basis dieser scheinbar einfachen Aussage habe ich ein wundervolles Leben aufgebaut und meine Gesundheit wiederhergestellt, für heute und die Zukunft.«

Kräuterheilkunde

Ich habe beobachtet, daß es für jede Krankheit, die der Mensch hervorbringen kann, in der Natur eine Antwort und Lösung gibt. Es geht nur darum, sie zu finden. Wenn wir eine Krankheit erzeugen können, dann können wir auch die Heilung finden. Pflanzliche Heilmittel sind so alt wie der Planet selbst. In unserer modernen Zeit haben wir uns von ihnen entfernt, um unter den Produkten der chemisch-pharmazeutischen Industrie Mittel zu finden, die uns augenblicklich von Symptomen befreien. Die chemischen Medikamente jedoch haben häufig Nebenwirkungen, die fast schlimmer sein können als die ursprüngliche Krankheit. Pflanzliche Heilmittel brauchen etwas länger, um ihre Wirkung zu entfalten. Sie sind nicht bloße Symptom-Unterdrücker. Wenn sie ihre Aufgabe erfüllen, wird der Körper in Gleichgewicht und Gesundheit zurückgeführt.

Das Vorhandensein einer Krankheit bedeutet, daß der Körper aus dem Gleichgewicht ist. Chemische Medikamente unterdrücken Symptome, sie kümmern sich allein um das augenblickliche Problem und tun wenig, um den Körper ins Gleichgewicht zurückzuführen. Die Störung des Gleichgewichts aber hat das Problem ursprünglich verursacht. Pflanzliche Heilmittel wenden sich direkt an die Ursache der Krankheit, und da die Ursache korrigiert wird, verschwinden allmählich auch die Symptome.

Ich glaube, daß wir ein pflanzliches Mittel finden werden, das uns hilft, AIDS zu eliminieren. Die medizinische Welt investiert nach wie vor Milliarden von Dollar pro Jahr, um die Heilung für die Krebskrankheit zu finden. Die Kräuterheilkundigen heilen Krebs schon seit Jahren. Wir wissen also, daß es Heilpflanzen-Kombinationen gibt, die zur Heilung von Krebs beitragen. Ich glaube, daß ein oder zwei Heilpflanzen, die man zu den bereits bekannten pflanzlichen Krebsheilmitteln hinzufügt, das natürliche Mittel gegen AIDS sein könnten. Eine Gruppe von Mönchen ist in Tibet damit beschäftigt, ein Kräuterrezept herauszufinden.

Heilpflanzen können verwendet werden, um den Körper zu entgiften, den Kreislauf anzuregen, die Organe zu stimulieren und viele andere heilsame Wirkungen herbeizuführen. Die pflanzlichen Mittel wirken langsamer als unsere schnelle, westliche Medizin, aber sie haben weniger Nebenwirkungen und gelangen an die Ursache des Problems. Es gibt sehr viele gute Kräuterheilkundige, und es lohnt sich, dieser alternativen Heilweise Aufmerksamkeit zu schenken. Die chinesische Kräuterheilkunde gewinnt immer mehr Bekanntheit, und viele Menschen verdanken ihr gute Erfolge. Knoblauch und Pau d'Arco-Tee sind nur zwei der zur Zeit weit verbreiteten Mittel.

Vitamin C

Die Behandlung mit Vitamin C — das heißt die Einnahme massiver Dosierungen von Vitamin C zur Ausschaltung allergischer Reaktionen auf Drogen und zum Aufbau des körpereigenen Abwehrsystems — könnte sich ebenfalls als heilsam erweisen. Linus Pauling war der erste, der in seinem Buch *Vitamin C and the Common Cold* 1970 empfahl, massive Gaben des Vitamins einzunehmen, um Krankheiten vorzubeugen und zu bekämpfen. Dr. Robert Cathcart in Los Altos, Kalifornien, und Dr. Keith Barton in Berkeley, Kalifornien, haben beide schon einige Zeit erfolgreich AIDS-Patienten mit großen Dosierungen von Vitamin C behandelt. Du mußt dich allerdings an einen Profi wenden, wenn du dich einer solchen Therapie unterziehen willst.

Homöopathie

Die Homöopathie besteht schon seit Ende des 18. Jahrhunderts. Anfang unseres 20. Jahrhunderts war sie in den Vereinigten Staaten weit verbreitet, fiel aber dann mit dem Aufstieg der modernen, allopathischen Medizin in Ungnade. Das englische Königshaus läßt sich nach wie vor ausschließlich mit homöopathischer Medizin behandeln. Dabei werden Substanzen aus der Natur zur Linderung von Symptomen verwendet.

›Homo-‹ und ›homöo-‹ stammen von der griechischen Wurzel des Wortes für ›gleich‹ oder ›ähnlich‹ ab. Homöopathie ist also im Grunde die Behandlung von Gebrechen mit ähnlichen Substanzen. Zu einer Krankheit gehört eine spezifische Substanz, die sie ›herauslöst‹ — eine Substanz, die ›ähnlich‹ wie die Krankheit selbst ›wirkt‹.

Die Konsultation eines erfahrenen Homöopathen ist am meisten zu empfehlen. Wenn du keinen finden kannst*, magst du vielleicht Dana Ullmans Buch *Everybody's Guide to Homeopathic Medicine* (Tarcher 1984) lesen, das dir einiges Grundwissen vermittelt.

Körperübungen

Übungen für deinen Körper sind eine weitere positive Gewohnheit, die du dir vielleicht zulegen möchtest. Da es eine persönliche Angelegenheit ist, stellst du dir am besten ein Übungsprogramm zusammen, das für dich persönlich perfekt ist. Durch Bewegung und Übungen wird auch die Energie deines Körpers angeregt. Wenn du es nicht übertreibst, wirst du dich dadurch besser fühlen. Dreimal pro Woche zum Training zu gehen, ist eine glänzende Sache. Ein halbstündiger Spaziergang jeden Morgen oder Abend ist ebenfalls gut für deinen Körper. Gehe aus dem Haus und bewege dich, wenn du es kannst. Zu Hause kannst du erst noch leichtere Übungen machen und dir vorstellen, ein anstrengenderes Programm zu absolvieren. Nach einiger Zeit wirst du feststellen, daß du auch die anspruchsvolleren Übungen bewältigen kannst.

Vergiß nicht, daß dein Denken immer eine Wirkung auf den Körper hat, und eine gedankliche Übungsroutine wird dir helfen, bis du wieder soweit bist, daß du die Übungen auch körperlich durchführen kannst.

---

* Das ›Mitgliederverzeichnis des Deutschen Zentralvereins homöopathischer Ärzte e.V.‹ ist direkt zu beziehen vom Barthel & Barthel Verlag GmbH, Schatzlgasse 31, D-8137 Berg 1, Tel. 08151/51085. (Anm. d. Ü.)

Akupunktur

Informiere dich auch über Akupunktur, eine fünftausend Jahre alte chinesische Heilkunst, die auf der Beobachtung und Beeinflussung des Energieflusses im Körper beruht. Wenn wir krank sind, bleibt unsere Energie oft gestaut. Dann werden Meridian-Punkte genutzt, um die Abwehrkraft über die Energiebahnen des Körpers zu stärken. Die Akupunktur aktiviert dein eigenes Heilungsenergie-System. Ich lasse mich hin und wieder akupunktieren, was meinem allgemeinen Wohlbefinden zuträglich ist. Zu den positiven Wirkungen der Akupunktur gehören unter anderem ein angeregter Energiefluß, gesteigertes Wohlbefinden, eine verbesserte Atemleistung, eine Anregung des Lymphflusses, die Linderung von nächtlichen Schweißausbrüchen und Durchfall und eine leichtere Beendigung des Drogen- oder Alkoholmißbrauchs.

Körperarbeit

Massage-Therapie

Lerne natürlich auch die Massage-Therapie kennen. Viele unter uns — ganz besonders MMAs — tragen eine Menge Angst und Verspannung in sich. Massage bewirkt eine sehr starke Entspannung für Körper und Gemüt. In San Francisco lebt eine schöne Frau namens Irene Smith (siehe Artikel in *Esotera* 4/1989, Anm. d. Hrsg.), die sich seit einigen Jahren ganz der Massage von MMAs widmet und inzwischen wohl mehr Menschen mit AIDS massiert hat als jeder andere. Nun wurde Irene zur Lehrerin für andere, die willens sind, mit schwerkranken Menschen zu arbeiten. Laß Massage zu einem regelmäßigen Teil deines Lebens werden. Wenn du keinen professionellen Masseur/Masseurin finden kannst, dann versuche mit jemandem aus deinem Freundeskreis, euch abwechselnd gegenseitig zu massieren. Oder bildet zu dritt oder viert eine kleine Massagegruppe, in der ihr euch gegenseitig behandeln könnt.

Reiki

Reiki ist das Kanalisieren göttlicher Heilungsenergie durch Menschen. Einfach ausgedrückt, ist Reiki das Auflegen der Hände. Unsere Hände sind machtvolle Werkzeuge im Heilungsprozeß. Alles, was wir berühren, wird unsere eigene, persönliche Heilungsenergie spüren. Wenn wir diese Energie im Sinne einer Heilbehandlung konzentrieren, kann Heilung geschehen. Bei den Zusammenkünften unserer Mittwochabend-Gruppe habe ich immer einige Tische zur Reiki-Behandlung aufgestellt. Manche der Behandler sind Profis, andere wollen einfach helfen. Die Heilungsenergie aber wirkt durch beide – und hilft.

Trager

Trager ist eine weitere nützliche Körpertherapie. Sie wurde von Milton Trager entwickelt und behandelt jeweils nur einen Körperteil. Wenn beispielsweise in einem Arm Groll gespeichert ist, faßt der Therapeut diesen Arm mit den Händen und schüttelt ihn. Dabei beginnt der Patient sein Festhalten und den Groll loszulassen. Das geht so lange, bis alles Negative gelöst ist. Es ist auch eine gute Übung zum Loslassen.

Rolfing

Rolfing ist spezifischer und konzentrierter als Trager. Hier gibt es spezielle Übersichten, die zeigen, wo unterdrückte Emotionen, Groll, Haß usw. gestaut sind und gespeichert werden. Mit Hilfe einer konzentrierten Massage des jeweiligen Körperbereichs wird der Speicherplatz in der Regel auf einen sehr kleinen Punkt zusammengedrängt und allmählich aufgelöst. Diese Methode wurde von Ida Rolf entwickelt; sie verlangt intensivere und konzentriertere Anstrengungen.

Mentalarbeit

Heilen mit Kristallen

Die Kraft der Kristalle ist schon seit Jahrtausenden bekannt und ist immer genutzt worden. Im alten Ägypten und bei den Gelehrten Griechenlands und Roms waren die Kristalle als Träger spezieller Eigenschaften bekannt, die uns zur spirituellen und körperlichen Heilung helfen können. Grundsätzlich sind Kristalle Speicher und Verstärker von Gedanken, Licht und jeder Art von Energie.

Es gibt sogar eine Kunst des Heilens mit Kristallen und Hinweise, wie bestimmte Kristalle auf entsprechende Körperteile auszurichten sind. Auch hier ist nichts weiter notwendig als ein Gedanke, ein positiver Gedanke, ein Gedanke der Gesundheit und Sicherheit – oder was du sonst vom Universum brauchst. Man geht davon aus, daß der Kristall diesen Gedanken speichern und ihn dann verstärkt ins Universum ausstrahlen wird. Das Universum wird dann zur gegebenen Zeit diesen Gedanken in deinen persönlichen Heilungsprozeß zurückspiegeln.

Es gibt viele Bücher über die unterschiedlichen Aspekte und Arten des Heilens mit Kristallen.

Gedankliche Einstellung

Wie wir schon an etlichen Stellen im Laufe dieses Buches besprochen haben, wird deine gedankliche Einstellung sehr viel mit deinem emotionalen Befinden und Wohlergehen zu tun haben, die wiederum die Gesundheit deines Körpers beeinflussen. Zu deinem persönlichen Therapieprogramm wird deshalb auch das gehören, was Gerald Jampolsky als ›Heilung der Denkhaltung‹ bezeichnet, das heißt die Veränderung der Perspektive, aus der du Situationen betrachtest. Beschäftige dich auch mit Programmen wie *A Course in Miracles* (deutsche Ausgabe: *Ein Kurs in Wundern,* Kimratshofen: Greuth Hof Verlag 1991; Anm. d. Ü.) oder interessiere dich für Kurse in Silva Mind Control oder Selbsthypnose. Baue deine Spiritualität aus und fasse Fuß auf der größeren Seite des Lebens.

Vielleicht wünschst du dir jemand, der Erfahrung mit den vielen Aspekten der AIDS-Erkrankung hat und dich beraten kann. Du mußt die negativen Gefühle auf eine bewußte Ebene holen und ihnen Ausdruck geben. In jeder örtlichen AIDS-Hilfegruppe ist gewöhnlich eine Person, die sich mit den verschiedenen Aspekten dieses neuen Lebensabschnittes auskennt und dir helfen kann. Wenn du niemanden findest, bei dem du dich aussprechen kannst, dann rede mit einem Freund oder äußere dich in der Selbsthilfegruppe. Wenn du auch in diesen Kreisen kein geeignetes Gegenüber findest, dann setze dich vor den Spiegel und laß heraus, was dich belastet. Sprich zu deinem Spiegelbild, sage ihm alles. Laß all deine Gefühle des Verletztseins und der Angst aus dir heraus, aber auch deine Liebe und Freude. Manchmal müssen wir uns selbst Seelsorger sein.

Finde jemanden, dem du helfen kannst. Gehe aus dir heraus. Einem anderen Menschen zu helfen, ist für beide Teile nützlich und heilsam. Vielleicht ist es jemand aus deiner Selbsthilfegruppe, möglicherweise aber auch eine Person, die überhaupt niemanden hat, mit dem sie reden kann. Ganz gleich, in welcher Verfassung du bist, ihr könnt immer etwas für einander tun. Schon ein täglicher Telefonanruf kann für eine andere Seele in Not viel bedeuten.

Behandlung

Heute ist ein neuer, kostbarer Erdentag. Wir werden ihn in Freude leben. Die spirituelle Nahrung, die mein Geist und Körper brauchen, ist ein ununterbrochener Strom der Liebe. Ich zeige mir selbst meine Liebe auf mannigfache Weise. Ich sehe diese Liebe Ausdruck finden in den Entscheidungen, die ich treffe. Ich spüre sie in der Liebe, mit der ich mich umgebe. Ich liebe mich genug, um meinem Organismus nur aufbauende, nährende, heilsame Lebens-Mittel anzuvertrauen. Ich bringe liebevolle Hilfe in jeden Bereich meines Lebens ein. Wir sind eins mit der Macht, die uns erschaffen hat.

Wir sind in Sicherheit, und alles ist gut in unserer Welt.

24

Hilfe und Unterstützung

Affirmation:
Wir lieben und unterstützen einander!

Während die AIDS-Seuche sich ausbreitete, konnte ich beobachten, wie die Gemeinschaft der Homosexuellen immer enger zusammenrückte und gemeinsame Anstrengungen unternahm, um ihren Brüdern und Schwestern in dieser Zeit der Not zu helfen. Was die Liebe bewirken kann, ist klar. Shanti, APLA, Aid for AIDS sowie die örtlichen AIDS-Projekt-Zentren (AIDS-Hilfe in Deutschland) im ganzen Land arbeiten unvorstellbar intensiv und öffnen ihr Herz, um die Lücken zu schließen, die trotz der Bemühungen von Regierung, Kirchen und wohltätigen Institutionen im sozialen Netz noch übrigbleiben. Die Homosexuellen sind dabei zu entdecken, wie tief sie tatsächlich lieben und geben können. Wir Menschen scheinen oft eine Tragödie oder einen Krieg zu brauchen, um uns zusammenzuschließen und das Beste aus uns herauszuholen und in die Tat umzusetzen. Diese Zeit ist wirklich eine Zeit des Krieges — der Schlacht gegen unsere größte Angst, die Angst vor dem Unbekannten.

Selbsthilfegruppen sind mit das Wichtigste, was uns zur Verfügung steht, wenn wir ein Problem haben. Wir alle brauchen jederzeit Liebe und Unterstützung; doch wenn wir vor einem scheinbar unüberwindbaren Problem stehen, ist eine helfende Gruppe lebensnotwendig. Sie kann schon aus drei Freunden bestehen, die mit einer positiven Zielsetzung zusammenarbeiten; oder sie kann so groß werden wie meine Gruppe in West Hollywood, in der sich über sechshundert Menschen treffen. Ob eine Gruppe groß oder klein ist: die Prinzipien sind die gleichen. Ich war selbst keine Expertin, als ich mit meiner Gruppe begann. Aber im Laufe der Jahre habe ich einige einfache Punkte gelernt, die du dir vielleicht merkst, wenn du mit dem Gedanken spielst, eine eigene Gruppe aufzubauen.

Wie starte ich eine Gruppe?

Wie also fängst du an? Suche dir zwei oder drei Freunde aus und halte dich an folgende Richtlinien. Wenn du die Sache mit Liebe im Herzen angehst, dann wird deine Gruppe wachsen. Die Menschen werden zu dir hingezogen wie von einem Magneten. Mache dir keine Sorgen, wo ihr euch treffen könnt, wenn die Gruppe größer geworden ist; das Universum wird schon eine Möglichkeit finden.

Schreibe mir, und wir werden dir weitere Hinweise zur Durchführung eurer Zusammenkünfte geben. Seid für einander da.

1. Wenn die Gruppe klein genug ist, dann gib jedem Anwesenden zu Beginn die Möglichkeit, sich kurz vorzustellen und zu sagen, warum und wozu er gekommen ist.

2. Vergeude keine Zeit mit dem Spiel: »Ist es nicht schrecklich?« Von solchem Unsinn habt ihr ohnehin schon viel zu viel gehört.

3. Tragt positive Informationen über die Krankheit zusammen. Fotokopiert informatives Material und gebt es innerhalb der Gruppe weiter.

4. Hört einander zu. Gebt jedem Teilnehmer Zeit, sich mitzuteilen, wenn er es wünscht. Antwortet ihm auf positive Weise.

5. Wenn jemand ein Problem hat, dann bemüht euch mit vereinten Kräften und Mitteln, eine positive Lösung zu finden.

6. Übt Affirmationen. Formuliert sie für spezifische Situationen. Bei einem Treffen könnt ihr zum Beispiel eine Affirmation zur Steigerung der T-Zellen-Anzahl erarbeiten. Damit ist euer Denken zu einem konstruktiven, positiven Zweck vereint.
7. Praktiziert jedesmal eine Visualisierung. Wechselt euch ab, so daß jeder die Gruppe einmal durch die Visualisierung führt. Sie kann spontan ausgedacht oder auch abgelesen werden, ihr könnt sogar eine Kassette abspielen. Vergeßt nicht, vor Beginn der Visualisierungsübung den Körper zu entspannen.

Unser Treffen am Mittwoch abend

Wir pflegen unsere Zusammenkünfte mit der Begrüßung zu beginnen. Darauf folgen etwa 10 Minuten für Ansagen. Dann dämpfen wir die Beleuchtung etwas und singen etwa fünf Minuten lang, darauf kommt eine kurze Meditation.

Nach der Meditation werden die Behandlungstische aufgestellt. Wir haben mehrere Klappliegen und einige Massagetische. Wer Heilungsenergie empfangen möchte, legt sich auf einen Tisch und andere, die Liebe und Energie abgeben wollen, stellen sich darum und legen die Hände auf den Liegenden. Wir haben mehrere Reiki-Behandler, die immer bereitwillig ihre heilenden Hände anbieten. Die Behandlungstische stehen während des ganzen Abends zur Verfügung, und wer darauf behandelt wird, kann hören und verfolgen, was im Saal gesprochen wird und geschieht.

Offenes Gespräch

Dann spreche ich eine Zeitlang über das Thema des Abends. Darauf folgt die Gelegenheit zum Gedankenaustausch. Menschen aus dem Publikum können kommentieren, was vorgetragen wurde, oder ihre eigenen Erfahrungen mitteilen. Sie können eine Frage stellen oder uns von ihrem Problem erzählen. Die Diskussion kann sich in jede Richtung entwickeln. Ich denke, diese Flexibilität ist es, was den Abend zu genau dem werden läßt, was wir gerade brauchen. Oft haben wir auch großartige Gastredner.

Wir konzentrieren uns auf die Prinzipien, die ich lehre und vertrete, das heißt, wir betrachten das Leben als Menschen, die die Macht besitzen, positive Veränderungen in ihrem persönlichen Leben zu bewirken. Wie das im einzelnen zu erreichen ist, darum geht es uns bei unseren Zusammenkünften. Wir beschäftigen uns eingehend mit dem Auflösen von Grollgefühlen, mit dem Vergeben und natürlich damit, wie wir uns selbst mehr lieben können. Wir haben uns darauf geeinigt, negativen Informationen oder Nachrichten über AIDS keine Aufmerksamkeit zu schenken. Wir lesen so wenig wie möglich davon, und wenn wir etwas leicht fatalistisch Anmutendes über AIDS finden, erinnern wir uns daran: »Es ist nicht wahr, daß jeder daran stirbt. Ich weiß von Menschen, die am Leben sind und sich heilen.« Wir können nicht vor denen kapitulieren, die AIDS als eine Krankheit sehen, die jeden umbringt. Wir müssen ihre Meinung nicht teilen. Wir segnen die Nachrichtenmedien mit Liebe und wissen, daß sie keine Macht über uns besitzen. Wir entscheiden selbst, was wir glauben. Wir glauben an das Leben, an die Liebe und an die Heilung.

Gegen Ende unserer Zusammenkunft unternehmen wir alle etwas zur Heilung. Wir schieben alle Stühle an die Seite des Saales. Dann setzen wir uns entweder in einem großen Kreis auf den Fußboden und fassen uns an den Händen und praktizieren eine gemeinsame Visualisierung, oder wir bilden sogenannte ›Heilungs-Triaden‹.

Heilungs-Triaden

Heilungs-Triaden bestehen aus drei Menschen, die sich gemeinsam auf den Fußboden setzen und die Schuhe ausziehen. Dann legt sich einer von ihnen nieder, und die beiden anderen Personen setzen sich an seinen Kopf bzw. zu seinen Füßen. Wir achten darauf, daß der Liegende es so bequem wie möglich hat; zum Beispiel können wir ihm ein kleines Kissen oder einen zusammengelegten Pullover oder ein Jackett unter den Kopf legen, oder seinen Kopf sogar in unseren Schoß betten. Wenn wir einen Kristall zur Hand haben, legen wir ihn über das Herz des Liegenden, mit der Spitze nach oben; so bekommt er noch ein wenig zusätzliche Energie. Wir dämpfen die Beleuchtung und spielen jedesmal die gleiche Musik. Ich verwende dazu ›Bamboo Flute‹, eine Kassette, die für meine Begriffe heilende Eigenschaften vermittelt. Wir sammeln uns, während wir unsere Atmung etwas verlangsamen und beobachten, dann intonieren wir dreimal das ›Om‹, den uralten, heilenden Laut.

Die beiden sitzenden Personen einer Triade reiben nun ihre Hände aneinander, bis sie sich warm anfühlen und in den Fingern ein leichtes Kribbeln spüren. Dann legen sie ihre Hände auf den am Boden Liegenden und senden ihm Liebe und heilende Energie. Das kann jeder auf seine Weise ganz perfekt, denn unsere innere Intelligenz führt dabei die Hände. Wir verharren etwa fünf bis zehn Minuten in dieser Position; während dieser Zeit spreche ich die Worte für eine geführte Meditation oder Visualisierung. Jedesmal schließe ich dabei mit den Worten »...und so ist es«; damit wissen alle, daß die Meditation zu Ende ist. Dann wechseln wir innerhalb der Triaden die Rollen, denn ein jeder soll jede einmal erleben und er macht dabei auch unterschiedliche Erfahrungen. Nach Ende der dritten Meditation singen wir wieder dreimal das ›Om‹ und schließen den Kreis.

Dann setzen wir uns auf, halten einander an den Händen und singen unser Lied, mit dem wir seit der ersten Zusammenkunft alle unsere Treffen abgeschlossen haben. Es heißt ›Ich liebe mich‹. Jai Josefs schrieb dieses Lied vor Jahren für die Gruppe von Ken Keyes. Der Text ist so perfekt für unsere Arbeit geeignet, daß er zu unserem Motto geworden ist.

Der Aufbau eines Heilungskreises

Samuel Kirschner, mein Freund in New York City, hat ebenfalls eine Gruppe um sich geschart, die er den Heilungskreis nennt. Ich halte diesen Gedanken für sehr nützlich zur Herstellung der Vertrautheit, die für die Heilungskraft notwendig ist. Es folgen nur einige Auszüge aus seinem Merkblatt zum Aufbau eines Heilungskreises:

»Die treibende Kraft in einem Heilungskreis — die es jedem einzelnen ermöglicht, einzutreten und die Wahl zu treffen, sich in einer Gruppe von überwiegend völlig Fremden zu öffnen und verwundbar zu machen — ist das Sehnen nach Wachstum und das Streben nach Stärkung und Erleuchtung zu weiterem Wachsen. Es ist die Suche nach einem sicheren und fruchtbaren Ort.

Der Raum selbst spielt bei einem Heilungskreis eine große Rolle. Ein Kreis ist eine geometrische Figur der Kraft: flexibel und doch unverletzlich, ununterbrochen und doch umfassend, fähig zur Ausdehnung ohne Grenzen, und doch stabil, stark und zuverlässig. Ein Kreis zwingt die Menschen nicht in Reihen oder Grenzen und bedroht sie nicht mit vieen scharfen Ecken. Der Kreis ist eine aufbauende, nährende Form wie die Gebärmutter, in der wir alle unser Wachstum begannen und unsere ersten Lektionen über die Liebe lernten.

Nach dem Besuch von Louise Hays Workshop vor drei Jahren erkannten einige von uns, daß wir weitermachen müßten, etwa in der Art ihrer Veranstaltung, um daran festzuhalten, uns weiterhin zu lieben. Zu Anfang bedurften wir dazu nur der Inspiration und der Bereitschaft, füreinander einzustehen. Ich kann mir nicht mehr vorstellen, daß mein Leben ohne diese Gruppe das gleiche sei. Manche dieser Menschen habe ich lieben gelernt, andere wurden meine Freunde. Jede Woche freue ich mich von neuem auf den Kreis, auf unser Zusammenkommen, und jede Woche erhalte ich da eine weitere Dosis Heilungsenergie.

Mit am erfreulichsten an unserem Heilungskreis ist der Umstand, daß er angefangen hat, fruchtbar zu werden und sich auszubreiten. Es ist uns nicht nur gelungen, Woche für Woche füreinander da zu sein, sondern wir gehen jetzt auch dazu über, uns für andere Gruppen zu öffnen, die sich in anderen Gegenden und Teilen der ganzen Stadt bilden.

Wenn ein Kreis stark genug ist, um eine ganze Stadt zu überspannen und ›Ableger‹ zu bilden, dann gibt es vielleicht gar keine Grenzen mehr für ihn. Wir können die von der Gruppe aufgebauten und erzeugten Energien nehmen und sie in die ganze Stadt ausstrahlen. Heilungskreise können sich in Gefängnisse erstrecken und auch alte Mitglieder einbeziehen, die zu krank sind, um persönlich zu kommen; wir können uns sogar um Angehörige der Heilberufe kümmern, die Gefahr laufen, sich zu erschöpfen.

Der Anfang: Was sind die wichtigsten Dinge? Wie schaffst du einen Raum, der die Menschen mit einem Gefühl des Heilseins erfüllt? Was ist ein Heilungskreis und wie funktioniert er, um die Stärkung des einzelnen zu unterstützen und dabei auch als Forum zum Austausch von Informationen und Gedanken zu dienen? Er konzentriert sich auf das eigentliche Ziel, die Teilnehmer zu inspirieren und herauszufordern, die Verantwortung für ihre Heilung und ihr Leben anzunehmen. Er konzentriert sich auf das eigentliche Mittel: die Schaffung einer positiven und liebevollen Atmosphäre, die Barrieren verschwinden läßt, in der alles ausgesprochen werden darf, und in der es keine Isolation mehr gibt.

Gefährten: Kommunikation ist der allererste Schritt beim Aufbau eines Kreises. Das heißt, Mut zu fassen, den Telefonhörer in die Hand zu nehmen oder zu einer Party einzuladen, die den Rahmen für die einleitenden Gespräche geben soll. Man kann auch in einer bereits existierenden Gruppe aufstehen und sagen: »Ich brauche Unterstützung von meinen Freunden, und ich würde sie gerne mit Unterstützung erwidern.« Auf diese Weise kommt die Kugel ins

Rollen. Es hängt viel von diesem ersten Schritt ab. Du mußt den Mut in der Liebe von Freunden und Kollegen finden und dem Universum vertrauen, daß die spätere Intuition keinem zum Schaden gereichen wird. Mitteilungsblätter für MMAs, Drogenberatungsstellen und andere organisierte Hilfsinstitutionen wie die Anonymen Alkoholiker und Angehörige der Heilberufe können dazu beitragen, die Sache publik zu machen.

Atmosphäre: Einen Raum zu finden, ist am Anfang nicht schwieriger als jemanden ausfindig zu machen, der ein Wohnzimmer besitzt, das groß und gemütlich genug ist, um deinen noch kleinen Kreis aufzunehmen. Prüfe die Beleuchtung und Wärme des Lichts, die Akustik und deren Ausnutzung, wenn ihr im Kreise sitzt, die optimale Form und Höhe eines Raums, die Ventilation, Zimmerpflanzen, Art des Fußbodens, und wie ein Raum sich anfühlen sollte, welche Art von Persönlichkeit der Raum dem Kreis vermitteln kann. Dieser Raum wird leicht zur größten finanziellen Aufgabe eines Heilungskreises. Einen Raum anzubieten oder zu finanzieren sollte auch möglich sein, ohne jene abzuschrecken, die für ihre Teilnahme an den Zusammenkünften des Kreises nichts bezahlen können.

Schließen des Kreises: Zu Beginn halten wir einander an den Händen und atmen synchron. Dadurch werden die Energien im Kreis vereint.

Was ist geeignet und für wie viele? Entwickle ein Gespür für das, was für zwei Menschen gut sein kann, für zwanzig — und noch mehr.

Vorschlag eines Themas: In großen Gruppen können thematische Schwerpunkte dazu beitragen, den Fluß der Energien und die Aufmerksamkeit zusammenzuführen; darüber hinaus regen sie auch jene zu Wortmeldungen an, die sich sonst scheuen, ihre Ängste mitzuteilen.

Visualisierungen arbeiten mit Aspekten wie Vergebung, Dankbarkeit, dem Kind im Innern, Freude, dem Finden des Höheren Selbst, und gelten dem Vorstoß in tiefere Räume der Heilung. Es ist zuweilen überraschend, wieviel Begabung und versteckte Talente zur Führung einer gemeinsamen Visualisierung in einer Gruppe stecken können. Visualisierungen sollten mindestens einmal an jedem Abend praktiziert werden.

Persönliches: Was geschieht im Leben der Menschen, die zur Gruppe gestoßen sind? Warum sind sie hier? Was erhoffen sie sich von dieser Begegnung? Haben sie im Laufe der vergangenen Woche etwas über Heilen und Heilung gelernt?

Musik: Musik öffnet die Herzen, beeinflußt die Atmung und vereint die Energien in der Gruppe. Sie kann eine direkte Heilwirkung zeigen. Man kann bei der Wahl der Musik abwechseln, aber jede Musik, die von Natur aus heiter ist, vermag als akustischer Hintergrund das Geschehen im Kreise unterstützen; unkomplizierte, ansprechende Lieder können sehr schön sein. Besonders zu empfehlen sind Louise Hays Affirmations-Lieder.

Bewegung: Nach ungefähr der Hälfte des gemeinsamen Abends werden die Teilnehmer meistens etwas müde und haben das Bedürfnis, ihrer Energie auch körperlich Ausdruck zu geben. Zu etwa diesem Zeitpunkt werden alle gebeten aufzustehen, und wir spielen eine fröhliche, zum Tanzen geeignete Musik. Jeder soll dabei die Möglichkeit haben, sich im Raum so zu bewegen, wie es ihm gerade in den Sinn kommt. Diese Phase ist oft einer der Höhepunkte des Abends.

Heilmethoden: Wir heben pflanzliche Heilmittel hervor, Homöopathie, Akupunktur, Körperarbeit, Ernährungsumstellung, Heilung der Denkhaltung, Rebirthing, Heilbehandlung über den Ätherleib und anderes. Der Kreis dient dem Austausch von Informationen und Erfahrungen der Teilnehmer über die unterschiedlichen Heilmethoden. Er ist auch der Ort, an dem man empfehlenswerte Ärzte vorstellen kann und von wo aus Angehörige aller heilenden Berufe unterstützt werden.

Philosophie: Die Grundidee des Heilungskreises ist eine selbsterschaffene Wirklichkeit: Wir sind verantwortlich für unser Leben, und deshalb ist alles im Leben eine Gelegenheit zu Wachstum und Transformation. Jedem, besonders aber den Menschen mit AIDS, bringen wir eine Botschaft der Hoffnung und Heilung. Es ist uns ein Privileg, Zeit und Raum mit Menschen zu teilen, die einen so schweren, mutigen Weg gewählt haben. Wir achten und ehren diesen Weg und unterstützen sie und uns, indem wir uns über die Angst und Panik erheben, die von den Medien verbreitet werden. Wir sind Wesen aus Licht und Liebe – grenzenlos in unserem Vermögen, unser Leben zu heilen.«

Umarmungen

Last but not least bei unseren mittwochabendlichen Treffen haben wir ›Zeit für Umarmungen‹. Ich empfehle dabei, so viele Menschen wie möglich in die Arme zu schließen. Dabei haben wir auch etwas Zeit, miteinander zu sprechen. Vielleicht hat jemand im Laufe des Abends sein Problem ausgesprochen, und während der ›Zeit für Umarmungen‹ kommen mehrere andere auf ihn zu und machen ihm Lösungsvorschläge.

Darüber hinaus haben die Teilnehmer noch die Möglichkeit, privat mit mir zu sprechen und auch mich in die Arme zu schließen.

Wir wollen, daß sich die Menschen, wenn sie die Gruppe nach der Zusammenkunft verlassen, besser fühlen als vorher. Damit erhalten sie einen positiven Impuls. Dieses Gefühl kann sie noch tagelang beflügeln. Sie haben auch andere Leute kennengelernt, die sie anrufen, mit denen sie sich in Verbindung setzen können. Manchmal können zwei, drei Sätze am Telefon einem ganzen Tag eine andere Stimmung geben. Die Gruppe ist also der Ausgangspunkt zum Aufbau der Unterstützung, die du von Tag zu Tag benötigst. In dieser Gruppe kannst du um das bitten, was du willst, und wenn es möglich ist, werden wir es dir liefern.

Wir haben auch Teams für Krankenhausbesuche, die zu unseren Mitgliedern gehen, die Trost, Zuspruch und Lachen benötigen. Wir sammeln Lebensmittel für das Verteilungsprogramm der APLA, das sie weiterleitet an jene Menschen mit AIDS und ARC, die kein Geld für das Allernötigste im Leben mehr haben. Andere sind an politischen Themen interessiert und geben uns ihre Informationen darüber. Wer sich für irgend etwas begabt oder willig fühlt, bietet seine Dienste an, und das kann alles sein: vom Putzen, über einen kostenlosen Haarschnitt, bis hin zum Gesangsvortrag vor der versammelten Gruppe. Es gibt keine Grenzen des Möglichen.

Informationsaustausch

Wenn du keine große Gruppe besuchen oder selbst eine Gruppe ins Leben rufen möchtest, dann hast du vielleicht ein Bedürfnis, auf andere Weise Kontakt zu pflegen. Das kann einfach dadurch geschehen, daß wir einander auf dem laufenden halten über positive Informationen und Möglichkeiten, die uns zugetragen werden. Tragt die frohe Botschaft, die guten Nachrichten weiter!

Teddybären

Für viele von uns waren Teddybären die ersten Freunde. Wir konnten ihnen alle unsere Geheimnisse mitteilen, und sie haben uns nie verraten. Sie gaben uns bedingungslose Liebe, waren immer für uns da und halfen uns, unseren Kummer zu lindern. Wenn wir aufwachsen und Probleme haben, dann ist es das kleine Kind in uns, das sich ängstigt, und der Teddybär spricht diesen Aspekt von uns an. Auch

Erwachsene können Teddybären sehr schätzen lernen. Ich wünschte, zu jedem Krankenhausbett gehörte ein Teddybär, den die Patienten im Dunkel der Nacht festhalten können, wenn sie sich fürchten.

In New York ist ein Arzt, der sich beschwerte, daß ich erwachsenen Männern infantiles Verhalten beibrächte, indem ich ihnen vorschlüge, sich einen Teddybär zuzulegen. Ich habe das Gefühl, daß der Herr Doktor als Kind wohl nie einen Teddybär haben durfte. Tatsächlich aber beginnt auch die Welt der Mediziner diese nützliche ›Arznei‹ anzuerkennen. Jeder Patient, der im St.-John's-Spital in New York einer Bypass-Operation unterzogen wird, erhält einen Teddybären. Dieser erfüllt zwei Funktionen. Wenn der Patient einen Hustenreiz spürt, soll er den Teddy fest an die Brust drücken, um zu verhindern, daß die Operationsnähte platzen. Und ich bin sicher, daß als eine Nebenwirkung auch das Gefühl von Liebe und Geborgenheit vermittelt wird.

Behandlung

Heute ist ein neuer, kostbarer Erdentag. Wir werden ihn in Freude leben. Ich weiß, daß ich nicht allein auf diesem Planeten bin. Jeder Mensch, Ort und Gegenstand steht mit jedem anderen in Verbindung. Was einen verletzt, verletzt alle. Was einen heilt, wird deshalb uns allen helfen. In dem Maße, wie wir bereit und willens sind, einander zu lieben und zu unterstützen, tragen wir zur Heilung des ganzen Planeten bei. Wir sind Liebe, wir teilen Liebe miteinander, und wir werden mit Liebe geheilt.

Dieser Tag verspricht uns nur erfreuliche Erlebnisse. Wir sind eins mit der Macht, die uns erschaffen hat.

Wir sind in Sicherheit, und alles ist gut in unserer Welt.

25

Heilung des Planeten

Affirmation:
Wir stellen uns unsere vollständige Heilung vor!

Unser Planet hat einen Raum erreicht, in dem es eine große Kluft zwischen den Lebensanschauungen der Menschen gibt.

Auf der einen Seite gibt es jene, die sich entschlossen haben, Dunkelheit um sich zu erzeugen. Sie leben in Angst und Haß und rechnen immer mit dem Schlimmsten im Leben.

Der Drogenmißbrauch ist weit verbreitet, auch Krieg, Folter, Unterdrückung und Hungersnot. Es gibt Weltuntergangspropheten, die dem nuklearen Ende des Lebens auf unserer Erde entgegenfiebern.

Auf der anderen Seite gibt es jetzt viele Gruppen, die sich um eine Erweiterung und Hebung ihres Bewußtseins bemühen. Überall auf dem Planeten tun sich Menschen zusammen, um die Vorgänge im menschlichen Geist zu studieren und zu lernen, wie Gedanken funktionieren und wirken. Es gibt eine große Sehnsucht, mehr zu lernen und mehr zu lieben – die Qualität von unser aller Leben zu steigern und den Planeten zu retten und zu heilen.

Diejenigen unter euch, die sich entschieden haben, sich diesmal als Homosexuelle zu inkarnieren, haben auf einer tieferen Ebene auch beschlossen, Teil des Heilungsprozesses unseres Planeten zu sein.

Jeder Mensch auf diesem Planeten besitzt einen eigenen Wert und ist deshalb auch seiner eigenen Liebe würdig. Unsere eigene Ablehnung und unser Selbsthaß sind es, die alle Probleme auf diesem Planeten verursachen. Der Mikrokosmos ist immer in Bewegung und reflektiert seine Positivität oder Negativität auf den Makrokosmos. Es gab schon immer Gruppen von Menschen, die anderen Gruppen sagten, sie seien nicht akzeptabel oder nicht gut genug. Wer gerade das Ziel von Vorurteilen ist, hängst davon ab, in welchem Teil dieses Planeten er lebt. Menschen, die verängstigt sind und kein gutes Gefühl in bezug auf sich selbst haben, scheinen andere zu brauchen, um sie zu demütigen. Das ist weder für uns noch den Planeten gesund.

Wie ich schon viele Male gesagt habe, können wir, wenn wir uns wirklich lieben, weder uns noch einen anderen verletzen. Das ist meine Antwort auf die Frage nach dem Weltfrieden. Bedingungslose Liebe ist das Ziel, das zu erreichen wir alle gekommen sind. Der Weg beginnt mit Selbst-Annehmen und Selbst-Liebe.

Wie aber steht es mit Menschen, die AIDS haben, aber nicht homosexuell sind? Welche Art des Mißbrauchs haben sie erfahren? Welche Stelle nehmen sie im großen Plan zur Heilung unseres Planeten ein?

Diese Menschen sind oft schlecht ernährt und benachteiligt, deshalb ist ihre körperliche Abwehrkraft geschwächt. Vielleicht haben sie reichlich Drogen und Alkohol konsumiert. Eines aber spüre ich bei allen Menschen, die sich diese Krankheit AIDS zugezogen haben: sehr viel Selbsthaß, sehr viel Groll, und sehr wenig Selbstliebe. Das wiederum trägt auch zu den Zuständen auf unserem Planeten bei.

Es ist der Mangel an Selbstliebe, der die Atmosphäre erzeugt, in der wir uns dem Selbstmißbrauch öffnen. Wenn wir glauben, wir seien nichts wert, und uns mit Schuldgefühlen beladen, dann müssen wir einen Weg finden, uns zu bestrafen. Welche bessere Methode könnte uns einfallen, als unseren Körper zu mißbrauchen?

Kein Mensch sagt: »Ich will AIDS haben.« Aber die Menschen erzeugen unwissentlich die Bedingungen in und um sich, die sie für die Krankheit anfällig machen. AIDS ist die Krankheit unserer Zeit.

AIDS ist aus dem Nichts aufgetaucht, und AIDS wird ins Nichts verschwinden, wenn wir die Krankheit nicht mehr brauchen. Alle Seuchen und Epidemien gehen vorüber; sie sind Lektionen für den einzelnen ebenso wie auf planetarer Ebene.

Ich sagte bereits, daß ich nicht alle Antworten zum Thema AIDS besitze. Diese Krankheit hat so viele Aspekte und umfaßt den ganzen Planeten. Ich äußere, was ich im Augenblick glaube, mit dem Wissen, das ich habe.

In unseren Selbsthilfegruppen haben wir beschlossen, die Meldungen über AIDS aus den Nachrichtenmedien nicht zu beachten. Wir lesen so wenig wie möglich, und wenn wir auf eine fatalistisch anmutende Geschichte über AIDS stoßen, erinnern wir uns selbst: »Es ist nicht wahr, daß jeder daran stirbt. Ich weiß von Menschen, die am Leben sind und sich heilen.« Wir können nicht vor denen kapitulieren, die fest entschlossen sind, AIDS als eine Krankheit zu sehen, die jeden umbringt. Wir müssen ihre Meinung nicht teilen. Wir segnen die Nachrichtenmedien mit Liebe und wissen, daß sie keine Macht über uns besitzen. Wir entscheiden selbst, was wir glauben. Wir glauben an das Leben, an die Liebe und an die Heilung.

Du siehst also, ich besitze nicht das Patentrezept zur Heilung aller Fälle von AIDS. Ich wünschte, ich hätte es. Ich kann dir nur helfen, die Qualität deines Lebens zu steigern, wenn du es selbst so wünschst. Alle Heilung ist letztlich Selbstheilung. Der Arzt, der Therapeut, der Krankenpfleger, der Heiler und die vielen Praktiker alternativer und ganzheitlicher Therapien — sie alle haben unterschiedliche Methoden und Ansätze zur Heilung deines Körpers. Du aber bist es, der entscheidet, ob die Methoden wirken werden oder nicht.

Wenn deine tief innere Entscheidung lautet, auf dem Planeten zu bleiben und gesund zu werden, dann widme dich hundertprozentig deiner Gesundung. Widme dich ganz und gar deinem Heilwerden. Es wird eine interessante Erfahrung sein, in jeder Hinsicht ganz für dich selbst zu sein und dir deine volle Unterstützung zu geben. Vielleicht findest du sogar Gefallen an dieser Art zu leben, nachdem du dich daran gewöhnt hast. Wenn du wirklich gesund und gut leben willst, dann wirst du niemals ganz in die alten Verhaltensmuster des Selbstmißbrauchs zurückfallen können.

Vielleicht hast du dich auf einer tieferen Ebene bereits entschieden, den Planeten zu verlassen; vielleicht ist deine Lektion abgeschlossen und du willst gar nicht, daß eine der verfügbaren Heilmethoden bei dir anschlägt. Wozu auch immer du dich entschließt: es ist die beste Wahl für dich. Du bist nicht hier, um anderen Leuten zu Gefallen zu sein und dein Leben nach ihren Vorstellungen zu führen. Du bist hier auf deinem eigenen Weg und arbeitest auf deiner eigenen Ebene. Du bist hier, um zu lernen und um in Verständnis, Mitgefühl und Liebe zu wachsen. Wenn du deine Lektion für dieses Leben vollendet hast, wirst du gehen. Das mag schon bald sein, es kann aber auch erst in ferner Zukunft liegen. Wann auch immer deine Zeit gekommen ist: laß es friedlich geschehen.

Sei weiterhin bemüht, dich mehr lieben zu lernen. Nimm auch andere Menschen in deine Liebe auf. Gib ihnen die bedingungslose Liebe, die du für dich selbst zu finden wünschst. Tue alles, was du kannst, um glücklich zu sein, und bringe diese Freude in jeden Bereich deines Lebens ein.

Jerry Florence von der Alliance singt in seinem Lied:

»Das Leben beginnt ganz neu, Hallelujah!«

Behandlung

Heute ist ein neuer, kostbarer Erdentag. Wir werden ihn in Freude leben. Heil und ganz zu sein, ist mein Ziel. Mit weniger werde ich nicht zufrieden sein. Ich bin eins mit jedem Menschen, mit jedem Ort und jedem Gegenstand auf diesem Planeten. Ich beschließe, meinen Beitrag zu leisten, um ihn zu einer Welt zu machen, die so sicher ist, daß wir einander lieben können. Eine Welt, in der wir geliebt und akzeptiert werden, wie wir sind, und in der wir Ermutigung und Unterstützung finden, alles zu werden, was wir sein können. Ich sehe das Beste in jedem und helfe ihm, seine schönsten und erfreulichsten Eigenschaften zu entfalten. Liebe und Annehmen, wie ich sie gebe, finde ich wieder, wo ich auch gehe.

Ich schaue diese Welt als eine Stätte mit reichlich Land, klarem, frischem Wasser und reiner Luft; alle sind wohlernährt. Ich sehe friedliche, sichere, gesunde, produktive, freie Menschen in jedem Land. Wir alle sind heil und ganz.

Ich bin im Frieden mit mir selbst und mit der Welt, die ich mir vorstelle. Wir sind eins mit der Macht, die uns erschaffen hat.

Wir sind in Sicherheit, und alles ist gut in unserer Welt.

Ich liebe dich!

Hinweis des Herausgebers

Liebe Leser!

In diesem Buch werden verschiedene alternative Wege aufgezeigt, der Krankheit AIDS zu begegnen. Vielleicht brauchen auch Sie Unterstützung, oder können Unterstützung geben. Damit wir ein Informationsblatt mit alternativen Heilmitteln, Therapien, Ernährungsformen, Selbsthilfegruppen, Kliniken usw. erstellen können, bitten wir Sie, verehrte Leser, uns Ihre Erfahrungen auf dem Weg zur Heilung mit alternativen oder ganzheitlichen Heilverfahren mitzuteilen. Auf Anfrage (gegen einen frankierten Briefumschlag) senden wir Ihnen dann gerne dieses Infoblatt zu. Zuschriften bitte an den Verlag Alf Lüchow, Postfach 1751, 79017 Freiburg.

Möge Ihnen alle Hilfe zur Heilung zuteil werden.